요시다 쇼인부터 아베 신조까지
일본 극우의 탄생 메이지 유신 이야기

요·시·다 쇼인부터 아베신조까지

일본극우의 탄생

明 治 維 新

메이지유신 이야기

서현섭 지음

라의눈

2018년 10월 23일, 메이지 유신 150주년을 기념하는 일본 정부의 식전이 아베 신조 총리를 비롯한 국회의원, 각계의 대표자 약 300여 명이 참석한 가운데 도쿄의 헌정기념관에서 성대하게 개최되었다. 원호가 게이오慶應로부터 메이지明治로 바뀐 날이 바로 1868년 10월 23일이다. 150주년 기념식이 거행되는 국회 앞에는 약 40명이 모여 '찬미 NO'라고 쓴 플래카드를 들고 정부의 기념식에 항의하는 집회를 열었다.

사토 에이사쿠의 내각 시대였던 1968년 10월 23일에 개최된 메이지 유신 100주년 기념식에는 쇼와 천황 부처가 참석했으나, 150주년 행사에서는 천황 내외의 모습을 볼 수 없었다. 이에 대해 궁내성 관계자는 정부로부터 연락이 없었다고 말했다. 그러나 일부에서는 '메이지 150년 전반은 침략 전쟁과 식민지 지배에 치중했던 암울한 역사였다'라고 지적하며, 이 같은 역사를 노골적으로 예찬하는 행사에 헤이세이 시대의 천황이 참석하기는 어려웠을 것이란 평가를 내놓았다.

메이지 유신은 1853년 페리 제독 내항을 계기로 서구의 외압을 과장하여 위기의식을 고양시킴으로써, 비서구 국가로는 처음으로 단기간에 근대화를 이룬 하나의 모델케이스다. 그러나 아시아 여러 나라에 너무나 큰 피해를 주었으며 종국에는 세계 2차 대전의 패전으로 귀착된 불행한 역사의 시발이었다. 그래서인지 150년이 지난 오늘날에도 메이지 유신에 대한 평가는 확연히 엇갈리고 있다.

종래에는 메이지 유신을 미화, 예찬하는 내용이 주류를 이루었으나 근년에는 메이지 유신을 비판적으로 기술한 저작물이 많이 늘어나고 있는 추세다. 심지어 《메이지 유신 거짓말을 꿰뚫어 보는 책 소개》라는 책자는 메이지 유신에 대해 비판적인 저작물 20권을 상세하게 소개하고 있다. 《메이지 유신이라는 쿠데타(2017)》에서는 1868년 5월 정부군과 구舊 막부군이 맞붙었던 아이즈와 전쟁터에서 피차가 상대방의 인육, 특히 날간을 먹었다는 충격적인 사례를 소개하고 있어 우익들의 이맛살을 찌푸리게 했다.

일본 '가톨릭 정의와 평화협의회' 회장 가쓰야 다이지 주교는 3·1운동 100주년을 맞아 발표한 담화문에서 '1945년 해방 이후 한국전쟁과 남북 분단의 근원에는 메이지 유신 이후 일본의 침략 정책이라는 역사가 있다'라고 하면서 사죄의 뜻을 표하기도 했다.

본저는 동아시아 문명권에 속한 일본이 메이지 유신이라는 이름의 근대화에 이르는 역사적 흐름을 개괄적으로 풀어 보려고 시도했다. 아울러 딱딱해서 읽기 힘든 일반 역사서에서 벗어나, 에피소드를 섞어서 누구나 쉽게 일본 근대사를 이해하도록 의도했다. 당초의 의도가 어느 정도 실현되었는지에 대한 평가는 독자제현의 몫이라 하겠다.

역사에 있어 비약은 없다고 한다. 도쿠가와 막부는 1853년 페리 내항 이후 외압에 대응하기 위해 안세이개혁安政改革, 분큐개혁文久改革, 게이오개혁慶應改革을 단행하여 정치적·군사적 혁신의 과정에 들어갔다. 메이지 정부가 추진했던 근대화는 도쿠가와 막부의 노선과 같은 것이다. 또한 막부의 신하 34,000여 명 중 5,000명 정도가 '귀순'하여 메이지 신정부에 등용되었다고 한다. 이러한 맥락에서 일본 근대화 공로의 절반은 도쿠가와 막부에 돌려야 한다는 주장도 있다. 따라서 이 책에서는 근대화의 맹아로 볼 수 있는 에도 시대의 면면과 260여 개의 번으로 구성된 봉건국가 일본이 '일본은 하나'라는

인식으로 전환하여 통일국가 성립으로 매진하는 과정도 살펴
보았다.

출판계의 사정이 어렵다고 하는데 흔쾌히 책의 출판을 맡아
준 라의눈 출판사 설응도 대표와 편집부에 감사드린다. 또한
타고난 악필로 휘갈겨 쓴 원고를 해독하여 묵묵히 타이핑을
해준 장녀 윤정에게 고맙다는 말과 함께 자기 고행의 과정을
이제 그만 마무리하고 평범한 일상인으로 돌아왔으면 하는 아
비의 마음을 전한다.

일산 호수공원이 내려다보이는 창가에서

서 현 섭

책머리에

동아시아 전통 질서와 일본

일본 근대화의 태동

메이지 유신 전야의 일본

메이지 유신과 근대화

문명개화기 일본의 초상

동아시아의 어제, 오늘, 내일

I.
동아시아
전통 질서와
일본

'왜'에서 '일본'으로

21세기의 대한민국에서 때 아닌 '왜구' 논쟁이 뜨겁다. 친일파도 아니고 굳이 '왜'라는 호칭을 끌어다 쓴 이유는 미루어 짐작이 되는 바다. 그런데 일본을 지칭하는 '왜'라는 글자가 유일하게 생명력을 갖고 있는 곳이 대한민국이란 사실을 아는가? 그렇다면 '왜'는 언제, 누구에 의해 만들어진 호칭일까? 그 연원을 거슬러 올라가다 보면 오늘날 우리 앞에 펼쳐진 불편한 한일 관계의 한 자락이 보일지도 모른다.

동아시아 역사에서 '왜'라는 호칭이 처음 등장한 문헌은 후한(25~220)의 반고班固가 서기 82년 무렵에 편찬한 《한서지리지》다. 서기 3세기경에 나온 《위지왜인전》도 일본을 '왜'라고 지칭하고 있다.

《후한서》 동이전은 왜의 소국들이 정기적으로 전한前漢의 낙랑군에 조공하고 서기 57년에는 후한의 수도 낙양에까지 조공 사절을 보냈다고 기록하고 있다. 후한의 광무제가 왜왕에게 '한위노국왕漢委奴国王'이라 새겨진 금인金印을 하사했다는 기록도 나오는데, 1754년 후쿠오카의 시카노 섬에서 한 농부에 의해 이 금인이 실제로 발견되어 화제가 되기도 했다. 《송서》에는 왜의 다섯 왕이 421~502년 동안 남조의 송宋 등에 각각 조공사를 파견하여 '안동장군왜국왕安東将軍倭国王' 등의 칭호를 받은 것으로 기록되어 있다.

그렇다면 '왜'는 중국이 일방적으로 사용했던 호칭일까? 사실을 좀 더 살펴보자. 고대 일본을 지배한 최초의 통일 국가는 야마토 지역(현재의 나라현 근처)을 중심으로 한 야마토 조정(250~710)이다. 그들이 국호를 일본으로 바꾸기 전까지 사용한 공식적인 국호가 야마토다. 한자로는 왜倭라고 쓰고 훈독으로 '야마토'라 읽었던 것이다. 그들은 스스로를 왜국倭國, 혹은 대왜大倭라 표기했다. 적어도 누군가의 얕잡아보겠다는 의도가 개입된 이름은 아니었던 셈이다.

그러다가 7세기 무렵 '해 뜨는 곳의 천자'라는 인식으로 발전하여, 국호를 일본으로 바꾸고 '천황'이라는 호칭을 사용하게 되었다. 일본日本은 '태양이 떠오르는 동쪽'을 지칭한다. 중국

일본 극우의 탄생 메이지 유신 이야기

의 동쪽, 다시 말해 '중국에서 볼 때 동쪽에 있는 나라'라는 의미다. 에도 막부 말에 국수주의자 사토 다다미츠佐藤忠満는 '일본'이 중국의 속국을 의미하는 굴욕적인 국호이므로 이를 폐지해야 한다고 주장하기도 했다.

일본을 니혼NIHON 또는 닛폰NIPPON, 어느 쪽으로 발음해야 할 것인가에 대한 문제는 간단치가 않다. 패전 전에 일본의 '임시국어조사회'가 닛폰으로 할 것을 결의했으나 정부가 채택하지 않았다. NHK 방송문화연구회가 편찬한 《언어편람》에는 '정식 국호로서는 닛폰으로 발음한다'라고 되어 있다. 그러나 일상 생활에서는 니혼과 니폰이 혼용되고 있다. 국제 스포츠 경기나 우익들의 연설에서는 니폰이 많이 쓰이는 것으로 보인다.

일본의 국호가 '왜'에서 '일본'으로 바뀌었다는 사실은 신라와 중국에도 알려졌다. 《삼국사기》 문무왕 10년(670)의 기록에 '왜국이 일본으로 개칭했다'라는 내용이 남아 있다. 그러나 그 후 조선의 문헌 등에서는 '왜'나 '왜국'이란 호칭을 여전히 관습적으로 사용했다.

일본 지식인들은 조선이 자신들을 왜인이나 왜국으로 칭하는 것을 못마땅하게 여겼다. 에도 시대인 1719년, 일본의 조선 외교 실무 책임자인 아메노모리 호슈雨森芳洲는 통신사의 제술관 자격으로 방일한 신유한에게 "조선의 문헌에는 일본을 왜인, 왜구니 하여 비하함이 차마 말로 할 수 없을 정도다"라고 항의했다고 한다. 또한 에도막부의 제6대 쇼군인 도쿠가와 이에노부德川家宣도 "어찌 조선이 우리를 모욕함이 이 지경까지 되었단 말인가"라고 한탄하며 "금후로는 일본, 일본인으로 불러 달라"고 요청했다.

왜국이 일본으로 바뀌었고 무엇보다 그들이 일본으로 불리길 원한다는 것을 잘 알면서도, 왜 한반도인들은 삼국시대부터 오늘날까지 한결같이 '왜'라는 이름을 고집할까? 청나라에는 워런倭仁(1804~1871)이라는 이름의 대신도 있었다고 하는데, 한국인에게 있어 '왜'는 좀스럽고 세련되지 못하다는 뉘앙스를 갖는다. 국어사전을 찾아보면 '왜'는 왜국의 준말, 또는 일부 명사 앞에 붙어서 '일본식의', 또는 '일본'을 나타낸다고 되어 있다. '왜국'은 일본을 낮추어 이르는 말, '왜인'은 일본인을 얕잡아 이르는 말로 풀이되어 있는 것이다.

일본은 진짜 작고 세련되지 못한 '왜국'일까? 우리 선현들이 일본을 분석적으로 따져 본 결과가 왜국이나 왜놈이라면 그럴 수 있다 하겠지만, 앞에서 살펴본 바와 같이 '왜'라는 호칭은 분명 중국에서 유래된 것으로 보인다. 즉 우리의 시각으로 일본을 본 것이 아니라 중화 문명이라는 프리즘을 통해 일본을 보고 판단했기 때문에, 실제의 일본이나 우리가 인식하는 일본과는 괴리가 있다는 이야기가 된다.

우연히도 조선과 일본이 거의 같은 시기에 인구조사를 한 기

일본 극우의 탄생 메이지 유신 이야기

록이 있어 소개해 보겠다. 일본이 1721년 처음으로 실시한 전국적인 인구조사에서 총인구는 약 3,100만 명으로 집계되었다. 한편 조선이 1720년 조사한 바에 따르면 총 인구가 약 680만 명으로 일본 인구의 4분의 1 정도이다. 국토 면적은 7세기 신라의 통일 이후를 기준으로 봤을 때, 일본이 한반도보다 1.6배쯤 크다. 또한 조선 왕조의 세입 총액은 약 50~70만 석이라 기록되어 있는데, 일본 전체의 쌀 생산량은 약 960만 석이다. 그중 막부가 직접적으로 장악한 양만 해도 240만 석에 달한다. 근세 일본과 조선을 단순 비교하면, 일본은 조선보다 1.6배 넓은 국토와 3배 많은 인구에 10배 이상의 국력을 가진 것으로 봐야 한다. 기분이 별로라도 팩트이니 받아들여야 한다.

이뿐만이 아니다. 백제로부터 한자를 전수 받은 일본은 《삼국사기》보다 400년이나 앞서 《일본서기》를 편찬했다. 1008년에는 세계 최초의 장편소설인 《겐지모노가타리源氏物語》를 완성해 일찍이 서구에서 높은 문학성을 인정받았다. 1867년 파리에서 열린 세계박람회에 출품된 일본 판화가 파리 미술계에 일본 돌풍을 일으키기도 했다. 사무엘 헌팅턴 교수는 자신의 저서 《문명의 충돌The Clash of Civilizations and the Remaking of World Order》에서 일본 문화를 세계 8대 문명권의 하나로 인정했다. 반면 한국은 중국 문화권에 포함된 것으로 보았다. 두 사람의 일본인이 노벨 문학상을 수상한 것은 주지의 사실이다.

세계 최초의 장편소설로 인정받는 '겐지모노가타리(1008)'를 바탕으로 만들어진 화첩. 유려한 스토리와 서정성으로 유럽에 전해져 큰 인기를 모았다.

항일 항쟁 때 마오쩌둥의 연설문에서 '일구日寇'라는 어휘가 보이기는 하나, 현재 중국에서 '왜'는 거의 사용되지 않는 것으로 판단된다. 반면 한국에서는 '왜'가 오늘날에도 일상적으로 사용된다. 국어사전을 보면 '왜'와 관련된 파생어는 왜국, 왜

일본 극우의 탄생 메이지 유신 이야기

인, 왜놈 등 30여 개에 달하나 '일본' 관련 파생어는 상대적으로 적다는 사실을 알 수 있다. 지금도 일부 역사 교과서에서 '왜'라는 표기가 보인다. 6·25 전쟁에 개입한 중국 군대를 예전에는 '중공군'이라 했지만, 언제부터인가 '중국군'이라 표기하고 있다. 따라서 미래지향적 한일 관계 구축을 염두에 둔다면 교과서 등에서 '임진왜란'은 '임진전쟁'으로, '왜국'은 공식 호칭인 '일본'으로 표기하는 것이 바람직하리라 본다.

고대 한일 간의 키 재기

일본은 쇼토쿠 태자(574~622)가 섭정으로 있을 때, 중국 수나라(581~618)에 다섯 차례에 걸쳐 사신을 파견했다. 607년에 파견된 오노노 이모코小野妹子가 휴대한 국서의 첫머리에 '해 뜨는 나라의 천자, 해 지는 나라의 천자에게 글 올립니다'라고 되어 있어 수양제의 부아를 돋우었다는 에피소드가 《수서》 왜인전에 기록되어 있다.

수양제는 일본의 무례를 꾸짖으면서도 다음해 608년에 답례사를 파견했다. 말기에 접어든 수나라의 입장에서 보면 일본이 고구려 · 돌궐과 접촉하는 것을 사전에 차단할 필요가 있었던 것이다. 608년 고구려의 승려이자 화가인 담징이 일종의

일본 극우의 탄생 메이지 유신 이야기

문화 사절로 일본에 파견되었는데, 이러한 고구려 · 일본 간의 연계를 견제하겠다는 의미도 컸다. 오노노 이모코가 이후 다시 수나라에 파견되었을 때 지참한 국서는 '동쪽의 천황 삼가 서쪽의 황제에게 드립니다'라고 시작되었다.

문헌상 왜의 왕이 자신을 천황이라 칭한 것은 이때가 처음이다. 천황을 의미하는 일본어는 '스메라미코토'인데 '천하를 통치하는 황제'란 의미를 갖고 있다. 일본이 천황 운운하는 국서를 보낸 것은, 중국을 중심으로 주변과 변경의 경쟁 관계에 있는 고구려, 신라, 백제 3국에 대해 일본의 권위를 높이는 한편 중국과 대등하다는 제스처를 취한 것이다.

수나라 사절 파견에 대해 기록하고 있는 『일본서기』 제22권은 수나라를 당나라로, 수나라가 파견한 사절을 당나라의 사절로 잘못 기록하고 있다. 고대 일본에서는 중국이라면 으레 당나라를 지칭했다. 일본의 사료들은 일본이 파견한 견수사遣隋使와 견당사遣唐使를 중국과 대등한 사절처럼 기술하고 있으나, 중국 측에서는 '조공사朝貢使'라 칭했으며 기본적으로 대우도 다른 조공 사절과 다름없었다. 735년 당 현종의 칙서에도 조공국에 대한 격식과 동일하게 '일본 국왕에게 칙勅한다'라고 되어 있다.

한국과 일본은 유사 이래로 한편으로는 교류하면서 한편으로는 티격태격했다. 중국의 천자 앞에서 키 재기를 한 에피소드 하나를 소개한다. 일본은 당나라(618~907)에도 열다섯 번에 걸쳐(630~838) 사절을 파견했다. 753년 정월, 현종이 외국 사신을 접견하는 의식을 거행할 때 일본의 사신이 자신의 자리가 신라보다 낮은 데 항의하여 상석으로 바꾸었다는 소위 쟁장사건爭長事件이 『속일본기(797)』에 기록되어 있다. 즉 일본의 석차가 서쪽의 제2석, 신라가 동쪽의 제1석으로 되어 있는 것을 신라를 서쪽의 제2석으로, 일본을 동쪽의 제1석으로 조정했다는 것이다.

그런데 사정을 따져보면 그해에 일본 사신은 두 조로 나누어 장안에 도착했고, 조정에 들어간 것은 정월이 아니라 3월과 6월이었다. 또한 오토모노 고마로 일행이 현종 황제를 알현했을 때 동석한 것은 발해 사신이었고 신라 사신은 참석조차 하지 않았다. 더구나 관례화 되어 있는 의전 석차를 황제가 임석하는 조하朝賀 의식 직전에 일국의 항의를 받고 의전관이 임의로 즉석에서 변경한다는 것은 있을 수 없는 일이다. 사신이 귀국 보고에서 날조한 것으로 보는 것이 합리적이다.

일본은 역사적으로 중국 황제를 중심으로 한 중화 질서에 도전하면서 중국과 맞먹기 위해 부단히 노력했다. '해 뜨는 나라의 천자, 해지는 나라의 천자' 운운한 이래 1200여 년이 지난 1871년, 청일 간에 수호 조규가 체결됨으로써 적어도 국제법적으로는 중국과 대등한 관계가 실현되었다. 이는 메이지 유

일본 극우의 탄생 메이지 유신 이야기

신 정부가 외국과 맺은 최초의 평등 조약이었다. 일본은 조선의 종주국인 청국과 대등한 조약을 맺었다는 사실에 회심의 미소를 지었다. 비록 가공의 설화에 기초한 자아도취적 목표라 할지라도, 일본은 수백 년에 걸쳐 이를 끈질기게 추구하는 면이 있음을 엿볼 수 있다.

동아시아 최초의 격돌, 백강 전투

4세기 중엽 왜국과 통교하게 된 백제는 태자나 왕자를 왜국에 파견하는 왕족 외교를 통해 긴밀한 관계를 유지했다. 660년 백제가 멸망하자, 왜국에 머물고 있던 의자왕의 다섯째 아들 부여풍扶餘豐이 돌아와 왜국의 지원을 받으며 백제 부흥운동을 벌였다.

663년 백강(현재의 금강 하구라 추정됨)에서 백제 · 일본 연합군이 신라 · 당나라 연합군과 대치하기에 이르렀다. 당시 동아시아 4국이 엉겨 붙었던 '백강 전투'에 일본은 총 2만 7천 명의 원군을 파견했으나 수적 우세에도 불구하고 완패했다. 백제 부흥군의 거점인 주류성이 함락되자 왕자 풍은 고구려로 망명

일본 극우의 탄생 메이지 유신 이야기

하고 말았다. 참고로 이 싸움을 일본은 백촌강 전투, 중국은 백강구 전투라 부른다.

일본군은 백제의 유민 다수와 함께 급히 본국으로 퇴각했다. 《삼국사기》는 나당 연합군이 백강 어귀에서 왜인을 만나 네 번 싸워 모두 이기고 그들의 배 400척을 불사르니 연기와 화염이 하늘을 찌르고 바닷물을 붉게 물들였다고 적고 있다. 이 같은 기술은 《구당서舊唐書》에서도 찾아볼 수 있다.

일본의 역사를 보면 메이지 유신을 포함하여 역사적 대변혁은 예외 없이 외부로부터의 충격에 의해서 촉발되었다. 백강 전투의 패배가 그 후 일본의 대내외 정책에 미친 영향은 실로 지대했다. 국운을 걸고 대규모 병력을 동원한 전투에서 맥없이 패배하자, 스스로를 되돌아보면서 국내의 율령체제 정비에 나서는 한편 후쿠오카 부근의 다자이후, 쓰시마 등에 변방 수비대를 배치하여 나당 연합군의 침입에 대비했다. 여기에 백제 멸망 후 20만 명에 달하는 백제인들이 일본으로 건너갔다고 하니, 그들이 미친 영향력 또한 무시하지 못할 것이다.

백강 전투 4년 후인 667년 나카노오에 황자는 오미近江의 오쓰大津로 도읍을 옮기고, 다음해에 텐지天智 천황으로 즉위했다. 오미 조정은 백제에서 망명해 온 귀족과 관리를 우대하여 그들의 지식과 문화적 소양을 새로운 국가 체제에 활용했다. 또한 당의 율령 체제를 모방하여 율령 국가의 확립을 서둘렀다. 701년 다이호大寶 율령을 완성하여 형법의 율律과 행정법의 영令에 의한 통치 기반을 구축하고 중앙 행정조직과 지방 행정조직을 정비했다. 신도神道(하늘과 땅의 신과 조상신을 숭배하는 일본의 민족 종교)와 관련해서는 중앙 행정조직에 제사를 총괄하는 신기관神祇官을 설치했다. 백강 싸움의 패배로 조성된 긴장 속에서 국가 체제를 정비한 것이다.

당시 신라는 고구려와의 전쟁을 앞둔 상황에서 일본과의 관계를 고려하지 않을 수 없었다. 그 후 당과 신라의 전쟁이 시작되자 일본은 위기에서 벗어나는 형국이 되었다. 이러한 상황 속에서 텐지 천황이 타계하자 672년 후계를 둘러싸고 일본 고대 최대의 내란인 임신난이 일어났다. 텐지 천황의 아들과 천황의 동생, 즉 작은 아버지와 조카 사이에 전개된 무력 대결에서 동생인 오아마가 승리하며 텐무天武 천황으로 즉위했다. 텐무 천황이 죽은 뒤에는 황후가 계승해 지토 천황이 됐는데, 바로 텐무·지토 천황 시대(673~697)에 일본의 율령 체제가 확립되었다.

백강 싸움에서 보듯이, 한반도는 지정학적으로 해양 세력과 대륙 세력이 교차하는 지점에 위치해서 양 세력 간의 싸움에 쉽게 휘말릴 수밖에 없었다. 특히 일본은 신국神國 사상에 기초한 만세일계萬世一系(천황의 혈통이 한 번도 단절된 적이 없다는 사상)의 천황제에 도취되어 한반도를 일본의 영토적, 경제적 야망을 충족시키는 제1차 대상으로 간주하는 경향을 보여 왔다.

전 주한 일본대사 오구라 가즈오小倉和夫에 의하면 중국과 일본 간의 중요한 다섯 차례의 전쟁이 모두 한반도와 관련되어 있다고 한다. 즉 663년 백강 전투, 1274년과 1281년 여몽 연합군의 일본 원정, 1592~1598년의 임진전쟁, 1894년 청일전쟁, 1937년 중일전쟁 등이다. 이중 중일전쟁은 만주의 권익 문제가 도화선이 된 것처럼 보이지만, 사실 그 배후에는 한반도 지배를 안정화 하겠다는 일본의 획책이 있었다고 봐야 한다.

한반도는 열강들이 호심탐탐 노리는 대상이었다. 시카고 대학 존 미아샤이머John J. Mearsheimer 교수의 지적처럼 한반도의 지정학적 위치는 아시아에서뿐 아니라 세계적으로 보더라도 취약하기 이를 데 없다. 따라서 예나 지금이나 대외 정책에 있어서 전략적 사고는 우리의 운명과 직결된 중차대한 문제다.

정한론의 원형, 진구황후의 설화

《고사기古事記》와 《일본서기》는 일본의 대표적 역사서다. 712년에 편찬된 《고사기》는 천황의 계보를 명확히 하려는 정치적 목적으로 저술되었는데, 신화시대부터 제33대 스이코推古 천황 시대까지를 기록한 일본에서 가장 오래된 역사책이다. 한편 《일본서기》는 천황 통치의 정통성 확보를 목적으로 기술되었다. 신화시대부터 제41대 지토持統 천황까지의 역사를 편년체로 쓴 정사로 30권으로 구성되어 있다. 681년에 편찬하기 시작해 720년에 완성했다. '일본'이라는 국호를 사용한 것에서 짐작할 수 있듯이 중국과 한국을 의식한 정치적 색채가 농후한 책이다.

《일본서기》는 사실과 허구가 혼재되어 있으며 다른 역사서와 비교했을 때 연대 기술에도 120년이나 편차가 있다. 한반도와 관련된 연대도 정확하지 않다. 예컨대 《삼국사기》에는 백제 근초고왕이 346년 즉위했다고 되어 있는데 《일본서기》는 255년으로 기술하고 있다. 또한 한자와 불교 등이 백제로부터 전래되었다고 기술하면서도, 일본은 중국의 책봉을 받지 않고 중국과 대등하다는 기조를 유지하고 있다. 또한 한반도에 존속한 국가들을 오랑캐夷로 간주하면서 일본이 한반도를 지배했다는 번국사관蕃国史観으로 일관하고 있다. 일본인들이 한국에 대해 부정적인 인식을 갖게 하는 데 지대한 영향을 끼친 문헌이라 해도 과언이 아니다.

일본인 학자들도 이미 오래 전부터 이러한 왜곡된 기술에 대해 문제점을 지적한 바 있다. 예컨대 남만주철도회사 조사부에서 만주와 조선의 역사와 지리를 바탕으로 동양사를 깊이 연구한 쓰다 소키치津田左右吉 교수는 《일본서기》가 천황 지배의 정통성을 확보하기 위해 윤색되었다는 점을 학문적으로 규명했다. 쓰다 교수의 지적에 당황한 일본 당국은 1942년에 그를 재판에 회부했고, 황실의 존엄을 침해했다는 이유로 금고형에 처했다. 또한 그의 저서 《신대사의 연구神代史の研究》와 《고사기 및 일본서기 연구》 등을 발행 금지했다.

2019년 2월에 100세의 나이로 타계한 일본 고대사 연구의 권위자인 나오키 고지로直木幸次郎 교수도 진구황후는 가공의 인물이라는 논문을 발표하는 등 《일본서기》에 근거한 왜곡된 역사 바로 세우기에 노력했다.

하지만 그럼에도 불구하고 21세기가 된 오늘날까지도 여전히 일본에는 《일본서기》를 과신하는 부류들이 상당히 많으며, 심지어 서구의 일본 전문가들 중에도 《고사기》와 《일본서기》를 역사적 사실로 받아들이는 경우가 있다. 이런 부류의 학자들이 한국에 대해 편견을 갖는 것은 당연한 일이다. 전직 외교관 김준길은 미국 고등학교의 세계사 교과서가 일본 학계에서조차 인정하지 않는 '미나마일본부任那日本府'를 정설인 것처럼 기술하고 있다고 말한다. '미나마일본부'는 5~6세기 중반까지 한반도의 남부에 설치되어 일본이 백제, 신라를 지배한 행정기구라는 것이다. 하지만 백번 양보해 일본의 사료를 기준으로 보더라도, 당시는 일본이라는 단어조차 존재하지 않던 시대였다.

《일본서기》 중 한국과 관련되어 가장 문제가 되는 내용은 소위 진구황후神功皇后의 '삼한 정벌설'이다. 《일본서기》에 기술된 진구황후의 삼한 정벌에 대한 내용을 살펴봐야 하겠다.

임신 중인 진구황후가 남편인 제14대 추아이仲哀 천황에게 '금과 은이 많이 나는 서쪽의 신라를 치라'는 신탁을 받았다고 말했으나, 천황이 이를 곧이듣지 않았고 결국 신의 노여움을 사서 급살을 맞았다고 한다. 황후는 장례식도 치르지 않은 채 임신한 몸으로 신라를 공격하여 신라왕을 굴복시켰고, 백제와 고구려는 덩달아 손을 들고 일본에 조공을 바치기로 맹세했다는 것이다. 이것이 정한론征韓論의 바탕이 되는 진구황후의 '삼한 정벌설'이다. '과거는 미래만큼이나 상상력의 소산'이라는 금언이 떠오르는 대목이다.

최근의 《일본역사사전》에는 '삼한 정벌은 고사기와 일본서기를 편찬할 때 일본을 대국으로 자리매김하기 위해 만들어진 가공의 설화라고 하는 것이 통설이다'라고 설명되어 있다. 그런데도 일본 사람들은 '아니 땐 굴뚝에 연기 나랴' 하는 식이다. 진구神功라는 시호는 황후가 신의 도움을 받아 신라를 정벌하고 고구려와 백제를 복속시켰다고 하여 후세 사람들이 붙인 것이다. 《일본역사사전》은 진구황후를 실존 인물이 아닌 가공의 존재라고 하면서도 황후의 사망 연도를 269년이라고 기록하고 있다.

설화가 단순히 설화 차원에 머무는 것이 아니라 현실적 의미를 지니는 곳이 바로 일본이다. 일본은 설화를 바탕으로 한반도 침략의 대의명분을 만들었고 백제, 신라 등의 조공과 한국을 종속 관계로 편입시키는 프레임을 설정했다. 허구를 믿도록 교육받아 온 정신적 풍토에서 진구황후의 '삼한 정벌설'이 한국을 바라보는 관점에 미쳤던 부정적 영향은 지대하다. 삼

임신한 몸으로 신라를 정벌하고 고구려, 백제를 복속시켰다는 설화 속 인물 진구황후를 묘사한 삽화.

한 정벌 설화는 후세에 정한론의 표상 노릇을 톡톡히 해냈으며, 역사 연구라는 허울을 쓰고 대대로 전승되고 있다.

무사도武士道(일본 사무라이 계급의 행동 규범) 이론 정립에 남다른 정열을 쏟은 에도 전기의 유학자 야마가 소코山鹿素行는 1669년에 저술한 《중조사실中朝事実》에서 진구 설화를 사실처럼 기록하고 있다. 19세기 말의 지사志士이자 교육가로 널리 알려진 요시다 쇼인吉田松陰의 《유수록幽囚録》도 마찬가지다. 메이지 천황을 따라 순사殉死(주군이 죽었을 때 부하 무사들이 스스로 할복해 죽음을 택하는 기풍)하여 군신으로 추앙받게 된 노기 마레스케乃木希典 장군이 애독했으며 천황의 필독서였던 책이 바로 《중조사실》이다. 패전 전까지 일본의 초등학교 역사 교과서에는 진구의 신라 정벌을 묘사한 삽화가 제법 그럴듯하게 그려져 있었

일본 극우의 탄생 메이지 유신 이야기

┃ 지폐 속의 진구황후(1881). 이탈리아의 판화가 코소네가 인쇄소 여직공을 참고해 그렸다고 한다.

다. 아마도 교사들은 학생들 앞에서 "진구야말로 조선 반도 진출의 선구자"라고 열변을 토했을 것이다.

진구 설화가 도요토미 히데요시豊臣秀吉의 임진전쟁이나 메이지 유신 이후의 한반도 침략과 식민지 정책을 합리화하는 도구로써 이용되었던 경위를 보면 설화의 위력이 대단함을 알 수 있다. 근대 일본의 대표적인 계몽 사상가 후쿠자와 유키치福沢諭吉는 저서 《일본의 역사》에서 진구황후가 승리해 한반도의 인민을 복종시킨 것은 틀림없을 것이라고 했다. 그는 《문명론지개략文明論之概略》에서도 진구황후의 삼한 정벌과 도요토미 히데요시의 조선 침략을 긍정적으로 평가하고 있다. 결국 그는 지성의 탈을 쓰고 《일본서기》에만 나오는 진구황후의 삼한 정벌을 역사적 사실로 받아들인 국수주의자일 따름이다.

진구황후릉에 관한 재미있는 기록이 《속일본기》에 수록되어 있다. 830년대에 심한 가뭄이 수년간 계속되었던 모양이다. 능을 제대로 돌보지 않아 동티가 났다고 여겨, 게으른 능지기를 갈아치우고 성대하게 제를 올렸다고 한다. 그래도 가뭄이 계속되자 새로운 능지기를 다그쳤고, 그는 한두 번 제물을 때 맞춰 올리지 않았다고 실토했다. 새로운 능지기 역시 엄한 처벌을 받았다. 나중에 알려진 사실이지만 그 능은 황후의 능이 아니었다. 능지기가 지극정성을 다했다 하더라도 비가 왔을지는 의문이다.

서구 문물이 밀어닥치던 1800년대 후반에는 서양풍 미인으로 묘사된 진구황후의 초상화가 등장했다. 1875년 일본 정부는 이탈리아에서 지폐 원판을 그리는 화가 코소네Edoardo Chiossone를 초빙했는데, 그는 천황과 정부 고위 인사들의 초상화를 그려 명성과 돈을 모두 거머쥔 행운아가 되었다. 일본 정부는 지폐에 진구 황후의 초상을 그려 넣기로 결정하고 이를 코소네에게 의뢰했다. 참고할 자료가 있을 리 없었으니, 코소네는 인쇄소 여직공들의 얼굴을 참고해 1881년 서구적 풍모를 갖춘 진구황후를 그려냈다.

1882년이라면 조선에서 별기군이 설치되고 일본군 소위 호리모토를 초빙하여 신식 군사 훈련을 실시하던 때다. 이런 시기에 한반도를 점령했다는 설화의 주인공이 고액권에 등장한

일본 극우의 탄생 메이지 유신 이야기

것을 우연으로 봐야 할까? 그보다는 설화를 현실로 재현하려는 그들의 속내를 드러낸 것이라 보는 게 맞지 않을까? 다만 아직도 진구황후란 미망에서 깨어나지 못한 자들이 의외로 많으니 답답할 따름이다.

중국 콤플렉스가 만든 '신의 손' 해프닝

일본의 정사 《일본서기》는 일본은 중국과 대등하고 조선보다는 위라는 식의 역사관을 일본인에게 주입시켜 왔다. 중국에는 천자가 있고 일본에는 천황이 있으니, 한반도의 왕은 천자나 천황보다 격이 낮다는 것이다.

일본인은 중국과 같은 반열에 속한다고 큰소리치지만 내심 그 울림은 공허하다. 일본어 '가라고코로漢心'는 중국식 문화와 문물에 심취하는 경향을 뜻한다. 일본인들은 내심 중화 문명을 동경하면서도, 한편으로는 중국과 대등하고 싶다는 열망을 숨기지 않았다. 그런 열망은 뜻하지 않게도 고고학 분야에서 표출되었다.

1921년 베이징 서남쪽에서 40킬로미터 떨어진 석회 동굴에서 약 50~60만 년 전에 살았을 것으로 추정되는 고인류의 화석이 발견되었다. 이른바 베이징 원인이다. 1940년대 무렵까지 일본 고고학계의 통설은 일본 열도에는 1만 년 이전의 구석기 시대가 존재하지 않는다는 것이었다. 만약 열도에서 50만 년 전의 유적이 발견되기만 하면, 인류 발생에서부터 중국과 어깨를 나란히 할 수 있는 것이다.

그리고 1946년 가을, 아이자와 타다히로相沢忠洋라는 고고학 애호가가 군마현에서 이와주쿠 유적을 발견했다. 이는 일본 열도에서 구석기 시대의 유적이 확인된 최초의 사례로 일본 고고학계가 발칵 뒤집혔다. 2만 5천 년 전의 구석기 유적을 발견했으니 흥분한 것도 무리는 아니다.

아이자와의 발견에 자극 받은 일본 고고학계는 구석기 연구를 본격적으로 시작하는 한편, 구석기 시대를 전기(3만 년 전 이상)와 후기(3만~1만 년 전)로 분류했다. 그 후 일본 각지에서 구석기 유적이 발견되었지만 모두 구석기 후기의 석기들이었다. 그러자 1960년대부터 일본 고고학계에서는 전기 구석기 시대의 존재 여부를 둘러싼 논쟁이 벌어지기도 했다.

20여 년 이상을 끌어온 지루한 논쟁은 1981년 후지무라 신이치藤村新一라는 아마추어 연구자가 미야기현 자자라기에서 발견한 유적으로 종지부를 찍었다. 후지무라는 4만 년을 훌쩍 뛰어넘는 지층에서 석기를 발견하는 성과를 올리더니, 3년 후인 1984년에는 바바단馬場壇 A 지점에서 20만 년 된 석기를 발굴하는 신통력을 발휘했다. 그는 일약 구석기 발굴의 명인으로 매스컴을 장식했다.

학계는 자자라기와 바바단 A 유적에서 발굴된 석기를 근거로 구석기 시대를 전기(20만~13만 년 전), 중기(13만~3만 년 전), 후기(3만~1만 년 전)로 분류하고 일본 역사 교과서를 다시 고쳐 썼다. 여러 유적의 발견으로 수십만 년 전 일본 열도에 사람이 살았던 것이 확실하다며 사진까지 곁들여 기술했다. 물론《일본역사사전》에도 동일하게 수록되었다. 일본 사람들은 매사에 단정적인 표현을 삼가는 편인데도 유적 발굴만큼은 신들린 무당처럼 교과서나 역사사전에서 모두 확실하다고 목소리를 높였다.

구석기 시대 존재 여부에 대한 논쟁이 끝난 지 불과 40년도 안 되어, 일본 역사를 엿가락 늘리듯 20만 년 전으로 끌어올린 후지무라의 발굴 조사에 일본인들은 열렬한 박수를 보냈다. 일부 학자들의 의심과 문제 제기도 있었지만 국민들의 열렬한 환호에 묻혀 버렸다. 소수의 입바른 소리가 여론이라는 폭력에 묻혀 버리는 현상은 일본 근현대사에 비일비재하다.

후지무라 신이치는 업적을 인정받아 '동북 구석기문화 연구소' 부이사장이라는 그럴듯한 직함을 받았다. 하지만 그는 고고학을 전공하지도 않았고 제대로 된 고고학 논문 한 편 쓴 적

일본 극우의 탄생 메이지 유신 이야기

이 없는 그야말로 아마추어 연구가다. 고등학교 졸업 후 계기 제조회사에 입사했고, 휴일마다 구석기 유적을 찾아 전국을 누비고 다니는 게 취미였다. 대학에서 고고학을 정식으로 이수하지 않았다고 하여 학자가 될 수 없다는 법은 없지만 후지무라의 행적은 아무래도 수상한 구석이 많았다.

후지무라가 발굴 작업을 한 장소마다 기다렸다는 듯 새로운 구석기 유물이 연이어 쏟아져 나오자 매스컴은 후지무라를 '신의 손'이라고 칭송했다. 1993년 미야기현 가미다카모리 유적에서 40만 년 전의 석기 발굴을 시작으로 오가사카 유적에서 47만 년 전의 것으로 보이는 원인原人의 건조물 기둥을 발견했다고 발표했다. 후지무라는 발굴 소감을 묻는 기자에게 '나올 것이 나왔을 뿐'이라며 겸손하게 말했다.

같은 해 가미다카모리 유적에서 약 60만 년 전의 건조물 기둥도 발견했다. 후지무라는 이듬해 같은 장소에서 50만 년 전의 석기를, 1995년에는 60만 년 전의 석기를 발굴했다. 드디어 1999년에는 베이징 원인보다 무려 20만 년이나 앞선 70만 년 전의 석기를 발굴해 일본 열도를 열광에 빠뜨렸다. 일본은 자신들이 황하 문명과 동렬이라고 만세를 불렀다. 전문가들은 후지무라의 발굴로 베이징 원인과 같은 시대에 일본 원인이 존재했다는 사실이 증명되었다며 어깨를 으쓱했다.

동북 지방 이외의 지자체들도 앞 다투어 그에게 발굴 의뢰를

했다. 2000년 사이타마현 치치부 지역에서 발굴한 60만 년 전 일본 원인의 이미지는 세계에서 가장 진화한 모습이었다. 그들은 집단생활을 하며 불을 관리할 줄 알았고 과거와 현재 그리고 미래라는 시간관념을 이해할 뿐만 아니라 죽음이라는 추상적인 개념도 인지하여 장례식을 치르고 건조물도 지을 정도의 지능을 소유했다는 것이다.

일본의 구석기 시대가 순식간에 70만 년 전까지 소급된 일련의 과정은 고고학에 대해 무지한 문외한의 눈으로 보더라도 수상한 구적이 많았다. 후지무라 혼자서 구석기 유물의 90퍼센트 이상을 발견했다는 것이 불가능에 가깝지만, 열광의 도가니에 빠진 학계와 언론은 '신의 손'을 가진 초능력자라는 식으로 어물쩍 넘어갔다.

치밀한 검증을 해야 할 대부분의 고고학자들은 '발견을 기대했던 전기와 중기 구석기 유물이 마침내 모습을 드러냈을 뿐'이라며 이 사태를 가볍게 받아들였다. 제대로 된 발굴 조사 보고에 앞서 언론이 대서특필하고, 이어서 전문가들이 검증 절차도 거치지 않은 채 그럴듯한 주석을 붙이고, 관련 지자체에서는 지역 홍보에 이용하는 등 손발이 척척 맞았다. 세 사람만 우기면 없는 호랑이도 만들어낼 수 있다는 옛말이 그르지 않았다.

하지만 꼬리가 길면 잡히기 마련이다. 2000년 10월 22일 새

일본 극우의 탄생 메이지 유신 이야기

벽, 후지무라가 가미다카모리 유적 발굴 현장에서 구덩이를 파고 미리 준비해 온 60만 년 전의 구석기를 파묻는 광경이 고스란히 일본 마이니치신문 잠복 취재팀의 카메라에 잡혔다. 조작된 일본 구석기 시대가 일시에 붕괴되는 순간이었다. 이 정도에서 날조극이 끝난 것이 일본을 위해서도 다행스러운 일이었다.

후지무라는 어쩔 수 없이 구석기 날조를 시인해야 했다. "마魔가 끼었다"고 사죄하면서도 전부를 날조한 것은 아니라는 궁색한 변명을 늘어놓았다. 하지만 그 후 진행된 일본고고학협회 전·중기 구석기 문제 조사연구특별위원회의 조사 결과, 후지무라는 전국 42개의 유적을 날조했다고 시인했다.

11월 5일자 마이니치신문은 끈질긴 잠복 취재로 찍은 문제의 사진들과 함께 후지무라의 날조극을 1면 톱기사로 보도했다. 20년 동안 일본 전역에서 행해진 역사적 범죄 행위에 1억 2천만 일본인들이 완전히 놀아난 꼴이었다. 일본 전·중기 구석기 연구는 처음부터 다시 시작해야 했고 중·고등학교 역사 교과서 수정도 불가피했다. 박물관에 전시했던 전·중기 구석기 유물은 슬그머니 지하 창고로 옮겨졌다.

후지무라 신이치가 왜 그토록 엄청난 일을 벌였는지는 아무도 모른다. 본인 말대로 마가 끼었는지도 모르겠지만, 신화를 역사적 사실로 주입시켜 온 일본의 분위기가 만들어낸 촌극이었다고 보는 것이 타당할 것이다. 60만 년 전의 구석기 시대 연구도 좋지만, 동아시아의 고대사를 밝힐 일본 천황 능에 대한 학술조사를 먼저 허가해주는 것이 제2의 후지무라 출현을 막는 길이라 생각한다.

후지무라는 유물 날조가 들통이 난 후 이혼을 당했는데, 그 후 재혼하여 자신의 성씨를 버리고 재혼한 부인의 성으로 개명했다고 전해진다. 중국 신화사 통신은 '일본이 경제 대국에 만족하지 않고 고대 문명 대국에 끼고 싶어 안달이 나서 빚어진 촌극이다'라고 논평했다.

향일성向日性과 일본 근대화

    일본의 역사 흐름에서 두드러지는 것이 향일성이다. 해바라기가 태양을 좇는 것처럼 주류를 추종하는 성향을 말한다. 정통과 이단을 나누지 않고 자신들이 살고 있는 시대의 가장 선진화된 주류 문명, 즉 문명의 태양을 추종하는 것이다. 17세기 중엽 포르투갈, 네덜란드, 영국 등과 접촉하기 이전까지는 일본도 조선과 마찬가지로 중화 문명을 당대 최고의 문명으로 인식하고 이의 수용에 열심이었다.

    한국은 지리적으로 중국과 더 가까웠으므로 일본보다 앞서 중화 문명을 접했고, 중화 문명을 절대시 하면서 가급적 원형 그대로 수용하려는 경향을 보였다. 시대에 따라서는 소중화小

中華를 자처하기도 했다. 이렇게 문화적인 편식을 하면서도 중국 문명에 흡수되지 않고 정체성을 지켜온 것은 정말이지 기적에 가깝다.

이에 반해 일본은 바다를 사이에 두고 있는 지리적 요인과 다신교를 믿는 종교적 성향이 기반이 되어, 중국 문명을 보다 선택적이고 단속적으로 받아들였고 여기에 자신만의 전통을 가미할 수 있었다. 중국의 학문을 익히고 받아들이는 한편 일본 고유의 정신을 지켜 나간다는 의미를 담은 화혼한재和魂漢才가 일본의 문명 수용 태도를 단적으로 보여준다.

근대 이전, 한국과 일본의 지적 풍토는 '과거 제도'가 있고 없음에 따라 상이한 모습을 보여준다. 근대 이전의 한국에서는 과거라는 통과의례를 거치지 않으면 지배 계급 대열에 합류할 수 없었으나 일본은 그렇지 않았다. 조선의 사대부들은 과거 시험 이외의 학문에 관심을 보이지 않았고 그럴만한 여유도 없었다. 반면 일본의 지식인들은 과거라는 굴레가 없었기에 왕성한 지적 호기심을 다양한 대상으로 발산시킬 수 있었다. 미천을 따지지 않고 그 분야에서 일인자가 되고자 했으며 주변 세계의 변화에 민감하게 대응했다.

이런 가치관의 차이가 극명하게 드러난 것이 네덜란드 선박의 표착漂着 사건이다. 1600년 4월 규슈의 오이타에 네덜란드 선박이 들어왔다. 도쿠가와 이에야스德川家康는 직접 영국인 선

▌ 윌리엄 애덤스가 쇼군을 알현하는 그림이 장식되어 있는 일본 지도.

장 윌리엄 애덤스William Adams와 네덜란드인 항해사 얀 요스텐
Jan Joosten을 일주일 이상 면밀히 조사, 관찰한 후에 외교 통상
고문 등으로 중용했다.

　한편 조선에서는 1653년에 표착한 하멜 등 18명의 네덜란드
인을 격리시키는 데 급급했다. 이들이 10년 동안의 억류 끝에
나가사키로 도주한 후, 일본의 네덜란드인 송환 요청을 받고
서야 그들의 국적이 네덜란드라는 것을 알았을 정도였다. 조
선에 있을 때는 어느 나라 사람인지를 몰라서 만인蠻人 또는 남
만인南蠻人이라 불렀다. 하멜 일행이 10년이나 체류했는데도

그들로부터 어학이나 항해술을 배우려고 했던 괴짜는 단 한 명도 없었다. 당시 일본에서 네덜란드어 사전이 발간되고, 네덜란드어 통역 20여 명이 활동하고 있었던 것과 비교하면 극과 극이 아닐 수 없다.

한국과 일본의 네덜란드인에 대한 태도 차이는 근대화 추진 과정에서도 그대로 반복되었다. 일본은 이들로부터 기술과 지식을 적극적으로 취했지만, 한국은 그들을 배척함으로써 중화 문명을 상대적으로 평가할 수 있는 기회로 활용하지 못했다. 서양과의 접촉을 통해 중화 문명의 취약성과 한계를 간파한 일본은 미련 없이 중화 문명에서 서양 문명으로 갈아탔다. 일본 고유의 정신에 서양의 학문과 기술을 융합하자는 화혼양재和魂洋才를 표방하고 네덜란드의 학문과 기술을 흡수하려는 난학蘭学으로 돌아선 것이다. 1641년 나가사키 데지마에 네덜란드 상관을 개설하면서 시작된 난학은 1774년 《해체신서》 발간으로 전성기를 맞이했다.

화혼양재의 의미 그대로, 일본은 서양의 학문과 기술은 받아들이되 천황이 태양신의 자손이라는 신국神國 사상은 그대로 고수했다. 신국 사상은 지금도 이어지고 있다. 2005년 5월 모리 요시로森喜朗 수상의 발언이 문제가 된 적이 있다. 신도정치연맹 국회의원 간담회에서 "일본이라는 나라는 그야말로 천황을 중심으로 하는 신의 나라임을 국민 여러분이 분명히 인식

일본 극우의 탄생 메이지 유신 이야기

하기 바란다"라고 말한 것이다. 모리 수상의 발언은 과거 국체론國體論에 대한 짙은 향수를 대놓고 드러낸 것이다. 그 배경에는 일본 최대의 우파 단체인 '일본회의'와 같은 복고적 국가주의를 주장하는 세력이 존재한다. 그들은 정계뿐 아니라 관계, 재계, 학계 등으로 그 세력을 넓히고 있다. 아베 정권의 각료 대부분도 신도정치연맹 소속의 국회의원이다.

1800년대에 들어서자 일본을 둘러싼 국제 환경은 네덜란드어 통역만이 아니라 영어, 프랑스어 통역까지 필요한 상황이 전개되었다. 1808년 10월, 영국 군함 페이튼Phaeton호가 네덜란드 선박으로 위장하고 나가사키항에 침입하여 네덜란드 상관원을 납치한 사건이 발생했다. 이 사건에 충격 받은 막부는 네덜란드어 통역관들에게 영어 습득을 명했다. 이에 따라 영학英學에 관심이 확산되기 시작했다. 1811년엔 막부가 서양 서적 출판국을 설립했으며, 1814년에는 최초의 영일사전《안게리아고린타이세이韻厄利亞語林大成》가 간행되기에 이르렀다. 이 사전에는 약 6,000개의 단어가 수록되어 있다.

일본은 1840년 아편전쟁에서 청국이 패배할 것이란 정보를 입수한 후, 개국이 불가피하다는 판단과 함께 영국과 미국에 지대한 관심을 갖게 된다. 일본은 페리의 내항으로 1854년 2월 미일 화친조약을 맺었고, 1858년 7월에는 미일 수호통상조약을 체결했다. 또한 영국, 러시아, 네덜란드와도 화친조약을 체결해 나가사키, 요코하마 등을 개항함으로써 250여 년간의 쇄국정책에 종지부를 찍었다. 이에 따라 나가사키 데지마의 네덜란드 상관이 폐지되어 영사관으로 교체되고 난학은 영학에 자리를 내주었다.

영일 수호통상조약이 체결되던 1858년 나가사키에 일본 최초의 관립 영어 교육기관인 나가사키 영어 전습소가 설립되었다. 또한 1866년에는 유학 목적의 외국 도항을 허가함으로써 막부 말기의 유학생은 150여 명이 되었다. 1868년에 시작된 메이지 정부는 근대화, 서구화를 표방하면서 외국 유학을 중요한 국책 사업의 하나로 추진했다. 1871년 9월까지의 유학생은 영국 107명, 미국 98명을 포함, 총 281명에 이르렀다.

조선에서 '서양 오랑캐가 침범했을 때 싸우지 않는 것은 화친하는 것이요, 화친을 주장하는 것은 나라를 파는 것이다'라는 내용의 척화비를 세우던 1871년, 일본에서는 막부의 유학생인 나카무라 마사나오中村正直에 의해 새뮤얼 스마일스Samuel Smiles의 《자조론Self-help》이 《서국입지편西国立志編》이라는 제목으로 출간되어 '메이지의 성서'라 불릴 정도로 널리 읽혔다. 출판된 다음해에는 교과서로 사용되어 스마일스가 설파한 근면, 검약, 끈기 등 빅토리아 시대의 가치관이 일본인들에게 널리 전파되었다.

'하늘은 스스로 돕는 자를 돕는다'라는 유명한 구절로 시작

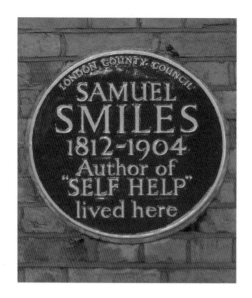

메이지의 성서라 불린 '자조론'의 저자, 새뮤얼 스마일스의 블루 플라크. '하늘은 스스로 돕는 자를 돕는다'란 명언의 주인공이다.

되는 《자조론》은 1859년 간행되었는데, 구미인 300명의 성공담을 요약한 것이다. 《자조론》은 1859년 이래 현재까지 150년에 걸쳐 계속 읽히고 있다. 한국에서는 일본어 또는 중국어 번역을 거친 국한문체에서 다시 한글로 번역되는 과정을 거쳐소개되었지만 일본에서와 같은 관심을 끌지는 못했다. '하늘은 스스로 돕는 자를 돕는다'는 문구는 우리 모두 익숙하지만 《자조론》은 낯설다.

메이지 유신 이래 일본은 '문명'과 '서양 문명'을 동일시했다. 구미의 정치, 법률, 경제 등 여러 분야의 학문과 기술을 치열하게 배우고 익혀 '부국강병'과 '식산흥업殖産興業'의 구현에 매진했다. 어느 정도 자신이 생기자 섬나라 일본은 스스로를 극동의 영국이라 칭하고, 영국과 동일시하려고 했다. 1902년 러시아를 견제하기 위해 영국과 일본 간에 '영일동맹'이 체결되었다. 메이지 유신을 시작한 지 불과 30여 년 만에, 극동의 작은 섬나라가 당시 세계 제일의 제국인 영국과 대등한 동맹조약을 체결했다는 사실에, 거의 모든 일본인들이 눈물을 흘릴 정도로 감동했다.

영일동맹은 두 차례 갱신되어 1921년 12월 폐기될 때까지 약 20년간 지속되었다. 문명의 태양을 부단히 뒤쫓아 왔던 일본인들은 마침내 '탈아입구脫亞入歐'의 염원을 달성했다는 만족감에 젖어들었다. 제2차 세계 대전 후에는 영국에서 미국으로 방향을 급선회하여 오늘에 이르고 있다. 언젠가 중국이 미국을 추월하는 시대가 온다면, 일본이 '탈구입아脫歐入亞'로 선회할지는 두고 볼 일이다.

일본 고대문자 위작과 한글

앞서도 밝혔지만 한국이 정치적, 문화적으로 문명의 거인인 중국의 압도적인 영향력 아래 있었으면서도 민족으로서의 정체성을 지켜왔다는 사실은 기적에 가깝다. 정체성을 견지할 수 있었던 것은 우리 민족이 중국의 표의문자와는 전혀 다른 언어 체계를 가지고 있었기 때문일 것이다. 1443년에 창제된 훈민정음은 유네스코 기록 유산에도 등재되어 있는 문자로, 한국인이 갖는 자긍심의 원천이다.

누가 뭐래도 한글은 우리의 위대한 문화유산이다. 조선을 방문했던 서양인들이 예외 없이 높이 평가했던 것도 한글이었다. 하버드 대학 교수와 주일 대사를 역임한 라이샤워Edwin O.

Reischauer 박사는 스물일곱 살(1937년 가을) 조선의 불교 등을 연구할 목적으로 두 달간 한성에 머문 적이 있었는데, 한글을 접하고 그 구조와 발음에 경탄을 금치 못했다고 한다. 그와 미국인 친구는 한글학자의 도움을 받아 학술용의 한글 알파벳 표기법을 완성했고 영국왕립협회의 '조선연구회보'에 발표할 정도로 한글에 매료되었다.

일본인들이 자신들에 비해 한국 사람들의 영어 발음이 좋다고 하는 것이 공치사만은 아니다. 한글은 세계 각국 언어의 거의 모든 발음을 표기할 수 있으나 일본어는 그렇지 못하기 때문이다. 영어 알파벳의 B와 V, L과 R 등의 발음을 구별하여 표기하는 방법과 장단음 표시법을 연구해서 실용화하는 과제가 남아 있지만, 한글의 발음이 일본어보다 훨씬 풍부하다는 데는 일본인들도 전적으로 동의한다.

중화 문명의 주변국으로서 일본은 한반도 국가를 한 수 아래로 보고 중국과는 대등하다는, 아니 대등해야 한다는 민족적 집념을 지니고 살아 왔다. 이와 같은 집념 때문인지 에도 시대에는 한글이 일본의 고대 문자를 모방했다는 가당찮은 주장을 하는 지식인도 나타났다.

아키타 출신의 국학자 히라타 아쓰타네平田篤胤(1776~1843)는 일본에 한자가 전래되기 이전에 이미 일본 고유의 문자, 즉 신대문자神代文字가 존재했으며 한글이 이를 모방한 것이라는 터무

니없는 주장을 펼쳤다. 히라타의 주장과 관련하여 한때 일본에서도 신대문자의 존재 여부에 대한 설이 분분했으나, 현재 신대문자의 존재설은 설 자리를 잃었다. 오히려 최근에는 신대문자라고 하는 것이 한글을 본뜬 위작이라는 설이 사실로 굳혀지고 있다.

히라타는 아키다 번사藩士와 마츠야마 번사를 거쳐 에도로 와서 당대 최고의 국학자인 모토오리 노리나가本居宣長(1730~1801)의 문하생이 되었다. 그는 1803년에 모토오리의 저서《고사기전古事記伝》을 처음으로 읽고 감명을 받아 그의 제자가 되었다고 밝혔다. 그러나 당시 모토오리는 이미 타계한 상태라 생전에 만난 적이 없다. 그런데도 히라타는 "꿈속에서 모토오리 스승님을 뵙고 입문을 허락받았다"라고 하며 꿈속에서 대면하는 모습을 그림으로 남기기까지 했다. 그는 말년에 불로장수를 위해 인어의 뼈를 구해 복용했으나 아무런 효험을 보지 못하고 이듬해에 유명을 달리했다고 한다.

에도시대(1603~1867) 중엽, 일본에서는 민족의 뿌리를 고전에서 찾으려는 복고주의적인 국학이 성행했다. 모토오리 노리나가가 대표적인 국학자다. 그는《고사기》와《일본서기》등의 고전을 깊이 연구하고, 그 내용을 모두 역사적 사실로 인정했다. 그는 "3세기에 일본의 진구황후는 신의 계시를 받아 삼한을 정벌했고, 그로 인해 삼한이 일본의 조공국이 되었다. 도요토미 히데요시의 조선 진출은 신의 뜻이었다"라는 언설을 늘어놓았다. 에도 시대 일본이 1년 예산에 상당하는 100만 량이라는 거금을 쏟아 부어 초청했던 조선 통신사를 그들은 '조공사'라 기술했다. 조선을 조공국으로 설정한 픽션의 시나리오는 이렇게 뿌리가 깊다.

모토오리의 사후 제자를 자처한 히라타는 모토오리의 학통을 발전시켰다. 그러나 그는 모토오리의 문학적, 고증학적인 국학의 요소를 버리고 내세에서의 삶을 중시하는 독자적 신도神道 사상을 전개함으로써 자신의 학파를 구축했다. 하지만 불교와 전통 신도를 비판했던 탓에 대중적인 인기는 얻지 못했다. 그러나 막부 말기, 존왕양이尊王攘夷의 민족주의 사상이 대두하자 히라타의 천황 숭배 사상을 중심으로 한 외세 배척 사상이 재평가되었다. 막부 타도를 주도하는 사쓰마와薩摩와 조슈長州의 지사들이 히라타의 국학을 기치로 내걸고 신도국교, 제정일치를 제창하기에 이르렀다. 히라타도 그의 스승 모토오리와 마찬가지로 진구 설화의 신봉자였다. 최초의 정한론자로 꼽히는 사토 노부히로佐藤信淵가 바로 그의 제자다.

1920년대 말기에 국수주의자와 군인들 일부가 신대문자의 존재를 주장하는 목소리를 높이기도 했다. 일본에서 신대문자는 이미 흘러간 과거사로 취급되고 있을까? 지금도 호사가들은 신대문자에 대한 집착을 버리지 못하고 기어이 찾아내고

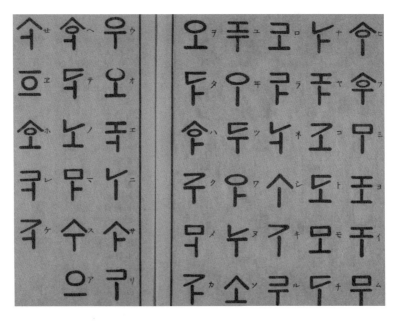

일본 학계에서도 후세에 한글을 본떠 만들어진 위작임을 인정한 신대문자의 일종인 아히루문자. 도쿠시마현에는 기념비가 있다.

말겠다며 다양한 활동을 벌이고 있다.

도쿠시마현德島県 아와 마을의 인터넷 홈페이지에는 신대문자의 석비가 관광 명소로 소개되어 있다. 일본 학계는 이미 신대문자라는 것은 후세에 한글을 본떠 만든 위작이라고 결론을 내렸고, 일본의 대표 일본어 사전이라 할 수 있는 《고지엔広辞苑》도 일본의 신대문자는 한글 등을 본떠 만든 것이라고 기술하고 있다. 또한 《일본역사사전》에도 위작이라고 분명히 밝히고 있다. 그런데도 버젓이 역사 탐방 코스로 소개하고 있는 이유는 뭘까?

요코하마에 근무하던 때 도쿄에서 비행기로 한 시간 남짓 걸리는 신대문자 기념비를 찾아 나선 적이 있다. 무엇보다 내 눈으로 현장을 직접 확인하고 싶었다. 고대 문자 석비는 작은 신사 앞에 세워져 있었다. 높이 2.7미터, 너비 60센티미터, 폭 34센티미터의 거대한 화강암에 한글의 자모를 뒤섞어 놓은 것으로 보이는 문자들이 어지럽게 새겨져 있었다. 이 고장 연못에 살고 있는 큰 메기를 노래한 내용이라고 했다. 이 석비는 히라타의 제자이면서 이 고장 출신인 이와쿠모 하나카오라는 가인歌人이 1862년에 건립했다. 석비에는 일본에 하나뿐인 신대문자 기념비라는 안내판이 붙어 있었다.

공항에서 버스를 타고 역까지 30분, 역에서 기차로 한 시간, 그리고 다시 택시로 30여 분 가야 하는 불편함 때문인지 관광객의 모습은 보이지 않았다. 택시 기사는 장거리 왕복 손님을 태워서 기분이 좋았던지 연신 싱글거렸다. 신대문자 석비를 보기 위해 한국에서 일부러 왔다고 하자 "그래요? 대단하십니다!"라는 공치사를 연발하면서 백미러로 흘끔흘끔 나를 훔쳐보았다. '웬 미친 녀석도 다 있군' 하는 속내였으리라.

Ⅱ.
일본
근대화의
태동

군웅할거의 동란기, 전국시대

　15세기 중반 일본에는 가마쿠라鎌倉 막부(1192~1333), 무로마치室町 막부(1336~1573)의 무사 정권이 약 380년간 지속되면서 전국시대戰國時代(1467~1568)로 접어들었다. 하극상이 일상화되고 힘이 정의였던 100년에 걸친 전국시대는 오다 노부나가, 도요토미 히데요시를 거쳐 도쿠가와 이에야스에 의해 마침내 통일되었다. 전국시대를 통일로 이끈 세 사람의 주역을 개략적으로 살펴보자.

◉ 오다 노부나가織田信長(1534~1582)
　무로마치 막부 말기인 1467년부터 11년간 쇼군 후계 문제를 둘러싸고 교토를 중심으로 큰 전란이 일어났다. '오닌應仁의 난'으로 불리는 이 전란으로 교토는 황폐해졌고, 무로마치 막부는 유명무실한 존재로 전락하면서 이후 전국시대가 100년 간 지속되는 토대가 되었다.

전국시대의 최대 격전지였던 중부 지방에서 다른 다이묘들을 차례로 굴복시키며 두각을 나타낸 인물이 바로 오와리尾張의 오다 노부나가였다. 18세 때 부친이 세상을 떠나자 가독家督(가부장권을 의미함)을 이어 받은 노부나가는 1560년 오케하자마 전투에서 2천 명의 병사로 5천 명을 거느린 도카이東海의 거두 이마가와 요시모토今川義元를 무너뜨리면서 전국적인 인물로 떠올랐다. 그 이후 급속히 군세를 강화하여 전국 통일의 실마리를 열었다.

노부나가는 새롭고 신기한 것을 좋아했다. 선교사가 헌상한 흑인 노예에게 '야스케'라는 일본 이름을 붙여 가신으로 삼았고 화승총도 도입했다. 그는 화승총, 쾌속정 등 신무기와 기동력을 활용해 일본 중앙부를 거의 제압하고 교토로 입성해, 자신이 옹립한 15대 쇼군 아시카가 요시아키足利義昭를 추방한다. 이로써 무로마치 막부는 15대 237년 만에 막을 내린다. 그러나 1582년 모리씨毛利氏 정벌을 위해 떠난 노부나가는 교토의 혼노지本能寺에서 자신의 부하인 아케치 미쓰히데明智光秀의 습격을 받아 49세의 굵고 짧은 생을 마감했다. 이른바 혼노지의

다른 사람들 눈에는 좀 엉뚱해 보였던 오다 노부나가. 그는 호기심과 창의력이 뛰어난 진정한 혁신가였다.

변괴이다.

아케치 미쓰히데는 주인도 없이 떠도는 유랑 무사였는데 노부나가가 거두어주었다고 한다. 그는 노부나가의 부하 가운데 도요토미 히데요시와 쌍벽을 이루는 명장이었다. 8세 연하의 주군 노부나가는 말술도 마다 않는 호주가였는데 아케치 미쓰히데는 술을 못했다.

어느 날 연회가 한창일 때 술이 거나하게 취한 노부나가가 술잔을 들고 미쓰히데에게 "자 한잔 하자"며 술을 권했다. 미쓰히데가 술이 몸에 맞지 않는다고 사양하자 노부나가는 격노하여 칼을 들이대고 "술이냐 칼이냐"라며 윽박질렀다. 미쓰히데는 얼굴을 붉히면서 마실 수밖에 없었다. 미쓰히데가 주군 노부나가를 배반한 데는 다른 정치적 원인도 있었겠지만 평소

에 쌓인 악감정도 작용했을 것이라고 본다. 내부의 적을 경계
해야 한다는 의미를 담은 속담 '적은 혼노지本能寺에 있다'는 이
사건에서 유래되었다.

● 도요토미 히데요시豊臣秀吉(1536~1598)

혼노지의 변이 발생한 무렵, 히데요시는 지금의 쥬고쿠 지방
에서 모리씨毛利氏와 전투를 벌이고 있었다. 그는 사태에 대해
듣자마자 모리와 화해하고, 즉시 군대를 돌려 미쓰히데를 물
리침으로써 주군의 원수를 갚았다. 노부나가가 죽은 지 겨우
열흘 뒤의 일이다. 이 신속함이 히데요시를 노부나가의 후계
자로 만들었다.

노부나가 사후에 그의 기반을 이어 받은 히데요시는 천하를
거의 통일했다. 다만 동쪽의 강자인 도쿠가와 이에야스德川家康
만 남겨놓고 있었다. 천하통일의 길목에 버티고 있는 이에야
스가 골칫거리였다. 정면으로 승부를 겨루는 것도 방법이었지
만 《전국책》에 이르기를 두 마리의 호랑이가 싸우면 작은 것
은 죽고 큰 것은 다치게 된다. 히데요시는 도쿠가와와 싸워서
이긴다 하더라도 자신 역시 타격을 입을 것이 분명한 만큼 싸
우지 않고 굴복시킬 방법을 찾았다.

히데요시가 잔머리를 굴려서 짜낸 묘안이란 것이 여동생 아
사히히메를 이에야스에게 시집보내 그를 매제로 삼는 것이었

다. 마침 이에야스의 정실 자리가 비어 있었다. 문제는 중년의 아사히 히메가 이미 결혼해서 잘 살고 있었다는 것이다. 히데 요시는 싫다고 버티는 여동생을 간신히 설득해 이에야스에게 출가시켰다. 이렇게 하여 두 사람은 정면충돌을 피하고 잠정 적으로 타협하여 후일을 기약할 수 있게 되었다. 히데요시는 1590년 이에야스를 선봉에 내세워 간토 지역의 호조가北条家를 멸망시키고 동북 지방의 다이묘들을 복속시킴으로써 천하통 일을 이루었다. 혼노지의 변으로부터 불과 8년 만에 일본 전 체를 평정한 것이다.

히데요시는 오와리尾張에서 농민의 아들로 태어났다. 소년 시절에 반드시 출세하고 말겠다는 다부진 결의를 하고 가출을 감행했다. 하지만 재주는 있으나 출신이 미천하여 좀처럼 출 세의 길이 열리지 않았다. 이 불우한 사내를 알아준 무장이 노 부나가였다. 그는 실력만 있다면 신분 같은 것은 따지지 않는 합리주의자였다. 노부나가의 짚신지기로 시작한 히데요시는 마침내 주군이 못 이룬 천하통일의 꿈을 실현했다.

히데요시는 농민 출신이라는 열등감 때문인지 귀족과 황실 을 동경했고, 그들의 호감을 사기 위해 노력했다. 결국 조정으 로부터 도요토미豊臣라는 성씨와 태정대신太政大臣, 관백関白의 관직을 받아 자신의 권위에 정당성을 획득했다. 사실 그는 막 부를 열어 정이대장군征夷大将軍이 되고 싶었지만, 정이대장군

은 미나모토씨源氏만 될 수 있었기에 단념하지 않을 수 없었다. 자신의 출신 성분에 콤플렉스를 가지고 있었던 그는 후일 자신의 전기에 스스로를 천황의 자식인양 기술했다. 그가 태정대신의 경칭인 태합太閤이라 자칭한 것도 열등감 때문이었다고 한다.

　히데요시가 진구황후의 삼한 정벌 주술에 사로잡혀 도발한 임진전쟁은 조선을 피폐화시켰을 뿐 아니라 도요토미 정권을 쇠락의 길로 들어서게 했다. 1598년 8월 18일, 병석의 그는 늘그막에 얻은 여섯 살의 후계자 도요토미 히데요리豊臣秀賴를 너구리 영감 이에야스에게 눈물로 부탁하고 62세를 일기로 숨을 거두었다.

　그는 죽음을 앞두고 "이슬처럼 떨어졌다가 이슬처럼 사라지는 게 인생인가. 세상만사 모두가 일장춘몽이네"라고 읊었다고 전해진다.

● 도쿠가와 이에야스 德川家康(1542~1616)

이에야스는 1542년 미카와三河에서 오카자키 성주의 장남으로 태어났다. 비록 좋은 신분으로 태어나긴 했지만 동쪽으로는 이마가와今川, 서쪽으로는 오다織田의 협공을 받는 지역이라서 이에야스는 양쪽의 인질이 되어 여섯 살 때부터 열아홉 살까지 힘겨운 나날을 보내야 했다. 이와 같은 경험을 통해 이에야스는 '참으면 모든 문이 열린다'는 교훈을 터득했고, 때가 무르익기를 참을성 있게 기다리는 인내의 달인이 되었다.

이에야스는 세 살 때 친어머니와 이별하는 쓰라린 아픔을 겪었고, 이마가와 요시모토今川義元의 인질로 있을 때 그의 조카사위가 되었다. 이마가와 요시모토가 오다 노부나가와 싸우다 죽은 뒤에는 노부나가의 딸을 며느리로 맞이해야 했다. 이마가와 집안 출신인 이에야스의 부인 입장에서 보면 원수의 딸을 며느리로 맞아들인 셈이라 고부간의 갈등이 예사롭지 않았다. 이에야스의 장남 노부야스는 어머니의 눈치를 보느라고 부인을 살갑게 대하지 못했다. 이런 중에 시어머니와 남편의 구박 때문에 못 살겠다고 딸이 읍소하자, 노부나가는 노부야스 모자와 노부야스의 생모를 할복시키라고 명했다. 이에야스

에도 시대를 연 도쿠가와 이에야스. '오다가 쌀을 찧고 도요토미가 반죽한 떡을 도쿠가와가 먹었다'란 말이 전해진다.

는 고민 끝에 아직은 때가 아니라고 판단하고 눈물을 머금고 부인과 아들을 자결시켰다.

이에야스는 약자의 비애를 곱씹으며 초인적인 인내심으로 노부나가와의 동맹 관계를 유지해 나갔다. 도요토미 히데요시가 죽었을 때 이에야스는 이미 60세에 가까운 고령이었다. 초조해진 이에야스는 천하통일을 서둘렀다. 그는 1600년 9월 도요토미를 추종하는 다이묘를 세키가하라 전투에서 격파하고, 히데요시의 아들 히데요리를 60만 석의 일개 다이묘 지위로 격하시켰다.

실권을 장악한 이에야스는 1603년 정이대장군에 올라 명실공히 천하의 패자로서 에도에 새로운 막부를 열었다. 100년 동안 계속되던 전란의 시대는 이로써 막을 내리고, 일본 역사상 세 번째 막부인 도쿠가와 쇼군의 에도 막부 시대가 시작되었다.

◉ 3인3색: 노부나가, 히데요시, 이에야스

일본에서는 오다 노부나가, 도요토미 히데요시, 도쿠가와 이에야스를 전국시대 3걸=傑이라 칭한다. 셋 중에서 노부나가가 1534년생으로 가장 먼저 태어났고, 그 뒤를 이어 히데요시가 1536년, 이에야스가 1542년에 태어났다. 전국시대를 마무리하고 일본의 근세를 열었던 풍운아 셋이 모두 지금의 나고야 출신이다.

일본에서는 "오다 노부나가가 찧고, 도요토미 히데요시가 반죽한 천하의 떡, 앉아서 먹는 것은 도쿠가와 이에야스"라는 말이 전해 온다. 이는 히데요시 생전에는 결코 나서지 않으면서 히데요시가 쓰러질 날만을 기다린 이에야스를 풍자한다. 인고의 17년을 버티자, 천하의 떡이 이에야스의 손으로 굴러 들어왔다는 뜻이다. 꾀보 히데요시가 먼저 저세상으로 가고 이에야스가 최후에 웃었다.

뜬금없지만 그것은 여자에 대한 취향이 한 몫을 한 것으로도 볼 수 있다. 히데요시는 측실을 고를 때 가문과 미모를 고려했다. 평생 출생에 대한 열등감을 극복하지 못한 히데요시는 슬하에 단 한 명의 아들만 두었다. 반면 이에야스는 농촌 아낙이든 장사치의 딸이든 상관하지 않고 그저 성격이 무난하고 몸집만 좋으면 그만이었다. 그는 열다섯 명의 측실에게서 11남 7녀의 자식을 얻었다. 15대에 걸쳐 250년간 에도 막부를 이어갈 수 있었던 비결을 여기에서도 찾을 수 있다.

일본 극우의 탄생 메이지 유신 이야기

근대화의 마중물, 에도 막부 개막

　1590년 7월, 도요토미 히데요시는 전국 통일의 마지막 단계로 간토関東 호조씨北条氏의 본거지 오다와라성小田原城을 공략해서 호조씨를 파멸시켰다. 이어 동북 지방의 여러 영주들도 복속시켜 대망을 이루었다. 혼노지의 변으로 오다 노부나가가 사망한 지 불과 8년 만에 전국 평정의 대업을 성취한 것이다.

　이제 히데요시가 신경을 써야 할 대상은 단 한 사람, 전국 통일의 협력자이자 경쟁자인 도쿠가와 이에야스뿐이었다. 7월 13일 히데요시는 호조씨 토벌에 대한 논공행상을 하는 자리에서, 이에야스에게 그의 본거지인 미카와三河 등의 5개국 영지를 이제 막 손에 넣은 호조씨의 간토 8개국 영지와 교환할 것

을 지시했다. 이에야스는 영지 교환으로 3개국의 영지가 늘어
난다고 좋아할 수는 없었다. 미카와는 도쿠가와 가문 대대로
내려온 본거지로 정치와 경제의 중심지인 교토, 오사카와 가까
운 요지에 위치해 있었기 때문이다. 당시 간토의 에도라고 하
면 어디에 붙어 있는지도 모르는 변방이었다. 간토는 수도 교
토의 동쪽을 지칭하는 말로, 오늘날의 도쿄 지역을 의미한다.

히데요시는 포상이라는 명목으로 영지 교환을 지시했지만
실은 이에야스를 본거지와 멀리 떨어진 간토로 격리시켜 그의
세력을 약화시키려는 포석이 깔려 있었다. 이에야스가 반평생
을 바쳐 피흘려가며 싸워 쟁취한 영지에는 자신의 심복들을
배치했다. 이에야스는 히데요시의 속셈을 뻔히 알면서도 싫은
기색 하나 없이 "분부대로 거행하겠습니다"라고 공손한 태도
를 보였다.

약육강식의 시대를 헤쳐 온 이에야스는 자신보다 강한 자에
게는 당연히 복종해야 한다는 '살아남기'의 처신술을 몸에 익
혀 온 능구렁이다. 젊은 시절에는 이마가와를 따랐고, 성장하
여서는 오다 노부나가에 복종했고, 이제는 히데요시를 섬기면
서 '인내는 무사장구無事長久'라는 자신의 신조를 곱씹으며 느긋
하게 때를 기다렸다. 1590년의 시점에서 이에야스는 48세, 히
데요시는 54세였다. 당시 50대 중반이라면 지금 나이로 60대
중반에 가까운데, 당시 히데요시에게는 대를 이을 자식이 없었

다. 그로부터 3년 후인 1593년에야 아들 히데요리가 태어났다.

간토로 이주하면서 이에야스는 본성本城을 어디에 둘 것인지를 결정해야 했다. 호조씨의 거성居城인 오다와라성이냐 에도에 있는 지성支城이냐가 문제였다. 오다와라는 15세기 중반부터 5대 100년에 걸쳐 호조씨가 다스린 영지의 중심지로 전국시대로서는 비교적 선정을 베푼 지역이었다. 또한 오다와라성은 견고한데다 내성만으로도 동서 1,600미터, 남북 1,000미터에 달하는 거대한 성곽이었다. 성의 주변에는 상인과 수공업자들의 도시 조카마치城下町가 발달해 있었고 농산물과 해산물의 산출도 풍부했다.

반면에 당시 에도江戸는 갈대가 무성한 습지로 살 집도 제대로 지을 수 없는 형편이었다. 이에야스가 들어갈 무렵, 에도의 민가는 약 200호, 인구는 고작 1,000명 정도였다고 기록되어 있다. 이에야스의 가신들은 간토로 간다면 당연히 오다와라성을 본거지로 삼을 것으로 기대했지만, 이에야스는 에도에 본거지를 두기로 결정했다.

이에야스가 쫓겨나듯 에도로 간 것은 오히려 전화위복이 되었다. 에도로 이주한 지 2년이 채 안 된 1592년에 히데요시가 임진전쟁을 도발하여 다수의 다이묘와 병사들을 징발했다. 하지만 이에야스는 그때까지 정착이 안 된 상태라 임진전쟁에 직접 참전하지 않아도 되었다. 이에야스는 호조씨가 몰락한

지 한 달이 안 된 1590년 8월 1일, 에도성으로 들어가 입성식을 거행했다. 말하자면 8월 1일은 도쿠가와 왕국의 건국 기념일이다.

1600년 9월 이에야스는 도요토미 사후의 천하 패권을 겨루는 세키가하라 결전에서 승리하며 도쿠가와씨의 주도권을 확실하게 굳혔고, 1603년 2월에는 정이대장군에 임명되어 에도막부를 개설했다. 막부幕府는 본래 무사 정권의 수장이 정무를 보는 기관을 지칭했지만 가마쿠라 막부, 무로마치 막부, 에도막부(=도쿠가와 막부)처럼 무사 정권 자체를 의미하는 개념으로

도요토미 히데요시가 늦은 나이에 어렵게 얻은 아들. 히데요리. 그와 모친이 생을 마친 오사카성의 자결터는 관광 코스가 되었다.

일본 극우의 탄생 메이지 유신 이야기

사용되었다.

이에야스가 막부를 개설했다고는 하나 도요토미 히데요시의 추종자들이 완전히 제거된 것은 아니었다. 히데요시의 후계자 히데요리가 스물한 살의 늠름한 청년으로 성장했고, 히데요시가 남긴 재력은 현재의 가치로 약 70조 엔에 달했다. 더 이상 두고 볼 수 없었다. 이에야스는 1614년 11월 오사카 겨울 전투와 1615년 4월 여름 전투에서 도요토미 히데요리를 완전히 멸망시켰다. 이로써 명실공히 천하통일이 이루어졌다.

이에야스는 정이대장군에 임명된 다음 해인 1604년부터 에도 성을 대대적으로 수리·개축하는 작업에 착수했다. 사실상 수리·개축이라기보다 성 하나를 새로이 축조하는 정도의 대규모 공사였다. 토지 생산량이 1만 석 이상인 다이묘들은 영지의 규모에 따라 건축 자재와 인부, 인부들의 임금, 체재비 등을 부담해야 했기에 지출이 이만저만이 아니었다. 영지의 규모는 토지에서 생산되는 쌀의 수확량, 즉 석石으로 표시되고 이것이 과세와 인부 차출 등의 기준이 된다. 1석은 한 사람이 1년에 먹는 쌀의 양을 기준으로 한 단위인데, 쌀 1석은 쌀 10말이고 서양식 기준으로는 약 180리터(180㎏) 정도가 된다.

1604년에 1차 공사가 시작되어 1636년에 끝날 때까지 20여 차례에 걸쳐 공사가 진행되었다. 에도 성의 대규모 공사에는 다이묘들의 재력을 소진시켜 막부에 대항할 힘을 빼려는 정치적 계산도 숨어 있었다.

또한 이에야스는 다이묘들에게 영지가 있는 본거지와 에도를 1년씩 번갈아가며 거주해야 한다는 '산킨고타이參勤交代'를 의무화했다. 다이묘들은 처자를 에도에 상주시켜야 했기 때문에 그들이 살 저택을 마련하고 유지해야 했다. 또한 대규모의 가신단家臣團을 이끌고 에도와 영지 간을 왕복하는 데도 막대한 경비가 소요되었다. 막부는 이 같은 교묘한 통제 정책으로 다이묘들을 무력화시켰다.

에도 시대 초기인 1664년의 기록에 따르면, 전국적으로 225개의 지방에 영주가 있었다. 지방의 영주를 다이묘大名 또는 번주藩主라고 하고, 그들이 다스리는 봉건국가를 번藩이라고 했다. 다이묘는 세 부류로 나뉘었는데 신판親藩, 후다이譜代, 도자마外樣가 그것이다.

첫번째 신판은 도쿠가와의 방계 집단으로 20여 명의 다이묘로 구성되었다. 도쿠가와의 9번째, 10번째, 11번째 아들 셋이 각각 번주로 나간 오와리尾張, 기이紀伊, 미토水戶 번은 고산케御三家라 불리며 쇼군의 후계자를 낼 수 있다. 두번째 후다이는 이에야스 출신지의 번주와 세키가하라 전투에서 이에야스 편의 주력군으로 싸운 번주들을 지칭하는 것으로 총 113명에 이른다. 신판 다이묘와 후다이 다이묘는 에도와 오사카성 등 요충지 주변에 배치했다.

마지막으로 100여 명에 달하는 도자마 다이묘는 세키가하라 전투 이후 도쿠가와 씨에게 충성을 맹세한 번주들이다. 막부가 1년에 20만 석의 세금을 거두는 25개의 큰 번 가운데서 16개가 여기에 해당된다. 이들은 상대적으로 충성도가 약한 만큼 에도에서 멀리 떨어진 사쓰마나 조슈 같은 서남 지역에 영지를 주었다. 이들은 막부에서 직책을 맡거나 정치에 관여하는 것이 금지되어 있었다.

히데요시가 이에야스를 에도로 쫓아낸 것에서 오늘날의 도쿄가 시작되었고, 도쿠가와 막부 시대에 찬밥 신세였던 도자마 다이묘들이 메이지 유신의 주역으로 부상한 것을 보면 역사의 수레바퀴는 어디로 굴러갈지 종잡을 수 없는 괴물이라는 생각이 든다.

소년 영주의 결단, 철포 매입

1543년 8월에 사쓰마의 다네가시마種子島에 중국 정크선 한 척이 표착했다. 마카오로 가던 중 폭풍우를 만나 표류한 것이다. 배 안에는 낯선 모습에 알아들을 수 없는 말을 지껄이는 사람들이 타고 있었다. 말이 통하지 않아 어쩔 줄 모르고 있을 때 중국인 선원이 나섰다. 모래 위에 글자를 써 가며 어렵게 의사소통을 한 결과, 이들이 포르투갈 사람이라는 것을 알게 되었다. 포르투갈이 어디에 붙어 있는지 알 턱이 없었지만 그저 남쪽 나라에서 온 이상한 사람이라는 의미로, 그들을 남만인南蛮人이라 불렀다.

그들은 영주 다네가시마 도키타카種子島時尭(1528~1579) 앞에서

일본 극우의 탄생 메이지 유신 이야기

갖고 있던 머스킷muskit을 시범적으로 몇 발 발사해 보였다. 16세의 소년 영주는 난생처음 보는 총의 위력에 경탄하며, 은 200량이라는 거금을 선뜻 내주고 두 정의 총기를 구입했다. 은 200량은 현재의 금액으로 약 4천만 원에 상당하는 큰돈이다. 그는 직인들에게 총기를 분해하여 제조 방법을 터득케 하는 것과 아울러 군인들에게 사격술을 익히도록 했다. 이 총기는 뎃포, 조총, 화승총 등으로 불렸는데 현대적 의미의 소총이라 하겠다. 일본에서는 일반적으로 총구가 11밀리 이하면 총, 그 이상은 대포라고 했다. 사실 소년 영주가 포르투갈 조총을 처음 본 동북아인은 아니었다. 이보다 30년 전인 1514년, 명나라 광둥성 두문에서 처음 선보였으나 명나라 조정은 별로 관심을 보이지 않았다고 한다.

소년 영주의 호기심 덕분에 2년이 채 지나지 않아 철포가 대량 제작되었고, 일본 전국에서 행세깨나 한다는 무장들이 앞다투어 이를 사들였다. 오사카 부근의 유명한 상업도시인 사카이堺에서는 직인을 다네가시마에 보내 2년 정도 체류시키면서 철포 제작을 익히도록 했다. 그 후 철포는 관서 지방에서 일본 전역으로 퍼지게 되었다.

전국시대의 영웅 오다 노부나가는 누구보다 새로운 병기를 중시했다. 그는 총포 생산지인 사카이와 오미를 직할지로 삼아 대량 제조에 나섰고, 총포로 천하 평정을 추진했다. 1575년 오다 노부나가와 도쿠가와 이에야스 연합군은 나가시노長篠 싸움에서 총포 3천 정을 주력으로 무적의 다케다 기마 부대를 완전히 격파했다. 군웅이 할거하던 전국시대는 총포라는 신병기를 중시한 오다 노부나가에 의해 급속히 수습되었고, 히데요시에 의해 통일되었다.

히데요시가 임진전쟁을 도발한 1592년은 철포가 전래된 지 50년이 지난 때이다. 반세기 동안 일본은 프랑스 육군의 소총에 못지않은 신예 무기로 철포를 개량했으며, 대량생산 체제까지 갖추어 임진전쟁 때 우리 측의 간담을 서늘케 했다. 조선은 총기에서 발사된 탄환이 수십 마리의 새처럼 무리지어 떨어진다는 의미로 이를 '조총'이라 불렀다.

임진전쟁 때 이순신 장군을 천거한 유성룡은 《징비록》에 이렇게 기록하고 있다. '조총의 사격 거리와 명중도는 활에 비할 바가 아니다. 활이란 백 보밖에 못 가는데 조총은 수백 보를 나간다. 그런데다 바람 속에 우박처럼 쏟아지니 그것을 당할 수 없는 것은 당연하다.' 한편 《징비록》은 도요토미 히데요시가 중국계라는 설이 있다고 기술한다. 히데요시 같은 인물이 일본인일 리 없다는 선입견이 읽히는 대목이다.

조총이 조선에 전래된 것은 임진전쟁 발발 직전인 1591년이다. 황윤길 일행이 일본을 방문하고 돌아오는 길에, 쓰시마 도주에게서 서너 정의 조총을 받아 온 것이다. 정사正使 황윤길은

나가사키항이 내려다보이는 곳에 위치한 글로버 가든(구라바엔). 죽음의 상인이라 불린 토마스 글로버의 자택이 있다.

일본 방문 후 "반드시 병화가 있을 것입니다"라고 선조에게 복명한 데 반해, 부사副使 김성일은 "그러한 조짐이 있는 것은 보지 못했습니다"라고 정반대의 보고를 올렸다. 조선의 지도층은 외교를 국내 정치의 연장선상에서 보았으며, 조총으로 상징되는 일본의 무력을 제대로 평가하지 못했다는 의미를 갖는다. 당시 조선은 다네가시마의 소년 영주와 같이 신무기에 관심을 갖고 연구, 개발을 독려할 분위기가 전혀 아니었다.

포르투갈 철포가 유입된 이래, 일본은 새로운 무기에 대해 지속적인 관심을 갖게 되었다. 막부 말에는 서구 무기의 위력에 큰 충격을 받고 무기 수입에 발 벗고 나섰다. 자신들이 개조한 철포와는 엄청난 차이가 있었기 때문이다. 메이지 유신 전야, 중과부적의 상황에서도 도막파倒幕派가 에도 막부를 무너뜨릴 수 있었던 것은 철포, 소총 등 다량의 무기를 외국에서 조달할 수 있었기 때문이다.

그 배후에 영국인 무기상 토마스 글로버Thomas B. Glover(1838~1911)가 있다. '죽음의 상인'이라 불리는 그는 스물한 살 때 나가사키長崎에 글로버 상회를 설립하고, 도막파의 지사들과 활발히 접촉하면서 이들을 물심양면으로 도왔다. 사쓰마번, 조슈번 등의 요청으로 총기류, 함정의 수입을 주선하며 엄청난 부를 축적했다. 그가 1864년과 1865년에 수입한 함선이 24척, 1866년과 1867년에 수입한 소총이 약 1만 정이었다고 한다. 남북전쟁이 1865년에 조기 종결됨으로써, 미국에 남아도는 무기를 저렴하게 수입할 수 있었던 것이다. 메이지 정부는 그의 공로를 인정하여 최고의 훈장을 수여했다. 글로버는 73세의 나이로 타계해 나가사키 국제묘지에 안장되었다.

메이지 정부는 국산 총 개발에 욕심을 냈다. 강화도 사건을 도발한 1876년에 사쓰마 출신의 무라타 쓰네요시村田経芳(1838~1921) 육군 소좌를 영국, 프랑스 등에 파견하여 국산 총 개발에 필요한 정보 등을 수집, 연구하도록 했다. 그는 귀국 후에

무라타 쓰네요시가 프랑스의 그라스 총을 개조해 만든 무라타 총은 동학농민전쟁, 청일전쟁에 사용되었다.

프랑스 그라스 총을 개조하여 메이지 13년(1880)에 최초의 국산 총을 세상에 선보였다. 육군에서는 이례적으로 이를 '전투용 무라타 총'이라고 명명했다. 현재는 무라타가 이후에 제작한 총과 구별하기 위해 메이지 13년에 개발되었다는 의미에서 '13년식 무라타총'이라 통칭된다.

일본은 메이지 유신 이후 불과 10여 년 만에 서구와 어깨를 나란히 할 수 있는 소총 제조에 성공한 것에 감격했다. 1881년 10월 일본 육군은 무라타가 유럽에 체재하는 동안 지원해준 영국, 프랑스, 독일 등의 연구기관에 감사 서한과 함께 '13년식 무라타 총' 1정씩을 증정했다. 그 후 일본은 강철, 공작기계를 수입하여 대량생산 체제에 들어갔다.

1889년에는 무라타 연발총이 만들어져 동학농민전쟁과 청일전쟁 때 본격적으로 사용되었다. 무라타 소총은 청일전쟁에서 일본이 승리하는 데 결정적 역할을 했다. 1894년 12월 공주 우금치 전투 때, 총알도 피해가게 해준다는 주문呪文을 외우며 돌진하는 동학군을 향해 쏟아진 것도 무라타 소총이었다.

무라타는 후에 육군 소장으로 진급하고 귀족 의원을 역임했으며, 남작의 작위도 수여받았다. 그는 83세의 천수를 누리고 1921년 타계했다.

한편 우리에게도 고려 말의 화약 발명가 최무선이 있었다. 당시 송과 원나라는 화약을 사용하고 있었으나 제조 방법을 고려에 알려주지 않았다. 조선은 창궐하는 왜구를 섬멸하기 위해 화약이 절실히 필요했다.

최무선은 화약을 제조할 수 있는 원나라 상인을 자신의 집에 초대했다. 극진히 환대하면서 그로부터 제조법을 배워 화통도감을 설치하고 화약과 각종 화포를 만들어 무기로 사용한 것이다. 1380년 금강 입구에 왜구가 대거 침입하자 화포로 이들을 격퇴했다는 기록이 남아 있다. 하지만 유감스럽게도 조선에는 '소년 영주에서 육군 소장으로 이어지는' 흥미로운 스토리의 주인공이 등장하지 않았다.

여담이지만, 현재 다네가시마에는 우주센터가 있어서 연 2~3회 로켓을 발사한다. 2012년 5월 18일, 한국 우주연구원이 개발한 다목적 실용 위성 아리랑 3호기가 발사된 곳이 이곳이다. 발사체 기술이 없는 한국이 일본의 미쓰비시 중공업에 발사 수송 용역을 주었기 때문이다. 미쓰비시 중공업은 강제 징용공 보상 관련한 대법원 판결에 항의하고 있는 바로 그 회사다. 시민단체가 격렬하게 항의했음은 주지의 사실이다.

쇄국도 쇄국 나름이다

쇄국이라고 하면 조선 시대의 철저한 배외 정책을 연상하기
쉬우나, 일본의 쇄국 정책은 조금 느슨하면서 선택적인 쇄국
이라 할 수 있다. 이런 이유 때문인지 현재 일본 고등학교 교
과서에서는 '소위 쇄국'이라는 표현을 사용하는 등, 단정적으
로 '쇄국'이라고 기술하는 것을 피하는 현상이 두드러진다.

일본의 쇄국 정책은 도쿠가와德川 막부의 권력 확립과 유지
를 위해 취해진 대외정책으로, 1630년대 말부터 1853년 미국
페리 제독의 내항까지 200여 년간 지속된 국제적 고립 상태를
말한다. 막부는 일본인의 해외 자유왕래를 금지했다. 막부가
쇄국 정책을 실시한 배경에는 무역 이익의 독점, 봉건 지배의

막부는 네덜란드 상관원들을 나가사키 데지마에 감금하다시피 해서 '국립 감옥 데지마'란 별명으로 불렸다.

윤리와 모순되는 그리스도교의 침투 저지란 목적이 있었다.

막부는 선택적 쇄국 정책과 관리무역 제도를 취하여서 나가사키를 통한 교역을 장악했다. 나가사키는 막부의 직할령이었기 때문에, 나가사키를 통해 수입된 물품의 가격을 통제함으로써 시장을 장악했고 서양과의 접촉도 효과적으로 통제할 수 있었다. 이러한 쇄국 정책은 인구 100만의 에도를 중심으로 일본 전체의 안정과 평화를 유지하는 데 기여한 측면이 있다.

일본 근대화의 태동

쇄국을 국가 정책으로 내걸었던 1634년, 일본은 나가사키 앞바다에 5천 평쯤 되는 데지마出島라는 인공섬을 만들었다. 처음에는 포르투갈 상인을 이곳에 머물게 했으나, 포르투갈선 도항 금지 이후에는 히라도平戸에 있던 네덜란드인을 이주시키고 네덜란드 상관商館을 설치했다. 막부는 10명 안팎의 상관원들을 데지마에 고립시켰다. 외출은 물론 일본인과의 개인적 접촉을 엄격히 통제해서 '국립 감옥 데지마'라는 별명이 붙을 정도였다. 네덜란드 상관은 매년 데지마의 임차료 명목으로 은 55관(약 1억 엔)을 상납해야 했다.

1641년부터 1859년에 폐쇄될 때까지, 데지마 상관은 2백 년 이상 일본의 근대화를 촉진한 난학의 모태가 되었다. 쇄국기의 일본 지도자와 지식인들에게 유형, 무형의 서양 문물과 지식을 전해주었고, 일본을 유럽에 널리 소개한 홍보대사 노릇을 톡톡히 해냈다. 일본은 데지마라는 바람구멍을 통해 중화 문명을 재평가했다. 동시에 국제 정세 변화를 관찰하고 천문, 지리, 의학, 군사 등 서양의 지식과 기술을 선택과 집중의 관점에서 수용할 수 있었다.

에도 시대의 일본인들은 네덜란드를 '오란다'라고 불렀다. 네덜란드의 별칭인 홀란드Holland에서 발음을 취한 것이다. 우리와 마찬가지로 화란이라고도 했다. 난학蘭学(란가쿠)이란 에도 시대 네덜란드어로 들어온 서양의 학술, 문화를 연구하는

일본 극우의 탄생 메이지 유신 이야기

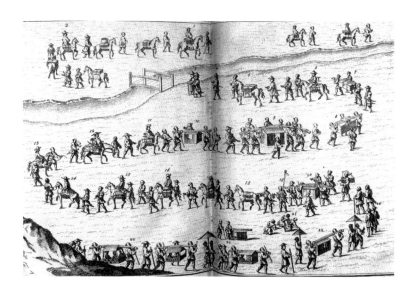

네덜란드 상관장 일행이 에도와 나가사키를 왕복하는 일명 '에도산푸'는 90일 정도가 소요되는 긴 여정으로 서민들의 큰 구경거리였다.

학문의 총칭으로 나가사키가 그 중심지였다. 데지마는 당시 일본에서 유일한 서양 문화 전래의 창구로서 난학의 본거지가 되었다.

에도 시대, 난학에 대한 관심을 촉진하고 지식 확산에 기여한 큰 이벤트가 있었으니, '카피탄kapitan'이라고 불린 데지마 상관장商館長의 에도 예방이다. 1609년부터 1850년까지 데지마 상관장은 정기적으로 에도에 가서 쇼군을 알현하고 무역 허가에 대한 사의를 표함과 동시에 헌상품을 봉정했다. 에도산푸江戶參府라고 불렸던 이 행사는 시기적으로 조선통신사의 일본 방문과 겹친다. 하지만 조선통신사의 에도 방문이 11회에 불과했던 반면, 네덜란드 상관장의 방문은 총 116회에 달했다.

에도 예방에는 상관장을 비롯한 네덜란드인 외에도 통역, 경호를 맡은 일본인 고용원 및 인부 등이 동행했다. 보통 2~3주간 체류했는데, 왕복하는 기간까지 더하면 총 90일 정도가 소요되는 긴 여정이었다. 일본의 서민들에겐 네덜란드 상관장 일행이 서너 달에 거쳐 에도와 나가사키를 왕복하는 것은 큰 구경거리였다. 에도에 도착한 즉시 지식욕에 불타는 식자들이 그들의 숙소로 몰려들었다. 상관장이나 상관 소속 의사들이 소개한 최신 과학 기술과 의료 지식이 일본에 미친 영향은 지대했으며, 에도 예방 자체가 최신의 정보 발신으로 평가된다.

제8대 쇼군 도쿠가와 요시무네德川吉宗는 기독교와 무관한 서양 서적의 수입을 허용했고, 이를 계기로 난학은 서양 의학, 천문학으로 발전하게 되었다. 요시무네의 장려 정책에 힘입어 난학은 지리, 박물 등 자연과학 전반을 망라하게 되었으며 합리적 사고의 토대가 되었다. 막부는 기술적인 면에서는 난학을 장려했지만, 서양의 자유와 평등사상이 퍼져 나가는 것을 우려해 사상적 분야에서는 제동을 걸었다.

1771년 4월 18일은 일본 난학에 있어 기념비적인 날이다. 네덜란드어로 쓰인 《해부학 도해》를 손에 든 의사들이 사형수의 시체 해부를 지켜보면서 원서의 정확도에 놀라 벌린 입을

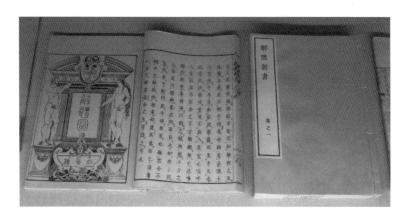

일본 최초의 번역 학술서 '해체신서'. 독일 의사 쿨무스가 쓴 '해부학 도해'의 네덜란드어판을
일본어로 중역한 것이다.

다물지 못하고 있었다. 중국 의술과 결별한 날이기도 하다. 그
로부터 3년 후인 1774년, 난학의 결정체가 드디어 모습을 드
러냈다. 《해부학 도해》가 《해체신서解体新書》라는 제목으로 번
역, 간행되어 막부에 헌상된 것이다.

1796년에는 일본 최초의 네덜란드어 사전이 간행되었다.
1811년 막부에 의해 서양 서적 번역국이 설치된 이후, 영어소
사전이 나왔고 네덜란드 원서로부터 코페르니쿠스의 지동설
과 뉴튼의 만유인력설이 번역, 소개되었다. 이와 같은 전문 서
적이 번역 출간된 것을 보면 일본인의 네덜란드어 실력이 예
사롭지 않았음을 알 수 있다. 1811년은 조선통신사가 일본을
마지막으로 방문한 해인데, 한일 간의 분수령이 되는 시점이

라고 할 수 있다.

여기서 난학 관련해서 짚고 넘어가야 할 사실이 있다. 일본은 1853년 미국과 화친조약을 맺을 때 영어와 네덜란드어로 교섭하고, 조약안도 영어본, 네덜란드어본, 일본어본, 한문본 4부로 작성하여 비교, 검토함으로써 해석상의 오류를 사전에 방지했다. 이에 반해 1882년 조선의 한미 수호통상조약 체결은 중국 측의 주도로 행해졌는데, 영문본과 한문본의 조약안을 대조 검토한 흔적을 찾아볼 수 없다. 그러니 영문본에는 없고 한문본에만 있는 '필수상조必須相助'라는 자구 때문에 동맹조약으로 착각함으로써, 망국의 마지막 단계에서도 미국에 매달리는 비극적인 장면을 연출했다. 조선의 정치적 엘리트들이 주자학 이외의 학문 일체를 이단시한 지적 풍토가 초래한 참담한 결과였다.

시작이 있으면 끝이 있기 마련이다. 한 시대를 풍미했던 난학은 1853년 개국과 더불어 영어를 중심으로 한 영학英學으로 전환된다. 문호를 개방하자 많은 외국인들이 들어왔고, 많은 일본인들이 외국으로 나갔다. 1868년 메이지 유신 무렵엔 이토 히로부미를 비롯해 약 600명의 일본인들이 영국으로 유학을 떠났다. 막부 말부터 메이지 전반기까지 각 분야에 걸쳐 약 2천 명에 달하는 서양인 전문가를 고용했는데 그중 절반 이상이 영국인이었다. 또한 1887년경까지 약 4만 2천 명의 일본인이 해외로 출국했다.

이와 같은 인적 교류를 통해 일본은 단기간 내에 서양의 과학 기술 및 선진 제도를 수용했다. 물론 외국으로부터 도입된 모든 것이 바로 정착된 것은 아니었다. 일본인들은 선별적으로 외래문화를 받아들이고, 일본적인 것을 섞어서 새로운 것을 만들고 발전시켜 나갔기 때문이다.

지적 호기심과 유연한 자세로 무엇이든지 배우려고 하는 태도는 현재의 일본인에게도 면면히 이어지고 있다. 또한 습득한 지식과 기술은 철저히 기록하고 보관하여 발전의 토대로 삼는다. 자기 분야에서 일인자를 지향하는 프로페셔널리즘의 지적 풍토가 과학 분야에서 25명의 노벨상 수상자를 배출한 자양분이 되었다고 하겠다.

주판을 가르치는 서당, 데라코야

흔히들 조선은 문文의 나라, 일본은 무武의 나라라고 한다. 숭문의 국가 조선이라고 하면 식자층이 두터울 것이라 생각하지만, 사실은 낫 놓고 기역 자도 모르는 사람이 태반이었다. 과거 제도의 영향을 받은 정치적 엘리트 계급인 양반이야 견식이 높고 학문적 교양이 있다 하겠으나 서민들은 그렇지 못했다. 그런데 사무라이의 나라 일본에서는 의외로 서민들의 식자 비율이 높았다. 에도 시대(1603~1867) 일본 남자의 40퍼센트, 여자의 25퍼센트가 읽고 쓰고 셈할 줄 알았다고 한다. 그게 모두 데라코야寺子屋 덕분이었다.

에도 후기, 특히 1700년대 후반부터 상공업의 발전과 더불

일본 극우의 탄생 메이지 유신 이야기

어 자연발생적으로 서민 자제들을 위한 교육기관인 데라코야가 에도, 교토 등의 도시에 개설되기 시작했고 점차 농어촌으로 확대되었다. 1883년에 일본 문부성이 실시한 조사에 따르면 전국에 개설된 데라코야는 16,560개에 달했으며 막부 말기에는 촌민의 91%가 데라코야에 입문한 것으로 추정된다.

데라코야는 절寺이 학교의 역할을 대신했기 때문에 붙여진 이름인데 사립학교의 성격이 강했다. 데라코야의 훈장들은 서민이 40%, 사무라이가 26%, 승려가 18%, 의원과 신관神官이 각각 9%와 7%였다.

아이가 예닐곱 살이 되면, 아버지는 술 한 병을 들고 아이와 함께 선생님을 찾아간다. 그렇게 인사만 하면 그 다음 날부터 수업을 받을 수 있었다. 어떤 데라코야를 선택하느냐는 순전히 부모의 판단에 달렸고, 그 판단에 가장 큰 영향을 미치는 것은 동네의 입소문이었다. 데라코야의 규모도 모두 달라서, 작은 곳은 학생 수가 10~20명이었지만 큰 곳은 2백 명이 넘었다. 대부분 남녀가 함께 공부했는데, 학생들의 연령이 제각각이라 개별 지도 방식을 사용했다.

교재도 학습 기간도 일정하게 정해진 것이 없었다. 조선의 서당과 같이 데라코야에서는 한자를 기본적으로 가르쳤으나 그 내용은 판이했다. 데라코야에서도 《천자문》과 《사서오경》 등을 가르치긴 했지만, 가장 널리 사용된 텍스트는 주고받은 편지 형식으로 된 《왕래물往来物》이었다. 이를 독본용, 습자용으로 사용해 읽기와 쓰기를 가르쳤다. 《왕래물》은 농어촌과 상인의 자제들이 실제 생활을 문제없이 해 나가고 가업을 이어가는 데 필요한 기본적인 지식, 어휘, 역사, 지리, 서한 등의 실용적인 내용을 주로 다루고 있다. 출세를 위한 학문이 아니라 먹고사는 데 필요한 지식과 능력을 개발하고 익히는 데 치중한 것이다.

조선의 서당에서는 생각할 수도 없는 셈하기도 가르쳤다. 사실 데라코야에서 가장 많은 시간을 할애한 과목은 주판이었다. 아마 학생 중에 상인의 자제가 많았기 때문일 것이다. 상인의 자제들은 가업을 이어받아 훌륭한 상인이 되기 위해 무엇보다 주판을 열심히 익혀야 했다. 주판은 중국을 거쳐 16세기 말 일본에 전해져 널리 보급되었다. 중국의 주판알은 위에 둘, 아래 다섯으로 모두 일곱 개였다. 메이지 유신 이후 일본

위에 둘, 아래 다섯 알로 이루어진 중국식 주판. 일본은 위아래의 알을 하나씩 줄여서 개량형을 만들어 보급했다.

에서는 위의 알이 하나로 줄었고, 1920년대 중반에 지금과 같이 아래가 네 개로 개량되었는데 이것이 1930년대에 조선에 들어왔다.

데라코야는 매달 1일, 15일, 25일에 쉬었고, 명절이나 축제가 열리는 날에도 하루씩 쉬었다. 설날은 가장 긴 방학으로 한 달간 수업이 없었다. 놀라운 것은 사례금을 어떻게 치러도 되었다는 것이다. 가난한 사람은 과자나 부채 등으로 고맙다는 표시만 했고, 농사를 짓는 사람은 직접 재배한 신선한 채소를 사례비로 냈다. 어느 정도 풍족한 사람들만 돈을 냈다. 학비는 1년에 두 차례만 받았는데, 이것도 정해진 것이 아니었다.

데라코야에서 한 번 맺은 사제 관계는 평생 동안 이어지는 것이 보통이다. 학생들은 졸업 후 사회에 진출해서도 해마다 명절이나 연말이면 선물을 들고 스승을 찾았고, 취직이나 혼인, 승진 등 중요한 일이 있으면 스승에게 알리거나 상의하곤 했다. 데라코야의 훈장들은 큰 부귀영화를 누리지는 못했지만 하루 세 끼 걱정은 하지 않았고, 수입이 적고 일이 고되어도 보람을 느끼며 봉사할 수 있었다.

재일교포 사학자 강재언(1926~2017) 교수는 데라코야 교육의 다양성과 실용성이야말로 메이지 유신 이후 일본이 구식 교육에서 신교육으로 자연스럽게 전환할 수 있었던 배경이었다고 말한다. 유교 본위가 아니라 실용 본위의 교육을 받던 터라 양학으로 전환하는 데에도 심한 저항감이 없었을 것이란 얘기다.

데라코야 이외에 사무라이 자제들을 위한 교육기관으로는 지방 공립학교라 할 수 있는 번교藩校가 있었다. 번교는 규율이 엄격하고 교육 수준도 일반 데라코야보다 훨씬 높았다. 서민의 자제들도 데라코야 졸업 후 번교에 진학해 공부할 수 있었지만, 반드시 성적이 우수해야 했다. 막부 말기엔 200개가 넘는 번교가 있었다고 한다.

또한 근대화에 기여한 사숙私塾도 있었다. 사숙은 원래 고명한 학자나 교육자가 자신의 학설을 직접 펼치기 위해, 또는 교육적 목적 하에서 개인적으로 개설한 교육기관이다. 이토 히로부미 등 메이지 시대의 지도자를 다수 배출한 조슈長州의 요시다 쇼인이 설립한 쇼카손주쿠松下村塾와 오사카의 오가타 코안緒方洪庵이 설립한 데키주쿠適塾가 대표적인 사숙이다. 메이지 유신 이후 일본이 단기간에 서구 문화를 받아들일 수 있었던 것도 사숙 덕분이었다.

메이지 정부는 1872년 8월 프랑스의 교육 제도를 모방해 근대적 학교 제도의 기본이 되는 '학제'를 공포했다. 아울러 전국을 8개의 대학구大学区로, 1개의 대학구를 32개의 중학구中学区로, 1개의 중학구를 210개의 소학구小学区로 나누었으며, 1개 소학구에 1개 초등학교를 설립하겠다는 계획을 세웠다. 메이지 정부는 '마을마다 배우지 않는 집이 없고, 집집마다 배우지 않는 사람이 없다'라는 구호를 내걸고 전국적으로 교육의 기회를 확대했다. 학제가 실시되고 3년 후인 1875년에는 데라코야를 근대적 교육기관으로 재편하여 2만 4,225개의 초등학교를 설립했다.

데라코야로부터 오늘에 이르기까지, 일본인들은 늘 호기심이 왕성했고 배우려는 자세가 뛰어나며, 실용적인 교육관과 유연한 자세를 견지해 왔다. 일본은 기인奇人이 많은 나라다. 기인들을 웃음 띤 얼굴로 지켜보는 포용성이 국가 발전의 저력이라고 하겠다.

푸른 눈에 비친 막부 말의 풍경

1852년 일본이 미국의 페리 제독에 의해 개국되자 외교관, 상인 등의 신분을 가진 서양인들이 다수 몰려왔다. 그들의 눈 앞에 펼쳐진 일본은 극동의 작은 섬나라라는 편견이 일시에 깨지는, 상상을 초월한 독자적인 문명을 향유한 국가였다.

최초의 주일 영국 공사 올콕Rutherford Alcock(1809~1897)도 그중 한 사람이다. 의사 출신의 외교관인 올콕은 아편전쟁 후에 맺어진 난징조약에 따라 상하이 등 5개 항이 개항된 후 상하이 주재 영사로 일했다. 그러다가 1859년 6월에 초대 주일 공사로 부임해서 1864년 말까지 일본에 체재했다. 1865년 4월에는 다시 중국 공사로 복귀하여, 1871년 70세가 되어 본국으로 돌

일본 극우의 탄생 메이지 유신 이야기

아갈 때까지 아시아 전문 외교관으로 활약했다.

올콕은 한 나라의 문명 정도를 평가함에 있어서는 다면적, 종합적인 관점이 필요하다고 전제하고, 일본은 중국보다 월등히 높은 수준이라고 단언했다. 일본인들은 그들의 머리 위로 쏟아지는 문명의 광명으로부터 개량과 발명의 이익을 누리고 있는 데 반해, 중국인은 개량과 발명을 경시하고 있다고도 했다. 영국을 비롯한 서구로부터 적극적으로 배우고 받아들이려는 일본의 태도를 높이 평가한 것이다. 그가 일본 근무 3년간의 체험을 바탕으로 저술한 《타이쿤의 수도The Capital of the Tycoon》는 당시의 일본을 알 수 있는 귀중한 문헌으로 평가받고 있다. 그는 '최초로 후지산에 오른 서양인'으로 일본인의 사랑과 존경을 받은 외교관이었다. 올콕은 런던 자택에서 88세의 천수를 누리고 타계했다.

한편 영국 정부는 미일 통상조약이 체결되자 1858년 7월 4일 엘긴Elgin을 통상 교섭 사절로 일본에 파견했다. 그는 옥스포드 대학 출신으로 하원의원을 거쳐 캐나다 총독을 역임했다. 엘긴은 광저우에서 발생한 애로우호 사건 이후 중국과 톈진조약을 체결하기 위해 중국을 방문 중이었다. 엘긴은 톈진조약을 성공적으로 체결했고, 이어서 일본을 방문해 미국과 동일한 내용으로 영국과 일본 사이의 통상조약을 체결했다.

엘긴은 일본 방문에 앞서, 일본에 기독교를 전파한 예수회

선교사 하비에르Saint Francis Xavier와 독일인 의사이자 여행가 켐 퍼Engelbert Kämpfer의 저서를 통해 어느 정도의 지식을 머리에 넣 고 왔으나, 실제로 일본에 도착해서 보니 놀라움과 흥분의 연 속이었다고 말했다. 장기간의 쇄국에도 불구하고 독자적이고 수준 높은 문화를 누리고 있다는 것이다. 그는 일본인들이 왕 성한 탐구심과 근면성을 지니고 있다는 사실에 감탄했다. 반 면 중국인들은 아무리 설득해도 영어를 배우는 데 관심을 갖 지 않았다면서, 그들은 모국어 이외의 언어를 받아들일 수 있 는 능력이 아예 결여되어 있는 것 같다고 이죽거렸다. 중국에 체재하면서 영어를 정확히 말하고, 읽고, 쓸 줄 아는 사람을 단 한 사람도 만날 수 없었는데 일본은 다르다고 했다. 일본인 들은 모든 종류의 지식을 갈망하고 배움의 열의와 호기심에 가 득 찬 사람들이며 시도 때도 없이 질문을 해대고, 답변 내용을 꼼꼼히 메모한다며 놀라움을 표했다. 그는 후에 우정상을 역 임하고 초대 인도 총독에 임명되었으나 재직 중에 병사했다.

서구인들은 일본인들이 '19세기의 기적'을 성취할 수 있었던 가장 큰 동력으로 그들의 열렬한 애국심을 꼽는다. 영국의 언 론인 알프레드 스테드Alfred Stead는 '강렬한 애국심이야말로 일 본 국민의 가장 귀한 보물인데, 지배층뿐 아니라 서민들에게서 도 그것을 볼 수 있다'라고 했다. 이사벨라 버드 비숍Isabella Bird Bishop도 일본 여행에서 자신을 수행한 일본 청년을 보고 '그처

25년간 일본에 주재했던 영국 외교관 사토와 그의 일본인 아내. 그는 조선의 개화승 이동인과 도 교류했다.

럼 애국심을 뽐내는 사람은 스코틀랜드인이나 미국인 외에는 본 적이 없다'라고 기술했다.

1862년부터 약 25년간 일본에 주재했던 영국 외교관 사토 Ernest Satow(1843~1929)도 다른 나라에서는 찾아볼 수 없는 애국심을 긍정적으로 평가했다. 사토는 일본 주재 영국 공사관 통역 연수생으로 일본과 인연을 맺어 특명 전권공사에까지 오른 인물이다.

사토는 중국에도 근무한 적이 있어 중국어도 어느 정도 구사했으며, 조선의 개화승開化僧 이동인에게 우리말을 배운 적도 있다고 한다. 그는 이동인의 견식을 높이 평가하여 조선에서의 '영국 대리인' 업무를 위촉하기도 했다. 사토는 그의 일기를 통해 일본을 방문한 조선의 개화파 지도자들, 예컨대 박영효, 김옥균, 서광범 등과 접촉했다는 사실을 기록해 놓았다. 그는 영국 특사의 자격으로 조선을 방문하기도 했다. 영국의 난파 상선 사태로 조선 관민에게 사의 표명을 하기 위해 1878년 11월 19일부터 열흘 정도 제주도와 부산을 방문했으나 조선 측의 거부로 뜻을 이루지 못했다.

영국의 유력지 〈타임즈The Times〉는 1860년대 일본인들의 위생과 청결에 주목하고 특히 먹는 것에 신경을 많이 쓴다고 평가했다. 타임즈뿐만 아니라 에도 시대 일본을 방문한 서양인들은 하나같이 일본인의 청결 의식에 높은 점수를 주었다. 에도 시대에 일본을 방문한 조선 통신사들의 사행록使行錄에 단골로 등장한 것 역시 일본인들의 청결 의식이었다. 서구인들이 일본에 대해 호감을 갖게 하는 일차적 요인도 그것이라 판단된다.

일본인의 지식과 문화 수준의 바탕은 교육이라는 분석도 있다. 영국의 사회학자 로날드 도어Ronald P. Dore(1925~2018)는 메이지 유신 이후 일본의 괄목할 만한 근대화의 뿌리는 에도 시대 교육이라고 지적했다. 그는 에도 시대의 교육은 '좋은 무사', '좋은 백성', '좋은 상공인'의 양성에 그치지 않고 '보다 좋은 무사', '보다 좋은 백성', '보다 좋은 상공인' 양성을 지향하여 언제나 한 단계 높은 것을 목표로 삼았다고 평했다. 이러한 교육 탓에 메이지 유신 이후의 일본은 다른 나라에서 그 유례를 찾을 수 없을 정도의 눈부신 발전을 이룰 수 있었다는 것이다.

반면 외국인들의 눈살을 찌푸리게 하는 일부 풍습도 있었다. 미국 초대 주일 공사 해리스Townsend Harris(1804~1878)는 일본에 공중목욕탕이 많은 점은 평가할 만하나 '음란한 풍습'이 있다면서 고개를 갸우뚱했다. 예의작법禮儀作法을 여간 따지지 않는 일본인들이 같은 탕 속에서 남녀가 희희낙락하는 '혼욕'을 아무렇지도 않게 생각하는 것이 악습으로까지 비췄던 모양이다. 해리스는 약 7년간 일본에 체재하는 동안 기회가 있을 때마다 일본의 지도자들에게 악습을 시정하라고 조언했다. 결국 서양인들의 압력으로 혼욕은 사라지고 말았다. 요즘은 관광지에 가면 혼욕이 더러 남아 있긴 하나 대부분 나이든 사람들뿐이다.

1860년대에 영국이 일본에 지대한 관심을 갖고 접근했던 것은 당시의 국제 정세와 관련되어 있다. 러시아는 일본에 대해 관심이 크지 않았고, 크림전쟁(1853~1856) 패배와 국내 문제로 다른 데 눈을 돌릴 여유가 없었다. 미국 역시 남북전쟁(1861~1865)이라는 내전에 직면해 있었다. 상대적으로 영국과 프랑스가 일본에 개입할 수 있는 힘과 여유가 있었던 셈이다. 영국은 지배 영역의 확장보다는 무역 확대에 보다 많은 관심을 기울

미국의 초대 주일 공사 타운센드 해
리스. 그는 일본의 혼욕 문화를 없애
야 할 악습이라 주장했다.

였다.

영국 외교관은 전쟁의 승자를 미리 예측하고, 다른 나라들보
다 한 발 먼저 은밀히 접근하는 방법을 썼다. 청일전쟁을 앞두
고 영국이 일본의 승리를 예측했다는 것은 잘 알려진 이야기
다. 영국의 파크스Parkes 공사는 막부뿐만 아니라 사쓰마와 조
슈의 정세 파악도 게을리 하지 않았다. 사쓰마와 조슈가 서구
와 한 바탕 싸움을 치르고 난 후에는 개화파로 돌아설 수밖에
없을 것이라 봤다. 1863년 7월, 파크스의 예상대로 영국 간의

전투에서 매운맛을 본 사쓰마번은 영국 쪽으로 기울어졌다. 이를 계기로 영국은 막부 타도 세력과 연결되어 경쟁국인 프랑스를 제치고 메이지 신정부와 돈독한 관계를 유지할 수 있었고, 마침내는 영일동맹으로 비약하는 발판을 마련했다.

1866년 8월 사쓰마번과 영국 간의 사쓰에이薩英 전쟁 후에 사쓰마를 방문한 파크스 공사는 시마즈 다다요시島津忠義 번주를 높은 지성과 견식을 겸비한 개명된 진보 인사라고 높이 평가하면서, 장차 일본의 지도적 인물이 될 것이라고 예견했다. 시마즈 다다요시는 파크스 공사의 도움을 받아 영국으로부터 최신 방적 기계를 도입하고 기사를 초빙했으며 방직 공장을 건설함으로써 열정적으로 번의 근대화를 추진했다. 전국의 다이묘 중에서 사쓰마번이 가장 열심히 해외의 기술과 기계를 도입했다. 파크스의 예견대로 시마즈 다다요시는 무진전쟁戊辰戰爭(신정부군과 막부군 간의 마지막 전쟁)에서 중요한 역할을 했다. 메이지 유신 이후에 그는 가고시마 지사, 공작, 귀족 의원 등 최고직에 올랐고 그의 장례식은 국장으로 거행되었다.

영국 외교관들의 평가에서 볼 수 있듯이, 일본의 메이지 유신은 단순히 한중일 동양 3국 중에서 가장 먼저 서구 문명을 수용한 결과가 아니다. 에도 막부 250년 동안 경제, 군사, 교육 등 다양한 분야에 걸쳐 서양 문물을 수용할 수 있는 지적 토양이 착실히 축적되었기 때문에 가능한 일이었다.

막부 말의 베스트셀러, 만국공법

　19세기 서세동점西勢東漸의 국제적 격동기를 맞이하면서, 한 중일 동양 3국은 근대 국제법 원리에 입각한 조약 체결이라는 난제에 직면하게 되었다. 이러한 상황에서, 1864년 휘튼Wheaton 의 국제법 서적이 미국인 선교사 마틴Martin에 의해《만국공법》 이라는 제목으로 300부 출간되었다. 발행처는 중국 외교관 및 통역관 양성기관인 동문관이었다.

　정말 재빠르게도 일본에서는 바로 다음 해인 1865년에《만 국공법》이 복각본으로 출간되어 지식인들의 필독서가 되었다. 만국공법이라 불린 국제법을 수용함에 있어, 중국과 일본의 시차는 고작 1년에 불과했다. 또한 일본인들은 마틴이 휘튼의

휘튼의 '국제법 원리'를 '만국공법'이란 이름으로 출간한 마틴 신부. 발행처는 중국의 외교관 양
성소인 동문관이었다.

책을 발췌 번역했다는 사실을 알고, 미국에서 휘튼의 저서《국
제법 원리Elements of International Law》원본을 구입해 일본어로 직

접 번역해 1868년에 출간했다.

이 책과 관련해서 막부 말기의 지사 사카모토 료마坂本龍馬 (1835~1867) 의 일화는 시사하는 바가 크다. 어느 날 료마는 긴 칼을 차고 있는 동료를 보고 "실전에는 단도가 유리하다"라고 말했다. 두 번째 보았을 때는 "칼보다는 피스톨의 위력이 대단하다"라고 말했고, 세 번째 보았을 때는 "무력보다는 지식이 중요하다"라고 하면서《만국공법》을 내보였다고 한다. 그런데 놀랍게도 료마가 실제로《만국공법》을 이용했다는 실례가 있다. 1867년 4월 해원대海援隊(사카모토 료마를 중심으로 한 일본 최초의 주식회사)가 임차한 선박, 이로하호가 처음 항해했을 때 기슈번紀州藩의 대형 증기선 아케미츠호와 충돌하여 침몰한 사건이 발생했다. 나가사키에서 배상 문제를 협상하게 되었는데 료마가 전면에 나섰다. 그런데 협상 상대는 쇼군 도쿠가와의 일족인 기슈번이다.

협상이 진행되는 동안 나가사키의 마루야마 기녀들 사이에서 '배를 침몰시킨 대가로 돈이 아니라 번을 차지해야 한다'는 가사의 민요조 노랫가락이 유행했다. 물론 료마의 계략이었다. 그는 여론을 자기편으로 끌어들인 후 본격적인 교섭에 들어갔다. 료마는《만국공법》을 인용해 책임이 기슈에 있다는 주장을 관철시켰고, 기슈번으로부터 7만 량의 배상금을 받아냈다. 다윗과 골리앗의 싸움이 연상되는 대목이다. 무력이 아닌

막부 체제를 종식시킨 사카모토 료
마. 소설 '료마가 간다'와 NHK 드라마
'료마전'으로 한국에서도 유명하다.

국제법을 인용해 교섭을 성공시킨 료마의 일화는 그가 단순한
열혈남아를 넘어선 범상치 않은 인물임을 보여준 사례다.

한편 에도 막부는 미국의 페리 제독으로부터 개국을 강요받
게 되자, 서양의 식민지로 전락하지 않기 위해서는 군함과 국
제법으로 무장할 수밖에 없다는 사실을 절실히 깨달았다. 이에
따라 막부는 1862년 네덜란드에 군함 한 척을 주문하면서 국제
법과 기관학 연수를 위해 에노모토 다케아키榎本武揚 등 15명의
유학생을 파견했다. 일본 정부 최초의 유학생 파견이었다. 메
이지 유신 6년 전 일이다. 에노모토는 군함 건조 현황을 체크

하는 한편, 네덜란드의 명문 레이든Leyden 대학의 비세링Simon Vissering 교수로부터 지도 받으며 국제 해양법을 공부했다. 그는 만지로에게 영어를 배웠고 해군 전습소에서 네덜란드어도 공부했기 때문에 강의를 듣는 데 큰 문제가 없었던 모양이다.

에노모토는 1867년 3월 귀국했다. 그 후 그는 막부의 해군 부총재에 임명되어 해군 육성에 진력하던 중 메이지 유신 신정부와 막부 간의 전쟁에 휘말리게 되었다. 1868년 1월부터 1869년 5월까지, 약 1년 5개월 동안 계속된 이 내전은 대부분의 전투가 1868년 무진년戊辰年에 행해졌다고 해서 보통 무진전쟁(일본어 발음으로는 보신전쟁이다)이라 한다.

정부군이 에도를 점령하자, 에노모토는 1868년 8월 군함 인도를 거부하고 8척의 함대를 이끌고 홋카이도의 하코다테로 탈출했다. 그는 고료카쿠五稜郭에서 3천여 명의 병사와 함께 항전을 계속했으나 전세가 기울어 항복을 종용받게 되었다. 에노모토는 적장 구로다 기요타가黑田淸隆에게 비세링 교수의 국제법 책을 보내면서 '이 책자는 네덜란드 유학 중에 입수한 것으로 일본에 한 부밖에 없으니 전란에 소실되지 않도록 해달라'고 당부하고 자신은 최후까지 싸울 것을 다짐했다. 죽음을 각오하면서도 국제법 책자가 병화에 피해를 입을까 적장에게 기증한 에노모토의 자세는 당시 국제법에 대한 일본의 높은 관심을 단적으로 보여준다.

에노모토는 구로다의 구명운동 덕분에 석방되어, 1874년 1월 해군 중장 겸 주러시아 초대 특명 전권공사로 발탁되어 6월 상트페테르부르크에 부임했다. 그는 부임한 지 얼마 되지 않아 프랑스의 달레 신부가 쓴《조선교회사》를 입수했다. 200여 쪽 분량의 책이었다. 그는 하나부사 요시모토花房義質 서기관과 네덜란드 의사와 힘을 합해, 불과 2주 만에 번역을 완료했다. 프랑스어를 네덜란드어로, 네덜란드어를 다시 일본어로 번역해서 본부로 긴급히 송부했던 것이다. 에노모토가 번역을 서두른 이유는 자신이 쓴 책의 서문에 그대로 드러나 있다. '최

막부의 해군을 이끈 에노모토 다케아키. 무진전쟁 중 전세가 불리해지자, 네덜란드 유학 중에 손에 넣은 '만국공법'을 적장에게 기증했다고 전해진다.

근 일본 주변의 정세를 살펴보건대, 정한征韓 문제가 나날이 절박해져 금시라도 양국 간에 사단이 벌어질 듯하다. 조선 문제를 다루는 데 이 책이 보탬이 될 것이 분명하다.'

그는 러시아의 남진에 대비해서 부산을 점유하는 것이 전략적으로 매우 중요하다고 판단했다. 대조선 외교 정책을 성공적으로 추진하기 위해, 러시아에서 냉혹한 권력정치의 감각을 익힌 하나부사 서기관을 조선으로 전출시킬 것을 건의했다. 이런 배경으로 1876년 10월 하나부사는 조선에 파견되었고, 초대 주한 공사로서 6년간이나 서울에 체재했다. 하나부사는 난학蘭学의 세례를 받은 에노모토의 수제자였다. 한편 에노모토는 성공적으로 러시아 공사의 임무를 마치고 체신상, 문부상, 외상 등을 역임하여 '드러나지 않은 메이지의 초석'이라 일컬어진다.

막부 말기의 일본에서는 후쿠자와 유키치의 《서양사정西洋事情》과 《만국공법》이 2대 베스트셀러였다. 그렇다면 조선에는 언제쯤 《만국공법》이 유입되었는지가 궁금해진다. 일본에 이입된 지 12년 만인 1877년, 하나부사 요시모토 공사가 조영하 예조 판서에게 기증했다는 것이 최초의 기록이다. 외교 사절이 수도에 상주해야 된다는 것을 설득하기 위해서였다고 한다. 그러나 《만국공법》이 간행된 1864년부터 강화도조약이 체결된 1876년까지, 조선 사절이 스무 차례나 중국에 파견된 사

실을 감안하면 하나부사의 기증 훨씬 이전에 유입되었다고 봐
야 한다.

 그동안 조선에 근대 국제법을 전래한 것이 자신들이었다는
일본의 주장을 인정하지 않을 수 없었는데, 김용구 교수가 영
국 외교 사료관에서 일본의 주장을 뒤엎을 수 있는 자료를 발
견했다. 주일 영국 공사였던 파크스Parkes가 작성한 1876년 3월
27일자 보고서에 따르면, 역관 오경석이 《만국공법》과 함께
중국이 외국과 체결한 모든 조약의 사본을 갖고 있었다고 한
다. 이로써 《만국공법》이 1876년 이전에 조선에 유입되었다는
것이 확실해졌다. 하지만 조선에서는 번역본이 성에 안 차서
원전을 파고든 개명 지식은 출현하지 않았다.

Ⅲ.
메이지 유신
전야의
일본

"I can speak Dutch!"

에도 막부는 나가사키를 개방하고 네덜란드와 선택적 교류를 하는 쇄국 정책을 썼다. 그러나 식민지를 확장하려는 서구 세력의 공세는 일본이라고 해서 예외로 인정하지 않았다. 일본의 불안을 유발한 최초의 상대는 러시아다. 1792년 러시아 최초의 사절인 라크스만A. K. Laksman이 홋카이도의 하코다테를 방문하여 통상조약 체결을 요구했다. 영국 역시 네덜란드와 일본 간 나가사키 무역의 틈새를 이용해 일본 진출을 모색했으나, 중국과의 무역을 중시했던 관계로 일본에 대해 적극적으로 나서지는 않았다.

사실 1820년대 중반부터 막부의 쇄국 정책에 현실적인 도전이 다가오고 있었다. 1840년 아편전쟁에서 중국이 영국에게 어이없이 패하고, 그 결과 홍콩을 영국에 할양하고 상하이 등 5개항을 개방했다는 소식이 알려졌다. 이에 막부는 배외 정책의 무모함을 깨닫고 쇄국 정책을 수정하는 방향으로 선회했다. 1842년에는 외국 선박 추방령을 폐지했고, 일본에 내항한 외국 선박에게 석탄과 식료품, 식수 등을 공급해 조속히 퇴각할 수 있도록 허락한 신수급여령薪水給與令을 공표했다.

1844년 7월, 네덜란드 국왕 빌렘Willem 2세의 개국 권고 친서를 휴대한 해군 제독이 이끄는 군함이 나가사키항에 입항했다. 친서는 200년에 걸친 양국 통상 관계의 발전을 언급하고, 아편전쟁에서 청국이 패해 주권이 유린되고 있는데 일본도 이러한 사태에 직면하지 않으리란 보장이 없다고 경고했다. 또한 증기선의 발명으로 지리상의 거리에 관계없이 수호 관계를 맺는 것이 일반적인 추세라고 하면서 개국을 권고했다. 네덜란드 국왕의 친서는 그간의 교류에 대한 호의이기도 했으나 무엇보다도 일본과의 관계에서 유리한 위치를 확보하려는 속셈이 있었다.

네덜란드의 예상대로 미국이 일본의 개국에 관심을 갖기 시작했다. 서부 개척으로 캘리포니아를 병합한 미국은 태평양에서의 포경업은 물론 중국에도 관심이 있었다. 그러니 중간 보급지 역할을 할 일본의 개국이 필요했던 것이다. 일본과 몇 번의 비공식 접촉을 가진 후, 미국은 1851년 5월에 일본에 사절을 파견할 것을 결정하고 네덜란드 정부에 이를 일본 측에 전해줄 것을 요청했다. 네덜란드는 페리 제독의 일본 내항 1년 전인 1852년 여름에 미국의 계획을 일본에 귀띔해주었다.

1852년 미국 필모어Fillmore 대통령은 동인도 함대 사령관 겸 미합중국 대통령 특사에 페리Matthew. C. Perry(1794~1858) 제독을 임명했다. 일본에 가기에 앞서, 페리는 네덜란드 데지마 상관에서 5년 남짓 근무한 독일 출신 의사 시볼트Siebold의 저서《일본 Nippon》를 정독했다고 한다. 또한 네덜란드로부터 3만 달러에 해도를 구입하고, 일본 정부에 보내는 개국 요청 서한을 영어, 한문, 네덜란드어로 작성하는 등 준비를 철저히 했다.

1852년 11월, 페리 제독은 미국 동인도 함대의 군함 4척을 이끌고 노포크Norfolk를 출항하여 희망봉, 홍콩, 오키나와의 나하那覇를 경유하여 1853년 6월 에도만의 입구에 위치한 우라가浦賀에 나타났다. 흑선黑船(에도 시대 말기 일본에 출현하던 서양 배를 가리킨다)이 나타나자 에도 연안은 일대 소동이 일어났다. 전쟁이 난 줄 알고 피난 가려는 사람들로 북새통을 이뤘던 것이다. 역사는 이를 흑선 소동이라 부른다.

그런데 페리 함대에 다가간 일본 연안 경비선의 통역이 처음 한 말이 바로 "I can speak Dutch!"였다. 네덜란드어를 할 수 있다는 뜻이다. 그는 나가사키 출신의 네덜란드어 통역사 호리 다쓰노스케掘達之助였는데, 후일 영일사전을 편찬하고 도쿄 대학 전신인 개성소의 교수를 역임했다. 꽤 긴 쇄국 시기 동안 일본이 유일하게 교류한 서양 국가는 네덜란드였다. 그런 사정을 꿰고 있던 미국 함대에는 네덜란드어와 중국어 통역관이 타고 있었으며, 센타로仙太郎라는 이름의 스물한 살 일본인 청년도 있었다. 센타로는 1850년 10월 배가 난파되어 미국 상선에 구조되었는데, 그 후 샌프란시스코에 정착했다가 페리의 요청으로 동행한 것이다.

막부의 관리는 외국과의 접촉은 나가사키를 통해서만 가능하니 그곳으로 가라고 안내했다. 그러나 페리는 우라가에서 회담을 할 것을 요구하고, 거절하면 군대를 상륙시키겠다고 협박했다. 페리의 엄포에 놀란 막부는 7월 14일 요코스카橫須賀 구리하마久里浜의 급조된 접대소에서 대통령의 친서와 페리 제독에 대한 신임장을 공식적으로 접수하는 의식을 거행했다. 현재 요코스카는 미국 제7함대 원자력 잠수함과 항공모함이 정박하는 군항이다. 구리하마에서는 매년 7월 14일 페리 제독 상륙 기념비가 있는 곳을 중심으로 흑선 축제가 열린다.

당시 세계 최대의 포경 국가였던 미국의 요구 조건은 다음과 같았다. 즉 일본 연안에 표착한 미국 선원의 생명과 재산을 보호해줄 것, 미국 선박에 대한 식량의 공급과 선체 수리를 위한 입항을 약속해줄 것, 일본 연안이나 부근의 섬에 연료 저장소

페리 제독이 처음 상륙한 요코스카의 구리하마. 매년 7월 14일 페리 제독 상륙 기념비가 있는 곳을 중심으로 흑선 축제가 열린다.

설치를 허가해줄 것 등이다. 막부는 당장은 어려우며 검토할 시간이 필요하다고 대응했다. 이에 페리는 내년 봄에 다시 올 것을 기약하고 오키나와의 나하를 거쳐 귀국길에 올랐다.

　약속했던 대로 페리는 1854년 2월 500명의 병력을 인솔하고 요코하마에 다시 나타났으며, 일본과 교섭을 진행해 3월에 미일 화친조약을 체결했다. 이어서 1858년 7월에는 미일 수호통상조약을 체결했는데, 일본이 미국의 포함외교砲艦外交에 굴복해 맺은 최초의 불평등 조약이었다. 제2차 세계대전 때 야마모토 이소로쿠山本五十六 연합 함대 사령관이 자신의 해군 지원 동기를 '페리 제독에게 복수하기 위해서'라고 밝혔을 정도로,

이 조약은 일본인의 자존심에 큰 상흔을 남겼다. 한편 맥아더 사령관은 1945년 9월 2일 도쿄만의 미주리Missouri 선상에서 일본과 항복 문서를 조인했는데, 그때 페리 함대의 군함기軍艦旗를 게양하여 해묵은 상처에 소금을 뿌리기까지 했다.

일본은 미국과의 조약에 이어 영국, 러시아 등과도 화친조약을 체결하여 나가사키항, 요코하마항 등을 개항함으로써 250여 년의 쇄국 정책에 종지부를 찍었다. 데지마의 네덜란드 상관은 영사관으로 교체되었고, 무역항 나가사키는 무대 뒤편으로 물러나 쇠락의 길로 들어섰다.

일본 극우의 탄생 메이지 유신 이야기

일본 최초의 미국 유학생, 만지로

1841년 2월, 지금의 일본 시코쿠四国 앞바다에 다섯 명의 어부가 탄 작은 어선 한 척이 풍랑에 낙엽처럼 떠내려가고 있었다. 선실에서는 열네 살의 소년 나카하마 만지로中浜万次郎(1827~1898)가 새파랗게 질려 떨고 있었다. 만지로는 도사번土佐藩(현재의 고치현)에서 가난한 어부의 차남으로 태어났다. 병약한 어머니의 약값이라도 마련할 생각으로 처음 어선에 올랐는데 풍랑을 만난 것이다. 닷새 후, 그들은 기적적으로 무인도인 도리섬에 표착하여 143일 동안이나 로빈슨 크루소와 같은 심정으로 구조를 기다려야 했다. 다행히도 미국 포경선 존 하우랜드John Howland호에 의해 극적으로 구출되었다.

1840~1850년대에는 고래잡이가 대성황이었다. 존 하우랜드호는 400톤 정도의 작은 범선에 불과했지만 태평양을 건너 일본 근해에서 어로작업을 하던 중 뜻하지 않게 만지로 일행을 구출하게 된 것이다. 선장 휘트필드는 부지런하고 눈치 빠른 소년을 귀엽게 여겨 선원 모자를 선물하기도 하고, 그의 질문에 손짓 발짓을 해가며 열심히 설명해주었다. 만지로는 선장이 준 세계지도를 보고 일본이 아주 적은 섬나라라는 사실을 깨달았다고 한다.

11월 20일 포경선은 하와이에 기착하여 한 달 정도 머물게 되었다. 구출된 일본 어부들은 다른 배를 얻어 타고 일본에 갈 계획이었다. 그들은 쇄국이라는 국법을 어겼다는 생각에, 제대로 자지도 못하고 불안에 떨며 귀국할 날만 지루하게 기다리고 있었다. 그러나 만지로는 모든 것이 신기하고 재미있었다. 만지로를 기특하게 여긴 휘트필드 선장은 그를 미국에서 교육시키고 싶다는 의향을 일본 어선의 선장에게 넌지시 타진했다. 당황한 어부들은 만지로를 제쳐놓고 논란을 벌였지만 묘수가 없자 본인의 의사에 맡기기로 의견을 모았다. 그런데 만지로는 조금의 망설임도 없이 선장을 따라가겠다고 했다. 만지로의 인생에 있어 커다란 분기점이 되는 순간이었다.

만지로는 배 안에서 외국 선원들과 부대끼면서 영어를 익혔다. 그들은 어린 소년에게 존 휘트필드John Whitfield 선장의 '존'

(좌) 풍랑으로 미국 포경선에 구조된 것을 인연으로 일본 유학생 1호가 된 존 만지로. 일본의 근대화에 혁혁한 공헌을 했다.
(우) 만지로를 구해준 존 하우랜드호의 휘트필드 선장. 후손들은 지금도 일본과 미국을 오가며 6대째 교류를 이어가고 있다.

과 만지로의 '만'을 합쳐 '존 만'이라 부르며 여러 가지를 가르쳐 주었다. 존 만John Mung은 그 후 만지로의 영어 이름이 되었다.

포경선은 만지로 일행을 구출한 후 약 2년 가까이 고래잡이를 하다가, 미국 동해안 뉴 벳포드New Bedford의 모항에 귀항했다. 1843년 5월 7일, 만지로는 처음으로 미국 땅을 밟았다. 휘트필드 선장은 소년을 자신의 집 가까이에 있는 초등학교에 입학시켰다. 그는 그곳에서 영어의 기초를 배우고, 방과 후에는 담임교사의 집에서 영어 보충 수업을 따로 받았다. 다음 해에는 바트렛트 아카데미Bartlett Academy로 진학하여 수학, 항해술, 측량술 등을 공부했다. 일본인 유학생 제1호의 탄생이었다. 만지로는 이때 배우고 익힌 학문과 기술을, 막부 말기의 격동기에 접어든 모국을 위해 유감없이 활용하게 된다.

휘트필드 선장은 일요일마다 만지로를 교회에 데리고 갔다. 교회의 좌석은 일반석과 가족석으로 구별되어 있었는데, 마을 유지들은 제단의 좌우에 마련된 가족석에 앉았다. 휘트필드 선장이 만지로를 데리고 가족석에 앉으려 하자, 신도회의 회장은 흑인과 같은 황색 인종이 그곳에 앉을 수 없다고 했다. 그러자 선장은 이따위 교회는 그만두겠다고 말하고 만지로를 받아주는 교회로 옮겼다고 한다.

만지로가 바트렛트 아카데미를 졸업할 무렵, 휘트필드 선장 아래서 함께 일했던 동료 선원 데이비스가 포경선 프랭클린호의 선장이 되었다. 그는 일본 근해에도 갈 예정이라고 하면서 만지로에게 함께 일하자고 손을 내밀었다. 만지로는 일본으로 돌아갈 수 있을지도 모른다는 기대와 함께, 지금까지 배운 항해술을 활용할 좋은 기회라고 생각해 그의 제안을 받아들이고 싶었다. 하지만 당시 휘트필드 선장 역시 다시 포경선을 타고 항해 중이었다. 은인의 부재중에 제대로 인사도 없이 떠난다는 것이 영 내키지 않았던 만지로는 휘트필드 선장의 부인이

권유하자 플랭클린호에 승선한다.

그런데 포경선이 폭풍우를 뚫고 어렵게 마닐라로 항해하던 중, 선장이 발작을 일으키는 사고가 발생했다. 만지로가 그간 익힌 항해술을 발휘하여 프랭클린호는 무사히 마닐라항에 입항할 수 있었다. 이를 계기로 만지로는 하급 선원에서 일약 부선장 겸 1등 항해사로 승진하게 되었다. 겨우 스물한 살 때의 일이다.

프랭클린호가 하와이에 기착했을 때 만지로는 은인이자 스승인 휘트필드 선장에게 진솔한 마음을 담아 편지를 썼다. 1848년 10월 17일자의 편지 일부를 소개한다.

존경하는 친구에게,

무사하다는 것을 알릴 겸해서 펜을 들었습니다.

당신이 저를 잊지 말기를 진심으로 바랍니다.

당신은 이 세상에서 가장 좋은 친구입니다.

Respected Friend. I take the pen to write you a few lines and let you know I am well. I hope you will never forget me. You are my best friend on the earth.

1848년이라면 조선 5도에 '이양선異樣船'이라 불리던 서양 배들이 출몰해 사람들을 혼비백산하게 만들던 시절인데, 일본에는 이 정도 영어를 구사한 청년이 있었다는 사실이 놀라울 따름이다. 만지로가 고래잡이를 끝내고 귀국한 1849년 무렵, 미국은 골드러시로 온 나라가 들끓고 있었다. 귀국에 필요한 여비를 벌기 위해 만지로도 금을 캐러 나섰는데, 운 좋게도 두 달 만에 600달러를 손에 넣을 수 있었다.

1851년 1월, 만지로는 일본을 떠난 지 10년 만에 스물다섯 살의 건장한 청년으로 고향에 돌아왔다. 그는 연금 상태였지만, 지방 영주들에게 불려가 그간의 외국 생활 체험도 이야기하고 청소년들에게 영어를 가르칠 수 있었다. 만지로에 대한 소문은 꼬리에 꼬리를 물고 퍼졌고, 마침내 에도 막부에까지 알려지게 되었다. 막부는 만지로를 에도로 불러 심문했다. 해외 도항 금지라는 국법을 어기긴 했지만 고의는 아니었고 기독교에 입문한 것도 아니어서, 어떤 처벌도 하지 않고 그의 지식과 경험을 서양과의 교섭에 활용하기로 했다.

만지로는 그야말로 에도의 스타였다. 난학자, 관리, 상인들이 앞 다투어 만지로를 만나고자 했다. 관청이 나서서 이들의 면담 요청을 제한해야 할 정도였다. 격동의 시대를 살다 간 사카모토 료마도 8세 연상의 고향 선배 만지로에게서 미국에 관한 이야기를 직접 듣고 많은 영향을 받았다고 한다.

막부는 페리 제독의 재방문에 대비하기 위해 1853년 가을에 만지로를 상경시켜 쇼군 직속의 무사로 발탁했다. 그에게 나

일본 극우의 탄생 메이지 유신 이야기

카하마中浜라는 성을 하사하고 무사의 특권인 칼도 차게 했다. 어부에서 사무라이로 벼락출세를 한 셈이다. 만지로가 무사가 되자 그의 경험담을 담은 책이 20여 종이나 발간되어 에도의 종이 값을 올려놓을 정도였다. 심지어 만지로처럼 성공하겠다고 밀항을 시도하는 젊은이가 나오기도 했다.

1854년 미국과 수호조약을 교섭하면서, 막부는 만지로에게 조약 문안의 검토와 번역을 맡겼다. 그러나 그를 교섭 전면에 내세우지는 않았는데, 미국이 만지로를 교육시킨 데는 속셈이 있을 것이란 의구심이 있었기 때문이다. 네덜란드어 통역관들이 만지로를 시샘해서 미국의 앞잡이라고 모략했기 때문이기도 했다. 그로부터 28년 후인 1882년, 조선도 미국과 조약을 체결했지만 중국이 교섭을 도맡았고 조선은 뒷전에서 구경이나 했다. 중국 측의 설명을 듣고 서명하면서, 그것이 동맹 조약이라고 믿는 우를 범한 것이다.

한편 만지로는 1855년부터 1년 반에 걸쳐 항해 관련 서적을 번역했고, 해군 학교에서 영어와 항해술을 가르치면서 80페이지 정도의 영어회화 책을 발간했다. 그는 영어회화에 대한 관심을 불러일으키는 데 큰 역할을 했다. 또한 포경 산업이 경제적 이익을 가져다주고 선원 양성과 해양 측량에 도움이 될 것이라면서 막부에 적극적인 포경 산업 진출을 건의하기도 했다.

1858년 미일 수호통상조약의 비준서 교환은 미국 현지에서

기선 포화탄을 타고 미국 방문 길에 올랐던 막부의 사절단원들. 맨 오른쪽에 후쿠자와 유키치의 모습이 보인다.

하도록 되어 있었다. 미국의 발전상을 직접 보여주겠다는 복안이었다. 1860년 2월, 막부가 파견한 사절단원들은 미국 측이 제공한 기선 포화탄Powhatan을 타고 미국 방문 길에 올랐다.

이때 막부는 사절단의 호위와 일본 해군의 원양 항해 훈련을 목적으로, 일본 최초의 군함 간린호咸臨丸를 파견했다. 간린호는 막부가 네덜란드에 10만 달러를 지불하고 주문한 300톤급의 군함이었다. 그런데 군함에 승선한 가쓰 가이슈勝海舟 함장이 심한 배 멀미로 키를 잡을 수 없게 되자, 통역으로 동행한 만지로가 미국에서 익힌 항해술 실력을 발휘했다. 간린호는

일본 극우의 탄생 메이지 유신 이야기

37일간의 항해 끝에 마침내 태평양 횡단에 성공했다. 미국 해군 사관의 도움이 있었다고는 하지만, 일본인 최초의 태평양 횡단이라는 성과에 많은 사람들이 갈채를 보냈다. 당시 아시아 최초의 태평양 횡단을 성공시켰다는 자긍심은 대단했다.

간린호가 샌프란시스코에 입항하자 만지로는 후쿠자와 유키치福沢諭吉를 안내하여 관광에 나섰다. 그들이 시내 서점에 들러 웹스터 영어사전을 구입하자 서점 주인은 물론 취재 기자들도 깜짝 놀랐다. 당시 '유창한 영어로 웹스터사전을 찾는 일본인'이라는 제목의 기사가 신문에 대서특필되었다.

1869년 3월, 만지로는 도쿄대학의 전신인 개성학교 영어 교수로 임명되었고 다음 해 유럽 출장길에는 미국에 들러 휘트필드 선장 집에서 하룻밤 묵으며 회포를 풀었다고 전해진다. 만지로와 휘트필드 선장의 후손들은 지금도 일본과 미국을 오가며 6대째 교류를 이어가고 있다.

만지로는 1898년 72세의 나이로 타계했다. 14세 소년의 왕성한 호기심과 모험심 덕분에 일본은 개국을 전후로 한 어려운 파도를 한결 쉽게 헤쳐 나갈 수 있었다. 그런데 만지로가 해낸 미일 가교 역할에 대해서는 일본보다 미국의 평가가 오히려 더 높은 듯하다. 미국의 30대 대통령 칼빈 쿨릿지Calvin Coolidge는 "만지로의 귀국은 미국이 최초로 일본에 대사를 파견한 것과 같다"라고 평가했다. 1933년 6월 어느 날, 만지로의 장남에게

루즈벨트Roosevelt 대통령의 편지가 도착해 주위 사람들을 놀라게 한 적도 있었다. 루즈벨트 대통령은 만지로가 미국에서 지내던 곳에서 멀지 않은 마을에 살았으며, 만지로 일행을 구출했던 포경선 선주의 손자로서 만지로에 대해 많은 이야기를 들었다고 했다. 미국에 오게 되면 꼭 연락을 바란다는 내용이었다.

미국 동부의 뉴 벳포드에 있는 세계 최대의 고래잡이 박물관은 미일 교류 150주년을 기념하여, 2004년 4월부터 약 1년간 '태평양과의 만남 – 미국 포경, 만지로 그리고 일본의 개국' 특별전을 개최하면서 만지로를 미일 양국 우호의 원점으로 평가했다. 필자는 2017년 여름, 도사 시미즈에 있는 만지로의 기념관을 둘러보았는데, 자연스럽게 그가 활동하던 시기의 조선이 떠올라 마음이 착잡했던 기억이 있다.

정한론의 선봉, 요시다 쇼인

막부 말기, 천황을 모시는 신국神國 일본에게 조선 정벌은 불
가결한 것이라 주장한 인물이 있었으니 요시다 쇼인吉田松陰(1830~
1859)이다. 그는 조슈번長州藩(지금의 야마구치현)에서 하급 무사의
차남으로 태어났다. 쇼인의 작은 아버지인 다이스케大助는 번
의 병학兵學 사범인 요시다吉田家의 양자로 들어갔는데, 슬하
에 아들이 없자 요시다가의 병학을 잇기 위해 쇼인이 다섯 살
때 그를 양자로 맞았다. 요시다가의 당주堂主로 키우기 위한 스
파르타 교육을 받은 쇼인은 열한 살 때 번주 앞에서 《무교전서
武教全書》를 강론하여 일찍부터 수재라는 평가를 받았고, 열아
홉 살에는 병학의 사범으로 독립했다.

1854년 3월 페리 제독이 두 번째 일본을 방문했을 때, 쇼인은 제자와 함께 해외 밀항을 시도했다. 그러나 미국에 가서 병학을 공부하겠다는 계획은 수포로 돌아가고 그는 국사범으로 수감되었다. 페리는 《일본 원정기》에서 '두 청년의 왕성한 호기심과 탐욕적인 지식 욕구는 죽음도 불사할 정도였다'라고 경탄하면서, 이런 젊은이가 있는 한 일본은 장차 반드시 개명된 국가가 될 것이라고 했다.

쇼인은 수감 생활 중에 맹자를 강의하면서 밀항 동기 등을 밝힌 《유수록幽囚錄》을 집필했다. 그는 자신의 책에서, 대외 정세로 보아 앞으로는 네덜란드어 이외의 외국어를 익혀야 할 것이라고 강조했다. 지금은 난학이 유행하여 네덜란드어를 할 줄 아는 사람이 많지만 영어나 러시아어는 제대로 구사할 수 있는 자가 없다고 했다. 그로부터 4년 후인 1858년, 네덜란드어를 마스터했다고 자부했던 후쿠자와 유키치는 요코하마에 갔다가 영어 간판조차 제대로 읽을 수 없어 충격을 받았다고 한다. 그 후 유키치는 네덜란드어에서 영어로 돌아섰는데, 쇼인의 선견지명을 보여주는 대목이 아닐 수 없다.

1857년 3월, 출옥한 쇼인은 자신의 집 안에 15평 규모의 사설 학당 쇼카손주쿠松下村塾를 개설해서 1858년 11월 폐쇄될 때까지 운영했다. 쇼카손주쿠는 사숙이라기보다 일종의 정치 결사에 가까운 조직이었다. 쇼인이 위험인물로 간주되었기에 지

정한론을 역설한 요시다 쇼인. 기시 노부스케와 아베 신조가 가장 존경하는 인물로 꼽는다.

체 있는 집안의 자제는 드물었고 대부분이 하층 계급 출신이었다. 그는 신분에 관계없이 능력만 보고 숙생塾生을 선발하고 교육했다. 당시의 신분제 사회에서는 이례적인 일이었다. 개설 당시에는 스무 명 남짓이었으나 1858년 12월 무렵에는 약 300명으로 늘어났다. 그러나 매일 출석한 학생은 50명 안팎이었다. 쇼카손주쿠는 자급자족을 원칙으로 했다. 이토가 장작을 패면, 야마가타는 밥을 짓는 식이었다. 수업료는 따로 받지 않았다. 여유 있는 집안의 숙생들이 쌀이나 된장 등을 가져왔다. 제자 중 이토 히로부미, 야마가타 아리토모는 총리를 역임했는데 그들의 최종 학력이 '쇼카손주쿠'라는 것은 예사로운 일이 아니다.

쇼인은 숙생들에게 주자학이니 양명학이니 하면서 한편으로 치우치면 쓸모가 없으며, 존왕양이에 주안점을 두고 누구의 저서나 학설이든 좋은 점을 취하고 배워야 한다고 가르쳤다. 또한 비록 벽촌에서 태어났다 해도 열등감을 가질 필요가 없으며, 자신이 있는 곳에서 지성至誠의 정신으로 분발하면 바로 그곳이 화華라고 하면서 지성을 강조했다. 이는 맹자의 '지성을 다하면 이루지 못할 일이 없다至誠而不動者未之也'라는 가르침을 따른 것이다.

쇼인은 국체의 기원과 천황의 유일 절대성을《고사기》와《일본서기》에 의거해서 가르쳤다. 그는 제자들에게 진구황후와 도요토미 히데요시가 황도를 밝히고 국위를 떨친 위대한 인물이란 사실을 주입했다. 또한 조속한 시일 내에 군사력을 정비하여 조선을 복속시키고 만주, 대만, 루손 등으로 진취의 기세를 떨쳐야 한다고 주장했다.

쇼인은 제자에게 보낸 편지에서 다음과 같이 직설적인 주장을 펼쳤다. '러시아나 미국 같은 강국과는 신의를 돈독히 하여 우호 관계를 맺고, 쉽게 손에 넣을 수 있는 조선과 만주, 중국은 영토를 점령해 강국과의 교역에서 잃은 것은 약자에 대한 착취로써 메우는 것이 상책이니라.'

메이지 정한론의 뿌리는 진구황후의 삼한 정벌설인데 이것을 하나의 사상으로 정립한 인물이 바로 쇼인이다. 그는 조선 침략의 사상적 토대를 마련했을 뿐 아니라 조선 침탈의 구체적인 방법까지 제시했다. 쇼인은 1858년 자신의 제자인 기도 다카요시에게 보낸 서한에서 '조선과 만주 지배를 위한 제1보로서 울릉도를 개발하여 일본의 기지로 이용하라'는 책략을 제시했다. 요시다의 책략은 1905년 1월 28일 일본의 독도 편입으로 현실화 되었다.

1858년 막부가 구미 5개국과의 조약을 조인하려 하자, 쇼인은 양이攘夷를 주장하다가 투옥되었다. 그는 1859년 30세의 나이로 정한의 씨를 부리고 처형되었다. 쇼인은 '존왕양이의 순교자'로서 막부 말기 지사들의 존경을 한 몸에 받았다.

그의 정한 사상은 80여 명의 쟁쟁한 제자들에 의해 계승되었다. 더러는 정변과 무진 전쟁에서 사라지기도 했지만, 제자들 대부분은 막부 말기에 대활약을 했다. 기도 다카요시, 이토 히로부미, 야마가타 아리토모, 가쓰라 다로 등은 메이지 신정부의 핵심에 진입하여 스승의 가르침대로 조선 침탈에 온 힘을 쏟았다. 초대 수상 이토 히로부미로부터 아베에 이르기까지, 총 62명의 총리 중 9명의 수상을 배출한 야마구치현은 일본을 견인해 왔다는 자긍심이 넘친다. 필연적으로 한국과는 나쁜 기억이 많다. 명성황후 시해를 주도한 미우로 고로三浦梧郎도 이곳 출신이다.

쇼인의 제자 중 구사카 겐즈이久坂玄瑞와 쌍벽을 이루는 다카스기 신사쿠高杉晋作가 요시다 쇼인을 처음 만난 것은 열아홉 살 때였다. 사람의 장점을 파악하고 재능을 계발시켜주는 데 능했던 쇼인과의 만남을 통해, 신사쿠는 자신의 길을 찾았다. 신사쿠는 쇼카손주쿠와 마찬가지로 신분을 초월한 기병대를 조직하여 미국, 프랑스 함대의 공격에 맞섰다. 1864년 영국, 프랑스 등 4국 연합 함대에 의한 시모노세키 포격 사건에서는 번의 대표로 활약하기도 했다. 이 포격 사건을 계기로 조슈번은 사츠마번과 더불어 양이의 최선봉에서 개국론으로 선회한다. 그 후 도막 운동의 주도권을 장악해 막부 말기의 정국을 주물렀다. 그러나 그는 유신 전야에 스물아홉의 젊은 나이로 병사함으로써 뜻을 펴지 못했다.

다카스기 신사쿠의 정신은 아베 가문이 이어 받았다. 아베 수상의 부친 아베 신타로安倍晋太郎의 이름자 '진晋'은 다카스기 신사쿠高杉晋作의 '晋'에서 취했으며, 아베 신조安倍晋三로까지 이어지고 있다. 아베 신타로는 도쿄대학 법학부를 졸업하고 마이니찌 신문사에 근무하던 중, 기시 노부스케岸信介 수상의 장녀와 결혼하면서 기시 외상과 수상 시절에 비서관을 지냈다. 그는 1958년 국회의원에 당선된 이래 농림상, 통산상, 외상 등을 역임했고 차기 수상으로 유력시 되었으나 1991년 5월 췌장암으로 갑작스러운 죽음을 맞았다.

요시다 쇼인은 2차 대전 중에 '대동아 공영권의 선구자', '충군애국의 이상적인 인간상'으로 떠받들어져 군국주의 교육에 대대적으로 이용되었다. 패전의 혼돈 속에서 쇼인의 이름은 잊혀졌지만 일본의 우경화가 진행되면서 다시 살아나고 있다. 특히 아베 신조 수상의 출신지인 야마구치현에서는 쇼인이 영웅 대접을 받고 있다.

아베 신조의 외조부 기시 노부스케 전 수상은 생전에 요시다 쇼인과 이토 히로부미에 대한 존경심이 유별났다. 그는 이토 동상의 비문에 '우리도 자주 헌법을 제정하려 한다'라고 새겨 넣기까지 했다. 기시의 개헌에 대한 집념은 아베 신조로 이어지고 있다. 일본 역사상 유례없는 장기 집권을 이어가고 있는 아베 총리는 '헌법 개정은 필생의 과업이며, 무슨 일이 있어도 개헌을 실현하겠다'라는 결의를 자주 언급하고 있다. 외조부의 숙원을 이루겠다는 뜻이다.

또한 아베 수상은 1854년 10월 28일 요시다 쇼인이 처형 전야에 쓴 5천 자 정도의 유서, 〈유혼록留魂錄〉을 자주 인용하면서 자신은 조슈번의 정신을 이어받았다고 자랑스럽게 이야기한다. 중요한 결정을 앞두고는 으레 요시다 쇼인과 다카스기 신사쿠의 묘를 참배하고 결의를 다지곤 한다. 국수주의의 원조 요시다 쇼인이 저 세상으로 간 지 160년의 세월이 흘렀지만, 그의 사상과 정신은 여전히 일본 정치에 그림자를 드리우고 있다.

비운의 황녀, 가즈노미야

　페리 내항에서 막부 붕괴까지의 기간은 15년에 불과하다. 하지만 이 기간은 정치적으로 존왕양이론尊王攘夷論, 공무합체론公武合体論, 도막론倒幕論이 교차하는 격동의 시대였다. 존왕양이론은 막부 말, 유신기에 일어난 반막부, 반외세적 정치 운동을 나타내는 이념이자 슬로건이다. 쇼군 대신에 천황을 통치의 중심으로 한다는 '존왕尊王'과 통상을 요구하는 외국인을 침입자로 간주하여 배척하는 '양이攘夷'가 합쳐진 사상으로, 외교에 소극적이었던 막부의 대응이 천황에 대한 기대를 증폭시켜 전국적으로 확산되었다.

　개국과 존왕양이의 대립으로 세상이 어수선하던 시기, 히코

네彦根의 번주 이이 나오스케井伊直弼가 막부의 최고직인 다이로大老에 취임했다. 1858년 4월 23일의 일이다. 다이로에 취임하고 두 달도 안 된 6월 19일, 그는 천황의 칙허를 기다리지 않고 미일 통상조약을 조인했다. 이에 대해 양이파들이 항의하고 나서자, 나오스케는 이들을 철저히 탄압했다. 그 과정에서 요시다 쇼인 등 8인이 사형에 처해졌다. 결국 이것이 화근이되어 막부의 최고 권력자 이이 나오스케가 에도에서 백주에 암살되는 사건이 발생했다. 이로써 막부의 권위는 땅에 떨어지고 천황의 정치적 권위는 점점 강화되는 형국이 되었다.

곤경에 처한 막부는 조정의 공公과 막부의 무武의 제휴, 즉 공무합체公武合体를 통해 정국의 안정을 도모하고자 했다. 공무합체의 구체적 방안으로, 막부는 고메이 천황孝明天皇의 배다른 여동생 가즈노미야和宮와 쇼군 도쿠가와 이에모치德川家茂의 결혼을 조정에 청원했다. 결혼이 성사되면, 막부로서는 개국과 양이 문제를 둘러싸고 대립해 온 막부와 조정의 관계 개선을 내외에 부각시키고 나아가 조정의 권위를 이용하여 막부 반대 세력을 보다 쉽게 제어할 수 있을 것이라 생각한 것이다.

조정의 실력자들은 막부 정치에 대한 조정의 영향력을 확대할 좋은 기회로 보고 결혼을 적극적으로 추진하려 했다. 그러나 양이론자인 천황은 막부의 청원을 선뜻 응낙하지 않았다. 막부가 임의로 미국, 영국 등의 열강과 통상조약을 맺은 것을 심히 못마땅하게 여기고 있었던 것이다. 또한 가즈노미야는 여섯 살 때 황족 아리스가와 다루히토有栖川宮熾仁와 정혼한 상태로 조만간 정식으로 식을 올릴 예정이었다.

고메이 천황은 자신보다 열다섯 살 어린 여동생 가즈노미야를 각별히 아끼고 가엽게 여겼다. 아버지 닌코仁孝 천황은 가즈노미야가 태어나기 다섯 달 전에 타계했고, 모친은 출산 후 삭발하고 불교에 귀의했다. 천황은 고아 아닌 고아가 된 여동생을 아버지의 마음으로 안쓰럽게 여겼다. 천황은 황녀를 인질이나 다름없는 상황으로 몰아넣는 것은 떳떳하지 못하다고 생각했고, 현실적으로 가즈노미야가 낯선 에도 생활에 제대로 적응할 수 있을지도 의문이었다.

조정 내에서도 막부의 청혼에 대해 찬성파와 반대파로 갈라져 결론을 못 내리고 있었는데, 막부는 조정에 다시 간청하는 것과 함께 반대파 고관들에게 압력을 가했다. 이에 가즈노미야의 정혼자인 아리스가와는 황녀를 맞이하기에는 현재의 저택이 비좁다고 하면서 혼인식의 연기를 요청했고, 혼약은 사실상 없던 일이 되고 말았다. 사태가 이렇게 흘러가자 막부로 시집가지 않겠다고 하던 가즈노미야도 공무합체의 구현으로 천하 평화를 이루기 위해 한 몸 희생하겠다는 각오로 천황의 뜻에 따르겠다고 나섰다.

결국 고메이 천황은 결혼을 허락하는 조건으로 막부에 쇄국 정책의 실시와 양이의 단행을 요구했다. 하지만 이미 조약을 체결해 국제사회에 진입한 일본이 새삼스럽게 쇄국으로 회귀한다는 것은 어불성설이었다. 막부는 조정의 체면을 고려해 마지못해 양이 정책을 취하겠다고 답했으나, 이는 누가 보더라도 실행 불가능한 일이었다.

1861년 10월 20일, 가즈노미야는 아버지 같은 오빠 고메이 천황에게 눈물의 하직 인사를 올렸고 천황도 눈시울을 적셨다. 이것이 살아생전 마지막이 될 줄은 아무도 몰랐을 것이다. 기구하게도 그로부터 5년 후, 오빠인 천황과 남편인 이에모치 모두 저 세상 사람이 되고 말았다.

가즈노미야가 에도를 향해 떠날 때 수행 인원은 천 명에 달했다. 막부는 12개 번을 동원해 가마를 경호하도록 했고, 교토에서 에도에 이르는 500여 킬로미터에 달하는 나카센도中山道에는 29개 번을 동원해 엄중히 경계했다. 교토를 출발한 지 스무날 쯤 지났을까, 가즈노미야는 아랫배에 약간의 통증을 느꼈다. 당시 열여섯이었던 그녀는 에도로 가는 길에 초경를 치렀다. 가즈노미야는 나이에 비해 체구가 작고 발육이 늦었던 모양이다. 12월 15일 일행은 무사히 에도에 도착했다.

해가 바뀐 1862년 2월 11일, 열일곱 살 동갑내기 한 쌍은 마침내 혼례 의식을 거행하여 명실공히 공무합체의 구현을 대내외에 알렸다. 비록 정략결혼이었지만, 일기와 기록 등을 살펴보면 역대 쇼군의 정실들 중에서 가장 금슬이 좋았다고 한다. 가즈노미야와 이에모치 모두 유복자였다. 이에모치 쇼군의 부친은 아들이 태어나기 16일 전에 병사했다고 한다. 또한 동갑이었던 이에모치는 가즈노미야보다 2주 늦게 태어났다. 거의 같은 때 태어나 둘 다 아버지 얼굴을 본 적이 없다는 묘한 인연으로 그들은 오순도순 사이좋게 지냈다고 한다.

천황이나 쇼군의 아내에게 부여된 가장 큰 임무는 건강한 사내아이를 출산하는 것이었다. 하지만 삼신할머니가 심술을 부리는지 가즈노미야는 임신이 되지 않았다. 임신의 낌새가 있어서 의사를 불렀지만 의사는 번번이 고개를 젓고 돌아갔다. 그 후 시어머니의 따가운 시선 때문이었는지 가즈노미야는 남편에게 측실을 두라고 권유하기도 했다. 어느 날 쇼군 직속 무사들의 딸 중에 미모가 뛰어난 처녀 10명을 골라 겨드랑이가 드러나는 '후리소데' 차림으로 정원을 산책하도록 했다. 약간 높은 자리에 앉아 그들을 바라보던 가즈노미야가 두 사람 정도를 측실 후보로 추천했으나 쇼군은 "서두를 것이 없소"라고 말하며 자리를 떴다고 한다.

막부는 양이파의 선봉인 조슈번을 두 차례에 걸쳐 정벌했는데, 제2차 정벌 때에는 쇼군 이에모치도 직접 참전해 오사카 성에 본영을 구축했다. 막부군의 참패 소식이 잇달아 들어오는 가운데, 1866년 7월 21일 스물한 살의 이에모치는 오사카성에서 협심증이 발작해 젊디젊은 나이에 급사하고 말았다. 조정에서는 가즈노미야에게 조속히 교토로 돌아올 것을 강력히 권했으나 그녀는 에도에 그대로 남아 도쿠가와 집안의 사람이 되겠노라고 했다.

가즈노미야는 스물한 살에 미망인이 되었다. 짧은 4년의 결혼 생활이 한 줄기 연기처럼 스러졌다. 황녀는 주변을 정리한 후 1866년 12월에 머리를 깎고 불문에 들어갔다. 훗날 제15대 쇼군 도쿠가와 요시노부德川慶喜가 대정봉환을 한 후, 가즈노미야는 황실과 접촉해 도쿠가와 가문의 존속을 위해 나름대로 최선을 다했다. 메이지 유신 후에 가즈노미야는 도쿄에서 도쿠가와 가문 사람들과 교류하면서 지내다가 32세로 병사하여 도쿄에 있는 증산사의 이에모치 묘지 옆에 안치되었다.

한편 1868년 1월 막부군이 교토의 남쪽 도바鳥羽와 후시미伏見에서 패배하자, 신정부군의 동정군東征軍이 에도를 향해 진군했다. 동정군의 대총독은 가즈노미야와 정혼했다가 파혼한 아리스가와 다루히토였다. 그는 유신 이후 천황 중심의 메이지 정부 수립에 있어 정무를 총괄하는 정부총재를 맡아 천황을 보좌했다. 그 후 육군 참모총장, 원로원 의장 등을 역임했고 61세로 타계했다. 언제나 사실은 소설보다 재미있는 법이다.

유신의 설계자, 사카모토 료마

막부 말의 지사 사카모토 료마는 도사土佐번(지금의 고치현) 향사鄕士의 둘째 아들로 태어났다. 부친은 전당포와 양조업 등을 크게 하는 호상豪商에서 분가하여 사카모토 가문을 일으켰다. 분가하여 나올 때 꽤 많은 재산을 받았기에 료마는 유복한 가정에서 성장할 수 있었다. 향사는 농촌의 하급 토착 무사를 지칭하는 용어로, 대개 금전을 기부하여 취득하는 경우가 많았다.

료마가 태어나기 전날 밤, 그의 어머니는 용이 하늘을 나는 태몽을 꾼 후에 아들의 이름을 료마龍馬라고 지었다고 한다. 하지만 거창한 태몽과 달리 료마는 평범한 아이였다. 콧물을 줄줄 흘리고 다녔고 밤에는 종종 이불을 적시기도 했다. 서당에

일본 극우의 탄생 메이지 유신 이야기

다녔지만 별로 흥미를 못 느껴 반년 만에 그만두고, 집에서 막내 누나로부터 한문과 무예를 배웠다.

소년 료마에 관한 일화 하나를 소개해 보겠다. 어느 비 오는 여름 날, 료마가 수영하러 나가는 것을 본 이웃 아주머니가 "이렇게 비가 오는데 수영하러 가니?"라고 했더니 료마는 하늘을 쓰윽 올려다보더니 "강에 들어가면 어차피 젖을 텐데요"라고 무심한 얼굴로 대답했다고 한다.

1853년 봄, 열아홉 살의 료마는 검술을 본격적으로 익히기 위해 번의 허가를 받아 에도로 떠났다. 에도에는 상급 무사와 하급 무사의 자제들을 위한 검술 도장이 따로 있었다. 료마는 하급 무사 집안의 청소년을 위한 도장에 입문하면서 사회적 차별에 대해 눈을 뜨게 되었다.

료마가 에도에 온 지 얼마 안 된 6월에 미국의 페리 제독이 인솔한 4척의 군함이 에도만灣 부근에 나타났다. 생전 처음 보는 거대한 흑선에 기가 질렸지만 그가 서양에 대해 관심을 갖게 된 계기가 되었다. 선체를 검은 페인트로 칠했다고 하여 흑선으로 불리는 함대가 출현하자 에도에서는 전쟁이 난 줄 알고 피난길에 오르는 대소동이 벌어졌다. 료마도 임시 소집되어 에도에 있는 도사번의 저택 경비를 서게 되었다. 그 시절 가족들에게 보낸 편지에서 '만약 전투가 시작되면 이국인의 목을 따서 돌아가겠다'라고 큰소리를 쳤다고 한다.

교토 마루야마 공원의 사카모토 료마와 나카오카 신타로 동상. 료마의 고향 친구이자 평생 동지인 나카오카는 메이지 유신의 숨은 공신이다.

어느 날 네덜란드어를 배운 적이 없는 료마가 네덜란드어로 강의하는 강습소에 나타났다. 그날 강의는 민주주의 체제에 대한 내용이었던 모양이다. 강의 도중에 료마가 "선생님, 지금 설명하신 내용이 좀 이상한 것 같습니다"라고 지적했고, 당황한 선생이 네덜란드어 교재를 다시 읽어 보더니 "네 말이 맞구나"라고 인정했다고 전해진다. 비록 네덜란드어는 모르지만 민주정치라는 본질에 대한 직감과 상상력으로 선생님의 오류를 지적했던 것이다.

1854년 6월, 료마는 15개월간의 에도 유학을 끝내고 귀향한

일본 극우의 탄생 메이지 유신 이야기

후, 도사 출신의 화가 가와타 소류河田小龍를 예방했다. 그는 한학에 조예가 깊었고 나가사키에서 네덜란드 학문도 배운 개명 지식인이었다. 가와타는 존 만지로의 조사 과정에 입회하면서 영어는 물론 미국의 정치·경제 등에 관해 많은 것을 알게 되었고 이를 《표선기략漂選記略》이란 책으로 펴냈다. 이 책은 료마를 비롯한 막부 말기 유신의 지사들에게 큰 영향을 미쳤다. 특히 료마는 가와타가 해운업의 중요성을 강조한 것에 큰 감명을 받았다고 한다.

료마의 친척이자 친구인 다케치 즈이잔武市瑞山이 존왕양이를 목표로 '도사근왕당土佐勤王党'을 결성하자 료마도 이에 참여했다. 그러나 도사번의 방침은 막부를 지지하고 막부의 존속을 바라는 것이어서 애초에 근왕당의 정치 목표와는 상충되었다. 다케치의 존왕양이 운동은 태생적으로 한계를 내포하고 있었던 셈이다. 다케치는 머리가 잘 돌아가는 수재형으로 어떤 면으로는 광신적인 태도를 보였기에 료마와는 잘 맞지 않았다. 결국 료마는 다케치와 결별했다. 근왕당에서 탈퇴함과 동시에 도사번에서 뛰쳐나가는 탈번脱藩을 감행한 것이다. 한편 다케치는 번의 요인 암살 등을 자행하더니 끝내는 자신도 할복자살의 명령을 받아 생을 마감했다.

탈번이란 무사가 자신이 속했던 번을 나와 낭인이 되는 것으로 일방적으로 주종 관계를 해소하는 행위다. 탈번자는 번 내에서 죄인 취급을 받았을 뿐 아니라, 번 내에 남아 있는 가족과 친지들에게도 연좌제가 적용되었다. 대부분의 탈번 무사들은 교토, 오사카에 가서 전국에서 모여든 존양 지사들과 어울리며 테러 행동을 자행하곤 했다.

료마는 이들 낭인들과 어울리지 않고 사쓰마, 나가사키 등을 바삐 돌아다니며 해군 창설을 위한 자금 마련에 여념이 없었다. 하지만 일개 낭인에 불과한 그로서는 묘안이 떠오르지 않자, 오사카를 거쳐 에도로 발걸음을 돌렸다.

1862년 12월 초, 료마는 지인의 소개를 받아 막부 군함 최고 책임자인 가쓰 가이슈勝海舟(1823~1899)의 에도 저택을 방문했다. 그는 나가사키에서 난학을 배웠고 1860년 2월에는 미국과의 조약 비준서 교환을 위해 간린호咸臨丸의 함장으로 태평양을 건너 미국까지 갔다 온 당대의 명사라 할 수 있다. 가쓰 가이슈는 미국 방문을 통해 서양에 대한 인식을 새롭게 했으며, 막번幕藩(쇼군이 직접 통치하는 막부와 다이묘의 영지인 번을 합쳐 부르는 말)의 경계를 넘어선 '하나 된 일본'을 그렸다. 40세의 가이슈는 혈기 방장한 28세의 료마에게 앞으로는 막부나 번에 구애되지 말고, 거국일치의 해군을 창설해야 한다고 역설했다.

당시 막부가 소유한 군함은 간린호를 포함해 4척에 불과했다. 가이슈가 서구 해군을 모델로 함선 100여 척으로 구성된 연합 함대의 편성을 막부 수뇌부에 건의했다는 말을 듣고, 료마는 그 자리에서 무릎을 꿇고 제자로 받아줄 것을 간청했다. 속설에 의하면 처음에 료마를 가이슈를 죽일 생각으로 만났는데, 그와 이야기를 나누는 사이 그의 시대를 읽는 안목과 인격에 감탄해 제자로 들어갔다고 한다. 솔직함과 사고의 유연성, 그것이 바로 료마의 매력이다.

가이슈는 일기에 '료마군'이라고 적어 호감과 친밀감을 표현했다. 스승의 이러한 마음은 료마에게도 전해졌다. 료마 역시 누나 오토메乙女에게 보낸 편지에서 '천하제일의 군사학자 가쓰 린타로 대선생의 문하에 입문했다'라고 자랑했다. 가쓰 린타로는 가쓰 가이슈의 통칭이다.

가이슈가 애써서 료마가 저지른 탈번의 죄를 사면 받도록 해주었으나, 료마는 그 후 다시 탈번을 감행했다. 1864년 5월 가쓰 가이슈는 제14대 쇼군 도쿠가와 이에모치의 재가를 받아, 고베 해군 조련소를 개설하여 소장에 취임했다. 료마는 조련소에 부설된 해군 강습소의 학생장이 되었고, 인재를 찾아 동분서주하며 맡은 바 임무를 다했다. 그런데 가쓰 가이슈가 주장하는 거국일치의 해군, 즉 일본국 해군을 표방하는 해군 조련소 운영 방침을 막부가 거부함으로써, 조련소는 개소한 지 일 년도 못 되어 폐쇄되고 말았다.

해군 조련소가 폐쇄되자, 료마는 사쓰마를 거쳐 당시 일본 유수의 국제무역 도시인 나가사키로 갔다. 그곳에서 사쓰마의 재정적 지원을 받은 료마는 해군 조련소 출신의 동료들과 함께 가메야마사추亀山社中를 세워 물산과 무기를 거래하는 무역업을 개시했다. 그 무렵 사쓰마번은 영국 동양함대와의 전투에 패배한 후 강력한 해군의 필요성을 통감하고 있었다. 사쓰마번으로서는 해군에 대한 지식과 기술을 겸비한 해군 조련소 출신의 젊은이들이 대단히 매력적인 존재였다. 사쓰마번이 가쓰 가이슈와 사카모토 료마를 지원했던 이유가 그것이다.

'가메야마사추'의 '사추社中'는 결사라는 의미를 갖고 있는데, 일본 최초의 주식회사라 할 수 있다. 가메야마사추는 평시에

일본 최초의 주식회사, 가메야마사추의 유적지. 가메야마 사츄는 해원대를 거쳐 미쓰비시 그룹으로 발전했다.

는 해운업과 무역업에 종사하다가, 유사시에는 해군으로 활동한다는 료마의 구상이 실현된 것으로 가이슈의 군사학을 응용한 것이었다. 해군 조련소의 개소와 폐쇄를 전후하여, 료마는 스승 가쓰 가이슈의 인맥을 활용해 후쿠이번의 마쓰다이라 요시나가松平慶永, 사쓰마번의 사이고 다카모리 등을 만났고 자신의 특기인 경청을 통해 견식을 넓혔다.

당시 일본의 260여 개 번 중에서, 사쓰마번과 조슈번은 제도 개혁과 막강한 상업 자본을 바탕으로 무기와 군사력을 갖추었고 막부에 도전하는 주역으로 나서게 된다. 하지만 서로 경쟁관계에 있던 사쓰마와 조슈는 막부 정권의 혼란을 틈타 치열한 정권 쟁탈전을 벌인다.

료마가 삿초(사쓰마번과 조슈번) 간의 동맹 실현을 위해 적극적으로 나선 것은 1865년 4월 무렵이었다. 료마는 막부로부터 무기 구입을 금지 당하고 있던 조슈번에게 사쓰마번의 명의로 무기와 군함을 구입할 수 있도록 알선했다. 조슈의 이토 히로부미는 가메야마사추의 주선으로 나가사키에서 미니에minie 소총 4천 300정, 게베르geweer 소총 3천 정 등을 구입할 수 있었다. 대신에 조슈번은 사쓰마 측에 군량미를 공여토록 함으로써 화해의 첫발을 내딛게 했다. 료마의 주선으로 1866년 1월 교토에서 서남의 두 거대 번이 일본의 운명을 결정지을 정치·군사 동맹인 삿초동맹薩長同盟을 성사시켰다.

1867년 초, 도사번의 실권자 고토 쇼지로後藤象二郎는 초조감으로 가슴을 졸이고 있었다. 사쓰마와 조슈를 중심으로 한 근왕도막勤王倒幕의 움직임이 팽배한 가운데, 도사번은 여전히 막부를 지지하고 있었기 때문이다. 천황을 받들고 막부를 붕괴시키려는 근왕도막파의 세상이 되면 도사번은 조정의 적으로 몰리고 정벌의 대상이 될 것이 뻔했다.

위기감을 느낀 고토는 삿초동맹을 주도한 사카모토 료마, 나카오카 신타로中岡愼太郎를 끌어들여 도사번이 캐스팅 보트를 쥐는 책략을 쓰기로 했다. 그 무렵 료마는 경영난으로 가메야마사추 해산을 고려하던 참이었다. 1867년 1월 도사번의 실력자 고토 쇼지로는 나가사키의 요정 청풍정淸風亭에서 오랫동안 앙숙으로 지내던 료마와 마주 앉았다. 그들은 일본이 처한 대내외 상황에 대해 허심탄회하게 논의한 끝에 대국적인 차원에서 극적으로 화해하기로 했다. 가메야마사추가 소유한 상선 수 척은 도사번의 소유로 하고 이름을 해원대海援隊로 개칭했다. 도사번은 사쓰마번을 대신해 해원대를 전면적으로 지원하고, 동시에 료마의 도사번 탈번 죄를 사면하기로 합의했다.

1867년 6월 9일, 료마는 교토로 가는 배 안에서 고토에게 처음으로 '대정봉환大政奉還(국가 통치권을 천황에게 돌려줌)'에 대한 구상을 털어 놓았다. 아울러 도사번이 나서서 정권을 천황에게 이양하도록 막부에 건의하라고 했다. 만약 막부가 이 제안을

일본 극우의 탄생 메이지 유신 이야기

받아들이면, 무력으로 막부를 타도하려는 사쓰마와 조슈에 크게 한 방 먹이고 도사번이 시대의 주도권을 장악하게 될 것이라고도 했다. 사실 대정봉환은 료마의 구상이라기보다는 가이슈 등이 시작한 것이지만, 처음 듣는 고토 쇼지로는 동감할 만한 묘책이라 생각했다.

1867년 6월 15일, 역시 교토로 가는 배 안에서 료마는 새로운 시대를 위한 국가의 기본 이념을 작성했다. 이것이 그 유명한 '선중팔책船中八策'이다. 선중팔책에는 대정봉환을 비롯해 의회 설치, 인재 등용, 조약 개정, 헌법 제정, 해군력 보강, 근위부대 신설, 금은 교환 비율 균일화 등이 포함되었다. 훗날 메이지 신정부에서 대부분의 계획이 수용된다. 료마는 수재가 아니라 상대방의 이야기를 경청함으로써 배우는 유형이다. 독창성이 풍부하다기보다 응용의 명수라 할 만하다. 1867년 11월 15일 교토의 오미야 여관에서 나카오카 신타로와 함께 암살될 때까지, 료마는 가메야마사추, 해원대, 삿초동맹, 대정봉환을 모두 실현했다. 이 정책들은 료마의 독창적 아이디어가 아니라 선배, 친구, 유식자로부터 경청한 것을 바탕으로 료마가 재구성한 것들이다.

료마가 만났던 인물들 대부분은 막부와 번에서 중책을 맡고 있었고 개명적인 견해를 갖고 있었지만, 보수파의 반대에 대한 두려움, 자기 보신, 조직에 대한 귀속 의식 때문에 실행에

옮길 수 없었던 나약한 엘리트들이었다. 좌절한 엘리트들의 아이디어를 료마라는 일개 탈번 낭인이 실현시킨 것이다. 료마는 큰 목표를 위해서는 원수와도 기꺼이 악수했다. 그는 자신이 연출하고 기획했던 새로운 체제의 발족을 앞두고도 자신의 위상은 고려하지 않은 혁명가였다. 동서고금의 역사에서 혁명의 주체가 혁명의 과실을 마다한 경우는 매우 드물다. 료마는 무사무욕의 화신이었다. 그래서 지금까지도 많은 일본인들의 존경과 사랑을 받고 있는 것이리라.

뺑소니의 명수, 기도 다카요시

1864년 초여름, 인적이 드문 야밤의 일이다. 보자기를 손에 든 여인이 주의를 살피며 교토 중심에 있는 산죠 다리 아래로 내려오고 있었다. 그녀는 남루한 행색의 사내에게 보자기를 건네더니 순식간에 어둠 속으로 사라졌다. 당시 교토에서 이름이 꽤 알려진 게이샤 이쿠마쓰幾松와 조슈번의 지사 기도 다카요시木戸孝允(1833~1877) 간에 꽃핀 로맨스의 한 장면이다.

6월 5일 저녁, 교토의 이케다 여관池田屋에서 존왕양이파 지사 20여 명이 음모를 꾸미고 있을 때, 교토 치안부대 신센구미新選組가 급습해 이들을 일망타진한 '이케다야 사건'이 일어났다. 존왕양이의 지도자 기도 다카요시도 이 모임에 참석하기 위해 미리 도착했으나, 참석자들이 보이지 않자 이웃에 있는 쓰시마 저택에 가서 차를 마시며 시간을 보내고 있었다. 그 덕분에 목숨을 건졌던 것이다. 하지만 이케다 여관은 쓰시마번 저택에서 엎어지면 코 닿을 거리에 있었다. 여관에서 난투극이 벌어져 7명이 사살되고 20여 명이 포박되는 것을 다 알고 있었으면서도 모른 체 했다는 설이 유력하다.

사건 후에 기도 다카요시는 게이샤 이쿠마쓰의 집에 숨어 지냈다. 하지만 그 둘의 관계를 알 만한 사람은 다 알고 있었으므로, 불안에 떨던 그는 다리 밑에서 거지 행세를 하며 지냈고 이쿠마쓰가 먹을 것을 날랐던 모양이다. 사진으로 보면 기도 다카요시는 유신의 지사들 중 가장 지적인 분위기를 풍기는, 요즘 말로 훈남이었다. 이쿠마쓰는 후에 게이샤의 적을 정리하고 기도와 정식으로 결혼했다. 기도가 죽은 후에는 삭발하고 불교에 귀의해 임을 향한 일편단심의 생을 보냈다.

일본 역사에서 인기가 있는 인물들은 대체로 기개가 넘치고 의리와 인정이 두터우며 비극적인 죽음을 맞이했다는 공통점을 갖고 있다. 사이고 다카모리는 49세에 자결했고, 오쿠보 도시미치도 49세에 암살되었다. 하지만 기도는 이들과 달리 45세의 나이로 안방에서 병사했다. 그래서인지 기도 다카요시는 그다지 인기가 없지만 어쨌든 사이고, 오쿠보와 함께 '메이지 유신 3걸三傑'로 꼽힌다.

일본 극우의 탄생 메이지 유신 이야기

소심한 성격 탓에 '뺑소니의 명수'라는 치욕적인 별명이 붙은 기도 다카요시. 메이지 유신 3걸 중 한 명이다.

기도 다카요시는 조슈번에서 의사의 장남으로 태어나서, 여덟 살 때 봉록 150석의 가쓰라桂 집안으로 입양되었다. 청소년 시절에는 가쓰라 고고로桂小五郎라 불렸으나 메이지 유신 무렵에 기도 다카요시로 개명했다. 열일곱 살 때 요시다 쇼인에게 사사했으며 스무 살에는 검술 수련을 위해 에도로 가서 명문 도장에 입문했다. 기도가 에도에서 유학하는 중에 페리가 내항하는 사건이 일어났다. 기도는 귀중한 체험을 많이 할 수 있었는데, 특히 전국의 인재들과 더불어 천하를 논하고 다양한 정보를 입수했다. 그는 이러한 인맥과 정보를 바탕으로 전략가로 활동했다. 모든 일에 너무 신중했던 탓에 소심하다는 부정적 평가와 함께 '뺑소니의 명수'라는 별명이 붙었다.

1864년 8월 시모노세키 연안에 영국, 프랑스 등 4국 연합 함대 17척이 정박하면서 기세 좋게 검은 연기를 하늘로 뿜어내고 있었다. 대포 288문, 병력 약 5천 명의 대부대였다. 4국 함대는 8월 5일 포격을 개시하여 조슈번의 포대를 침묵시킨 뒤, 약 2천 명의 병사가 상륙하여 포대를 점령하고 조슈의 기병대와 '시모노세키 전쟁'을 벌였다. 4일간의 전투에서 조슈번은 15명의 전사자를 내고 완패했다. 조슈번이 관문 해협을 통과하는 외국 선박의 안전 보장과 식수 및 연료 제공, 그리고 300만 달러의 배상금을 지불하는 조건으로 시모노세키 전쟁은 마무리되었다.

이 강화 회담에 조슈 측 통역으로 활약한 인물이 영국 유학 중에 급히 귀국한 이토 히로부미였다. 외세 배척의 선봉을 자처하던 조슈번은 이번 패배를 계기로 '존왕양이'에서 '존왕도막'으로, 쇄국에서 개국으로 돌아서게 되었다.

도막을 실현하기 위해서는 견원지간인 사쓰마번과 화해하고 삿초 연합을 성사시켜야 했다. 유능한 정치가가 필요했던 것이다. 이때 반년 동안 생사불명이던 기도 다카요시가 슬그머니 모습을 드러냈다. 1866년 1월 8일, 기도 다카요시는 교토의 사쓰마번 저택에서 비밀리에 사이고 다카모리, 오쿠보 도시미치 등과 회동했다. 이틀 후 중개역의 사카모토 료마가 합류하여 1월 22일 삿초동맹薩長同盟이 결성되었다.

이 비밀 군사 동맹이 성립됨으로써 도막 운동에 가속도가 붙었고, 메이지 유신이 성공하는 결정적 촉매제 역할을 했다. 기도 다카요시는 서른넷의 나이에 전 생애에서 가장 빛나는 정치 무대에 올랐다. 하지만 세간에서는 그를 조연쯤으로 평가하기도 한다. 훗날 기도 다카요시는 조슈를 매화, 사쓰마를 벚꽃에 비유하며 이렇게 자찬했다고 한다. "매화와 벚꽃이 일시에 피었구나. 꽃 피우려는 그 의지와 수고로움이여!"

기도는 모시기 어려운 상사였다고 한다. 그는 우등생 기질을 지닌 이상주의자였을 뿐 아니라 불평과 불만을 시도 때도 없이 쏟아내어 부하들을 힘들게 했다. '유신 3걸'의 한 사람으로 조슈를 대표해 신정부의 지도부에 합류했지만 포용력이 부족하다는 평가를 받았다. 유신 이후에 조슈번의 이토 히로부미, 이노우에 가오루 등 젊은 리더들은 향리의 대선배인 기도 다카요시를 경원시하고, 사쓰마번의 오쿠보 도시미치大久保利通 수하로 들어가고 말았다. '영리한 사람에게는 친구가 없다'는 일본 속담이 생각나는 대목이다. 기도는 오쿠보 수하로 간 이토 히로부미에게 은혜를 원수로 갚는 녀석이라고 비난했다.

기도는 메이지 원년인 1868년 4월부터 1877년 5월 타계 직전까지 하루도 거르지 않고 일기를 썼다. 《기도 다카요시 일기》는 도쿄대학 출판부에서 영역본으로도 간행되는 등 메이지 시대 초기 연구에 중요한 사료로 인정되고 있다.

그런데 정한론의 수령이라 불리는 사이고 다카모리보다 3년이나 앞서 무네노라寺島宗則 외무 차관에게 '정한론'에 관한 의견서를 제출한 인물이 기도 다카요시였다. 그는 '오늘날 전 세계는 공의로써 교류하는데, 극동의 한 구석에 있는 조선은 고루하고 완고하여 도리를 무시하고 일본의 수교 요청을 거부하고 있다'라고 비난했다. 이어 일본은 단호하게 대처할 각오를 하고 군대, 함선, 군수품, 군자금을 충분히 마련하라고 촉구했다. 기도의 의견서에는 불평 사족士族들을 조선 침략에 동원함으로써 새로 태어난 메이지 정부를 안정시키고 국내 질서를 확보하려는 정치적 계산이 깔려 있었다. 기도 다카요시의 정한론은 스승 요시다 쇼인의 뜻을 계승한 것이지만, 쓰시마의 오시마 도모노조大島友之允의 견해를 귀동냥한 것이기도 하다. 오시마는 부산을 방문한 경험도 있는 조선통인데 정한론을 주창하여 1870년 외무성에 발탁된 인물이다.

1871년 7월, 전국의 번을 폐하고 중앙 통제를 받는 현県을 설치함으로써 중앙집권화와 정치 체제가 어느 정도 구축되었다. 그해 11월 메이지 정부는 이와쿠라 도모미를 전권대사로 한 사절단을 미국, 유럽 각국에 파견했다. 이 사절단에 기도는 부사로 참여했다. 그는 약 2년간에 걸쳐 선진 문명을 직접 체험하고 국제 정세에 대한 이해가 깊어지자, 정한론을 실행에

옮길 경우 복잡한 외교 문제가 될 것임을 깨닫게 되었다. 그는 귀국 후 정한론을 반대하는 입장으로 전향했다.

이와쿠라 사절단이 귀국했을 때는 이미 유수정부留守政府(사절단이 해외에 나가 있는 동안 내정을 책임진 정부)가 사이고 다카모리의 조선 파견을 내정해 놓고 있었다. 그러나 오쿠보, 기도 등 외유파는 정권 투쟁 차원에서 내정 개혁과 국력 충실의 내치를 우선해야 한다고 어깃장을 놓았다. 사실 오쿠보와 기도가 정한론을 반대한 것은 아니었다. 시기 문제라는 것이 정확한 표현이다. 1873년 10월 14일과 15일 개최된 각의에서, 사이고를 조선에 파견하는 것을 중지하기로 결정하고 천황의 재가를 받았다. 이에 사이고 다카모리는 관직을 내놓고 귀향했다.

정한론을 둘러싸고 정부가 분열되어 격론을 펼친 '메이지 6년 정변'의 현장에 기도는 위장병이 중하다는 핑계로 나타나지 않았다. 역시 뺑소니의 명수답다. 불과 3년 전에 '정한론'을 메이지 정부 내에서 최초로 발의한 사람의 행동이라고는 믿기 어려운 처신이다. 그는 당당하게 정한론의 문제점을 설명하여 사이고를 설득했어야 했다. 사이고 옹호파는 기도를 변절자라고 손가락질했고, 조슈의 지사들은 '기도는 믿을 수 없다'고 실망했다. 그는 어설픈 이론가이자 나약한 지식인이라는 빈정거림 속에서, 1877년 5월 26일 45세의 나이로 다다미 위에서 병사했다.

마지막 쇼군의 줄행랑

　도쿠가와 막부의 제15대 쇼군이자 최후의 쇼군인 도쿠가와 요시노부德川慶喜(1837~1913)는 도쿠가와 이에야스의 열한 번째 아들이 세운 미토水戶번의 번주인 도쿠가와 나리아키德川齊昭의 일곱째 아들로 태어났다.

　나리아키는 1829년 미토 번주에 취임한 이래, 막부의 대외 정책에 대해 비판적 태도를 취해 왔다. 그는 강력한 국방 정책 수립에 필요한 재정을 조달하기 위해, 쇼군의 정실과 측실들이 거처하는 오오쿠大奧의 씀씀이를 대폭 줄여야 한다고 주장했다. 이로 인해 오오쿠는 나리아키 반대파의 거점이 되었다. 나리아키는 아들을 37명이나 두었는데, 적자를 제외하고는 모두 다른 집안에 양자로 보낼 셈이었다. 그는 아들들이 양자로 가더라도 가문을 수치스럽게 하는 일이 없도록 하겠다는 생각에서 학문과 무술을 엄격히 교육시켰다.

나리아키의 아들 요시노부는 어려서부터 영특하다는 소문이 자자했다. 열한 살에 히토시바시 가문의 양자가 되고 열여섯 살에 이에모치 쇼군의 후견직에 올랐다. 요시노부는 13대, 14대 쇼군의 후보로 거론되었으나 오오쿠의 방해로 성사되지 못했다. 1866년 7월, 14대 쇼군 이에모치가 스물한 살에 후사도 남기지 않고 급사하자 요시노부는 15대 쇼군이 되었다. 주변에서는 '도쿠가와 이에야스가 다시 살아난 것 같다'라며 요시노부 쇼군에 대한 기대감을 드러냈다. 그러나 도쿠가와 막부는 이미 내리막길로 치닫고 있었기에, 그가 아무리 뛰어난 재주를 가졌다 해도 뾰족한 수가 없었다.

1865년 1월 사쓰마와 조슈 간에 삿초동맹薩長同盟이 결성되자, 기세가 오른 도막파 세력들은 호시탐탐 도막의 기회를 노리고 있었다. 고메이 천황 타계 후에는 조정도 도막으로 기울어져 사면초가의 상황이었다. 요시노부는 선수를 치기로 했다. 1867년 10월 14일, 천황으로부터 위양 받았던 정권을 다시 천황에게 돌려준다는 대정봉환大政奉還을 상주上奏하자 조정은 기다렸다는 듯이 다음 날 이를 받아들인다는 칙허를 내렸다. 이로써 가마쿠라 막부 이래 약 700년간 이어져 온 무가정권武家政権이 마침내 막을 내리게 된다.

1867년 말, 에도 시가지는 어수선하고 불안했다. 사이고 다카모리의 밀명을 받은 낭사들이 구舊 막부를 도발할 목적으로 약탈과 폭행을 자행했다. 이와 같은 소식이 오사카에 전해지자 구 막부군들은 '사쓰마·조슈를 토벌해야 한다'고 들고 일어났다. 이와 같은 분노의 소리가 높아지자 요시노부도 어쩔 수 없이 출병을 결심하게 되었다.

1868년 1월 요시노부는 선발대를 앞세워 오사카를 출발했고 교토 교외의 도바·후시미鳥羽·伏見에 포진했다. 도쿠가와군은 1만 5천 명, 이에 대치하는 도막군은 사쓰마, 조슈, 도사군을 합쳐 5천 명 정도였다. 요시노부 쇼군과 도쿠가와 측은 이기는 싸움이라 생각했다. 그런데 1월 3일부터 6일까지 전투를 벌인 결과, 중과부적일 것이라는 예상을 깨고 도막군이 승리했다. 최신의 장비와 서양식 훈련을 받은 강력한 삿초군을 당할 수 없었던 것이다. 도바·후시미 전투에서 시작된 무진 전쟁은 1868년 5월 18일 구 막부군이 하코다테 전투에서 항복할 때까지 계속되었다. 이 전쟁으로 양쪽이 합쳐 8천 명 이상의 전사자를 냈다.

도막파는 심리전에서부터 승리했다고 할 수 있는데, 오쿠보 도시미치와 이와쿠라 도모미가 천황을 상징하는 '니시키의 미하타錦の御旗' 군기를 내걸었기 때문이다. 천황기를 내걸은 그

병사들을 버리고 도망친 파렴치한 변절자로 막을 내린 최후의 쇼군 도쿠가와 요시노부. 프랑스 군복을 즐겨 입었다고 한다.

순간부터 도막군은 정의의 군대 즉 관군官軍이 되었고, 이에 저항하는 도쿠가와군은 조정의 적, 즉 '조적朝敵'으로 전락하고 말았다. 졸지에 천황의 적이 되어 버린 도쿠가와군은 정신적 공황 상태에 빠져 싸울 힘이 없었다. 다른 번들도 조적이 된 도쿠가와군을 도울 생각이 없이 소 닭 보듯이 했다.

　전투 중에 감기 기운으로 오사카성으로 돌아와 쉬고 있던 요시노부 쇼군에게 패전의 비보가 날아들었다. 하지만 병사들 대부분은 도바·후시미 전투의 패배에 개의치 말고 끝까지 싸워야 한다며, 쇼군의 출전을 촉구했다. 이에 호응이라도 하듯

1월 5일 요시노부는 이렇게 선언했다. "만 명이 전사하고 단한 명만 남더라도 오사카성을 진지 삼아 싸울 것이다. 오사카성이 함락되면 에도성이 있고, 에도성이 함락되면 미토성이있다. 결코 중도에 포기하지 않고 최후의 최후까지 싸우겠노라!" 요시노부의 결의에 찬 반격 선언에 병사들은 함성으로 화답했다.

그러나 병사들이 출격 준비에 여념이 없던 1월 6일 밤, 요시노부는 측근 몇 명만 데리고 오사카성을 몰래 빠져나갔다. 오사카만灣에 정박 중인 막부 군함 개양호開陽丸를 타고 에도로줄행랑을 놓은 것이다. 종말의 위기에 처한 막부의 구세주가될 것이라는 기대 속에 화려하게 데뷔했지만 결국은 파렴치한변절자로 돌변하고 말았다.

쇼군에게 버림받은 병사들은 전의를 상실하고 괴멸적인 패전을 맞이했다. 에도로 야반도주한 쇼군은 우에노의 절로 피신하여 바짝 엎드려 지내며 상황을 주시했다. '최후의 쇼군'의머릿속엔 전쟁터에 버리고 온 병사들이 없었다. 오로지 도쿠가와 가문의 존속만이 관심사였다. 1월 17일 그는 고메이 천황의 여동생으로 14대 도쿠가와 이에모치 쇼군과 정략 결혼한가즈노미야를 면담했다. 도쿠가와 가문의 존속을 위해 도와주기를 간청한 것이다. 가즈노미야는 조정의 유력자를 통해 천황에게 요시노부의 구명과 도쿠가와 가문의 존속을 위해 탄원서를 제출했다.

한편 도바·후시미 전투에서 승리한 신정부군은 무력 도막파의 사이고 다카모리와 오쿠보 도시미치 등이 실권을 장악했다. 그들은 요시노부가 개양호로 도주한 다음 날 요시노부 토벌령을 발령했다. 도바·후시미 전투를 지켜본 관서지방의 여러 번들과 호상들이 모두 신정부 지지로 돌아섰다. 구 막부령의 수입을 몰수하여 신정부의 재정에 충당하는 등 정권의 기반도 점차 확립되어 갔다. 한때 막부에 호의를 보이던 각국의 외교관들도 중립을 선언하고 사태의 추이를 지켜보고 있었다.

2월 9일 아리스가와 다루히토 황자를 동정東征 대총독으로 하고, 사이고 다카모리를 참모로 한 관군이 에도로 진군했다. 다루히토 대총독은 가즈노미야와 정혼한 사이였지만 막부와 조정 간의 공무합체를 위해 파혼해야 했던 슬픈 사연의 주인공이다. 관군이 진군하는 중에 간헐적으로 구 막부군이 공격해 왔지만 빗나간 화살에 불과했다. 관군은 에도에서 멀지 않은 시즈오카의 슨뿌에 총독부를 설치했다. 3월 5일, 슨뿌에 진입한 다루히토 동정 대총독은 3월 15일을 에도 총공격일로 결정했다.

이때 요시노부 쇼군으로부터 사후 수습을 위임받은 가쓰 가이슈勝海舟는 전쟁을 피하고 도쿠가와 가문을 지키기 위해 모든 인맥을 동원했다. 마침내 3월 13일과 14일 양일간 에도의 사쓰마번 저택에서 사이고 다카모리와의 회담이 시작되었다. 구 막부군의 무장 해제와 4월 11일 에도성 명도를 조건으로, 도쿠가와 가문의 존속과 요시노부의 미토번 근신이 받아들여져 에도성 공격은 중지되었다. 3월 15일 총공격을 하루 앞둔 시점이었다.

　만약 막부군과 관군 간에 전투가 벌어졌다면 에도성은 물론 시가지 전체가 불바다가 되고 엄청난 인명 피해가 발생했을 것이다. 에도 무혈입성을 실현시킨 사이고 다카모리를 '에도

육군 대장 정복 차림의 아리스가와 다루히토 대총독. 비운의 황녀 가즈노미야와 정혼한 사이였다.

일본 극우의 탄생 메이지 유신 이야기

를 구한 사이고'라고 칭송하는 것은 결코 입에 바른 소리가 아니다. 영국 파크스Harry S. Parkes 공사도 사쓰마 측에 전쟁을 하지 말 것을 종용했다고 한다. 당시 일본과의 무역으로 재미를 보고 있던 영국으로서는 100만 인구의 에도에서 전쟁이 터질 경우 대일 무역에 문제가 생길 것으로 판단한 것이다.

메이지 신정부 출범 시 도쿠가와 요시노부를 자인自刃하도록 하자는 의견도 있었으나 사이고 다카모리의 도움으로 간신히 목숨을 부지할 수 있었다. 그 후 도쿠가와 요시노부는 77세로 타계할 때까지 50년 가까운 긴 세월 동안 근신하면서 정치와는 거리를 두고 도락으로 여생을 보냈다. 그중 30년 동안은 시즈오카静岡에서 '조용한 언덕'이란 지명 그대로 조용하게 지냈다.

1898년 초에 도쿄로 이사하고 난 후에는 황실과 왕래하면서 공작 작위도 수여받고 제한적이긴 하나 공적 생활도 했다. 부전자전이라더니 요시노부 역시 미인을 좋아했고 슬하에 22명의 자녀를 두었다. 매일 아침 정원에서 활을 쏘고 사냥 등으로 신체를 단련했던 덕분일까. 그는 이렇다 할 병치레 없이 인생을 즐기다가 1913년 타계했다.

IV.
메이지 유신과 근대화

백마를 탄 군인 군주, 메이지 천황

　일본인들이 역대 천황 중 대제大帝라 부르는 인물은 메이지明治 천황(1852~1912)이 유일하다. 1867년 즉위해 1912년 사망할 때까지, 즉 45년 재위 기간 중에 일본은 극동의 작은 섬나라에서 일약 세계 문명국의 반열에 오르는 기적을 이루었다는 자평이다. 청일전쟁과 러일전쟁에서 승리함으로써 중국과 백인에 대한 열등감을 극복했고, 한자와 불교를 전해준 조선을 식민지로 삼았으니 그럴 만도 하다. 고종 황제와 메이지 천황은 1852년생 동갑나기다. 그러나 한 사람은 '떠오르는 태양의 나라' 군주가 되었고, 다른 사람은 망국의 군주가 되었다.

　메이지 천황은 후궁의 몸에서 둘째 황자로 태어났다. 근세에 들어 천황이 정실 소생인 경우는 드물었다. 역대 천황들은 여러 후궁을 통해 많은 자녀를 두었지만 그들이 성인으로 건강하게 자란 예는 드물었다. 대부분 유아기에 병치레를 하다가 사망하는 경우가 많았다. 메이지 천황의 조부도 15명의 자식을 얻었지만 그중 12명은 세 살도 되기 전에 세상을 떠났다. 부친도 위로 3명의 형이 있었지만 그들이 어려서 죽었기 때문에 황위에 오를 수 있었다. 메이지 천황의 배다른 형이나 누나들도 네 살을 채 넘기지 못했다. 이런 배경을 가진 황실에서 태어난 그는 금이야 옥이야 하는 유난한 보살핌을 받고 자랐다. 어려서는 잔병치레를 많이 해 사람들의 마음을 졸이게 했지만, 일본인으로서는 비교적 큰 신장이라 할 수 있는 167센티미터의 성인으로 성장했다.

아버지 고메이 천황이 태자 책봉도 못하고 서른여섯의 한창 나이로 덜컥 세상을 떠나자 열여섯 살의 아들이 천황에 즉위했다. 1867년 1월, 122대 천황에 즉위한 메이지 천황이다. 메이지 천황의 등장은 사쓰마·조슈의 반反 막부 세력에게 왕정복고를 실현할 기회를 제공했다. 메이지 유신의 지사들 대부분은 하급 무사 출신들로서 유신이라는 대변혁이 없었다면 평범한 일생을 보냈을 무리들이었다. 그들은 쇼군을 타도하기 위해, 쇼군 이상의 권위를 지닌 메이지 천황을 이용해야 했다. 천황 친정의 슬로건은 결국 막부의 권력 탈취를 위한 명분이었다.

1867년 10월, 상황이 불리하게 전개되고 있음을 감지한 제 15대 쇼군 도쿠가와 요시노부는 스스로 천황에게 정권을 반환했다. 도막파들은 1868년 1월 쿠데타를 감행해 막부를 폐절廢絶했다. 그들은 섭정, 관백의 폐지와 3직(총재, 의정, 참여)의 설치를 주요 내용으로 하는 '왕정복고 대호령大号令'을 발하여 천황의 친정親政을 실시한다고 선포했다. 메이지 유신 정부의 출발이다.

그런데 '메이지 유신'이란 말이 언제 생겼는지가 궁금해진다. 메이지 유신이란 말은 신정부 수립 이후 10년이 경과한 메이지 10년, 즉 1877년 무렵까지도 존재하지 않았다. 막부의 지사들은 그동안 자신들의 지향점을 '쇄신한다'라는 의미에서 '일신一新'이라 불렀는데, 중국의 고전인 《시경詩経》에서 그 비슷한 의미의 단어를 찾아낸 것이 바로 '유신維新'이다. 그런데 일본에서의 유신은 새로운 체제로의 전환이 아니라, 종전의 통치체제 즉 천황의 친정 체제로 돌아간다는 복고적 개념이다. 유신 정부가 선택한 메이지 유신의 영어 표기는 'The Meiji Revolution'이 아니라 'The Meiji Restoration'이었다.

1868년 3월 메이지 천황은 교토의 황거에 군신들을 모아 놓고, 구래의 누습陋習을 타파하고 천지의 공도公道에 따르며 전 세계에서 지식을 구하여 일본을 진흥시킨다는 5개조의 서약문,

즉 '시정방침'을 선언했다. 같은 달에 막부의 에도성을 무혈 접수하여 에도를 도쿄東京로 개칭했다. 9월에는 3천여 명의 시종을 거느리고 천황가의 본거지라 할 수 있는 교토를 떠나 도쿄로 옮겨 왔으며, 게이오慶應라는 원호를 메이지明治로 바꿨다.

이때부터 한 천황의 재위 중에는 하나의 원호만을 사용한다는 일세일원제一世一元制가 확립되었다. 이전에는 천재지변 등이 발생하면 분위기를 바꾼다는 의미에서 원호를 변경하곤 했다. 일세일원제의 확립으로 일본이라는 공간에 살고 있는 사람이라면 누구나 천황의 생사와 연결된 생활 리듬 속에서 살아가게 된 것이다.

유신의 지도자들은 천황에 대한 존숭尊崇을 이론적으로 정립해 가는 한편, 천황의 외양과 정신도 그들이 지향하는 방향에 맞도록 유도했다. 유신 이전의 천황들은 지분 냄새 가득한 후궁들의 치마폭에서 지낼 수 있었으나, 유신과 더불어 천황은 백마를 타고 무술을 익히며 남성미 넘치는 '군인 군주'가 되어야 했다. 백마는 천황을 신비하고 신성한 존재로 만들려는 상징 조작의 소도구였다.

이뿐만이 아니다. 천황은 근대화의 선봉장으로 앞장서서 머리를 자르고 양복을 입었다. 천황의 복장 변화는 군비 근대화를 보여주는 군복 착용으로 이어졌다. 일본식 바지저고리를 입고서는 전쟁에서 이길 수 없다는 논리였다. 황실의 근대화

일본 극우의 탄생 메이지 유신 이야기

는 이렇게 군국주의와 관련되어 추진되었다.

메이지 천황의 생일인 11월 3일은 명치절明治節이라 불리는 국가적 경축일이 되었다. 명치절은 패전 후 폐지되었다가 언제부터인가 자유와 평화를 사랑하고 문화를 권장한다는 '문화의 날'로 둔갑했다. 매년 이날에는 문화에 공로가 있는 각계 인사들을 황거에 초청해 문화 훈장을 수여한다.

1994년 노벨 문학상을 받은 오에 겐자부로大江健三郎에게도 천황이 문화 훈장을 수여하고자 했으나, 그는 '민주주의보다 더 나은 권위와 가치관은 인정하지 않는다'라는 이유를 들어 훈장을 사양했다. 그의 거부 행위를 매국노적 소행이라고 비판하는 목소리도 높았다. 옛날 같았으면 불경죄로 몰려 목숨을 부지하기 어려웠을 것이다.

1912년 7월, 메이지 천황은 61세를 일기로 타계했다. 천황의 장례식이 거행되던 날, 조슈번 출신으로 육군 대장을 역임했던 노기 마레스케乃木希典 부부는 천황을 추모하는 유서를 남기고 천황의 사진 아래에서 자결했다. 군인으로서 기략이 부족하다는 세평을 받던 노기 장군은 순사殉死함으로써 일본 전래의 무사 정신을 구현한 일본 군인의 최고봉이자 군신으로 격상되었다.

노기는 러일전쟁에 참가하면서 3개의 관을 준비했다는 일화로도 유명하다. 자신과 두 아들이 죽을 각오로 싸우겠다는 것

수많은 병사를 희생시킨 실패한 군인이지만, 메이지 천황이 타계하자 자결함으로써 군인 정신의 상징이 된 노기 마레스케 육군 대장.

이었는데, 아들들은 가고 그는 살아남았다. 그는 뤼순 203 고지를 함락시킨 전과를 올렸지만, 그 작전에서 자그마치 5만 5천여 명의 일본 군인을 희생시켜 지휘관으로서의 자질을 의심받았다. 또한 1877년 사이고 다카모리를 중심으로 가고시마 사족들이 일으킨 서남전쟁에서 연대기를 적에게 탈취 당하는 수모도 겪었다. 그럼에도 불구하고 그는 메이지 천황에게 강직한 군인으로 인정받으며 승승장구했다. 그의 자결 소식에 가까운 친구들은 긴가민가했고 신문도 처음에는 비판적인 논조였으나, 하루 이틀 지나자 그는 이상적인 일본 군인상으로 미화되었다.

메이지 천황 사후, 정부는 천황을 추모하는 거국적인 운동을 전개하여 전국에서 백만여 명의 청년 봉사단원들이 근대 천황제의 기념비적 존재인 메이지 신궁 건설에 참여토록 했다. 신궁 건설을 위한 모금액은 총공사비를 상회하는 600만 엔이나 되었으며, 10만 주에 달하는 관상수가 헌상되었다. 메이지 신궁은 도쿄에 위치한 최대 규모의 종교 시설물로 연간 수백만 참배객들의 발길이 끊이지 않고 있다. 또한 메이지 천황을 주인공으로 한 '메이지 천황과 러일전쟁'이란 영화가 만들어졌을 정도로 일본인들로부터 민족중흥을 이룬 영명한 군주로 존경받고 있다.

유신의 원훈, 이와쿠라 도모미

메이지 유신이란 정치적 변혁을 한 문장으로 정리하자면, 1860년대 말 사쓰마, 조슈를 중심으로 한 하급 무사 출신의 도막파倒幕派가 뜻을 같이 하는 다른 번들과 연대하여 에도 막부를 붕괴시킨 것이다. 도막파를 결속시킨 축이면서, 그들의 행동을 떠받치는 확신의 핵은 다름 아닌 '천황의 권위'였다.

도막파의 운동과 천황의 권위를 연결시키는 역할을 수행했던 인물이 바로 유신의 책모가 이와쿠라 도모미岩倉具視(1825~1883)다. 그는 오쿠보 도시미치大久保利通와 더불어 권모술수에 능한 정치인이었는데, 비극적 운명의 패자를 동정하는 정서를 지닌 일본인들에겐 별로 인기가 없었다. 인기가 없다는 것은

일본 극우의 탄생 메이지 유신 이야기

어떤 면에서는 여론에 영합하지 않고 국가의 백년대계를 설계하여 추진했다는 반증이기도 하다.

1820년대에 들어 일본 근해에 서양 선박들이 빈번하게 출몰하자 불안을 느낀 막부는 1825년 일본 연안 지방에 접근하는 외국 선박에 대한 추방령을 발표했다. 바로 그해에 이와쿠라가 교토의 구게公家(조정에서 봉직하는 귀족과 관리의 총칭)인 호리카와堀川 집안의 차남으로 태어났다. 호리카와 가家는 봉록 180석을 받는 조정의 하급 관료였다.

에도 시대에는 장남이 가업을 승계했기 때문에 차남은 대개 다른 집에 양자로 가는 경우가 많았다. 이와쿠라 역시 열네 살 때 이와쿠라岩倉 집안으로 입양되었다. 이와쿠라 가家 역시 봉록 150석의 구게로 밥이나 그럭저럭 먹고 사는 형편이었다. 게다가 이와쿠라 집안은 구게 중에서도 비주류에 속하는 혈통이라 국외자 취급을 받았다. 이런 환경에서 성장한 이와쿠라는 어떻게 해서든 조정의 주류에 끼려고 부단히 노력했다. 아무리 재주가 있고 큰 뜻을 품었다 하더라도 일개 하급 구게에 불과한 자신이 중용될 가능성은 희박하다는 사실을 뼈저리게 느꼈지만, 그렇다고 체념하고 일생을 보낼 수도 없었다.

그는 구게의 명문이자 5대 섭정가摂政家의 하나인 다카쓰카사 가문에 접근을 시도했다. 일본 전통 시가를 익히고 싶다는 구실을 만들어 뻔질나게 드나들더니, 다카쓰카사 마사미치鷹司

政通 섭정의 천거로 고메이 천황의 시종이 되는 데 성공했다. 1854년 그의 나이 서른네 살 때였다. 비록 늦은 출세였지만 그는 "됐다!" 하면서 두 주먹을 불끈 쥐고 각오를 새롭게 다졌다. 후세에 그는 '도마뱀과 같은 사내'로 불리게 되었다.

1854년은 미국의 동인도 함대 사령관 페리의 위세로 미일 화친조약이 체결된 해이다. 1858년 미국이 화친조약에 이어 통상조약의 체결을 요구하자, 궁지에 몰린 막부는 홋타 마사요시堀田正睦 로주老中(막부의 정무 총괄직)를 교토의 조정에 보내 천황의 승인을 받으려고 했다.

이와쿠라는 막부의 곤경을 기화로 조정의 권위 회복을 꾀하고자 했다. 그는 조정의 구게들을 일일이 찾아가 설득한 결과, 88명이 통상조약 승인 반대에 나섰다. 이와쿠라의 집단 반대 책동은 당시로서는 매우 이례적인 행동이었다. 이를 계기로 조정의 방침은 조약 불승인으로 전환되었다. 결국 홋타는 칙허를 받지 못하고 빈손으로 에도로 돌아가야 했다. 그 후 홋타는 파면되어 칩거 생활을 하는 신세가 되었다.

이와쿠라는 이 사건을 계기로 고메이 천황의 신임을 받게 되었다. 그는 천황의 배다른 여동생 가즈노미야와 쇼군 도쿠가와 이에모치德川家茂의 정략결혼을 성사시키는 데도 진력했다. 이와쿠라는 결혼을 성사시킴으로써 막부에 대한 조정의 발언권을 강화하고자 했다. 하지만 존왕양이론의 기세가 등등해지는 가운데, 이와쿠라가 막부와 짜고 가즈노미야의 결혼을 성사시켰다는 비난을 받게 된다. 1862년 8월, 그는 결국 면직을 당하고 교토에서도 추방되었다. 이와쿠라는 삭발한 채 교토 북쪽의 한 촌가에서 근신 생활을 했는데, 우연히도 그가 칩거한 마을이 '이와쿠라岩倉'라고 하는 촌락이었다.

5년 후인 1867년 12월, 추방령이 해제되어 업무에 복귀할 때까지 그는 인고의 나날을 보내야 했다. 근신 기간 동안에도 그는 다수의 정치 의견서를 작성하여 조정과 사쓰마번에 보내는 등 권력 중추를 향한 노력을 게을리 하지 않았다. 조정이라는 틀을 벗어난 이와쿠라는 오히려 자유로운 입장에서 많은 사람들과 접촉할 수 있었고 새로운 관점에서 세상을 보는 안목이 생겼으며 유익한 정보도 많이 입수할 수 있었다. 1866년 12월 고메이 천황이 서거하자 처분이 완화되고 행동의 자유도 다소 회복되었으므로 적극적으로 도막파와도 접촉했다.

이와쿠라가 교토에서 추방되어 있던 1862년부터 1867년 12월 9일까지, 즉 그의 나이 38세에서 43세까지 5년간 시대는 급변했다. 1866년 1월 삿초동맹이 맺어지자 막부 타도의 기운은 더욱 비등했다. 칩거 기간 중에 많은 이들이 그를 방문했다. 사쓰마의 사이고 다카모리, 오쿠보 도시미치, 조슈의 기도 다카요시, 도사의 사카모토 료마 등 내로라하는 인물들이다. 이러한 접촉을 통해, 과거 조정과 막부 간의 협력을 위해 공무합체를 추진했던 이와쿠라는 점차 사쓰마·조슈를 중심으로 하는 도막으로 기울어지게 된다.

칩거 5년 동안 이와쿠라의 신변이 항상 평온했던 것만은 아니었다. 그와 함께 가즈노미야의 결혼을 추진했던 구게의 가신이 암살되기도 했다. 암살된 가신의 팔뚝과 함께 협박문이 집 마당으로 날아든 일도 있었고, 몇 차례 괴한에게 직접 당하기도 했다. 오쿠보 도시미치가 몸조심하라며 그에게 피스톨을 한 자루 보내주었다. 오쿠보는 막부 타도를 위해서는 삿초동

왕정복고의 대호령을 발포하고 신 정부 수립을 선언한 이와쿠라 도모 미. 1870년대 말엔 사실상의 정부 수반이었다.

일본 극우의 탄생 메이지 유신 이야기

맹이라는 무력과 조정의 권위가 결합되어야 하며, 이를 위해서는 조정의 실력자 이와쿠라의 협력이 필요 불가결하다고 생각했다.

그 후 오쿠보는 이와쿠라와 짜고서 사쓰마 · 조슈의 양 번에 '도막의 밀칙'을 내리도록 일을 꾸몄고, 1867년 10월에 칙서가 하달되었다. 하지만 이 칙서에 적힌 글씨는 천황의 친필이 아니었고 담당 구게의 서명도 없었기에 위조설이 유력했다. 도막의 칙허가 하달된 10월 14일보다 한발 앞서, 도쿠가와 요시노부 쇼군은 조정에서 위임 받았던 정권을 천황에게 반환한다는 대정봉환大政奉還을 상주上奏했다. 요시노부 쇼군의 기발한 선제공격으로 사쓰마 · 조슈는 무력으로 막부를 타도하려는 대의명분을 잃게 되었다. 요시노부의 계략은 대정봉환 후에도 도쿠가와 가문이 실질적으로 정권을 담당하기 위함이었다. 사실 조정은 정권을 맡을 체제를 갖추지 못해서 요시노부의 쇼군직 사직 청원도 보류하고 있는 상황이었다.

이와 같은 사태 전개를 맞아, 조정은 전국의 다이묘들에게 상경 지시를 내렸다. 1867년 12월 8일 주요 다이묘의 회의에서 이와쿠라 도모미의 복권 등이 결정되었다. 이튿날 사이고 다카모리의 지휘 하에 사쓰마, 도사, 에치젠 등의 병사들이 궁궐 문의 출입을 엄중히 통제한 가운데 이와쿠라가 '왕정복고의 대호령'을 발포發布하고 신정부의 수립을 선언했다. 메이지 유신이란 '막부가 무너지고, 번 제도를 폐지하여 중앙통일 정권이 수립된 것'을 말한다. 1867년 12월 9일 '왕정복고의 대호령'으로 메이지 유신이 완성되었다. 이로써 260여 년간 지속된에도 막부는 공식적으로 역사 속으로 사라졌다.

왕정복고의 대호령이 발포된 그날 저녁, 신정부의 방침을 논의하는 회의에서는 2가지 의견이 첨예하게 대립했다. 이와쿠라와 오쿠보 등은 도쿠가와 요시노부가 쇼군직과 영지를 모두조정에 반환해야 한다고 주장했다. 반면 술을 한 잔 걸치고 회의에 참석한 도사 번주 야마노우치 요도山內容堂는 쇼군직 폐지에는 동의하나 영지를 전부 몰수하는 데는 찬성할 수 없으며, 더욱이 당사자인 쇼군이 불참한 자리에서 이러한 중대 사안을결정하는 것은 부당한 처사라고 반대했다. 좀처럼 결론이 나지 않자, 한 참석자가 야마노우치에게 귓속말로 "이와쿠라가당신에게 칼로 서로 찔러 죽자고 한다"고 전했다. 그는 그 후부터 입을 다물었고 이후 회의는 이와쿠라가 의도한 대로 흘러갔다.

메이지 유신이라는 역사적 변혁을 클로즈업해서 보면 '왕정복고의 대호령'이 중요하고, 조정이 정권을 장악하는 과정에서 이와쿠라가 수행한 역할이 실로 크다 하겠다. 그러나 조금넓게 보면 메이지 유신이라는 대변혁의 주류는 서남의 거대번인 사쓰마·조슈의 하급 무사 계층이었다. 이와쿠라의 역할

일본 극우의 탄생 메이지 유신 이야기

은 제한적이었다는 평가다.

오히려 그 후 메이지의 신일본 건설에서 그가 수행한 역할은 지대했다. 현실주의자인 이와쿠라와 오쿠보 콤비가 없었다면 메이지 유신은 성공하기 어려웠을 것이다. 설령 성공했다 하더라도 피를 피로 씻는 항쟁이 장기간 이어졌을 공산이 크다. 이와쿠라는 유신 이후 민권론民權論에도 냉담했고, 입헌 제도에도 소극적이었다. 오로지 천황의 권위 확립과 천황제 유지에만 전력투구했다. 메이지 헌법의 골자도 이와쿠라가 만들었다.

그가 한 최후의 정치적 선택은 1878년 5월 14일 내무경內務卿 오쿠보 도시미치가 암살되자 다음 날 그의 후계자로 이토 히로부미를 지명한 것이다. 당시 내무경은 사실상 수상이었다. 이와쿠라와 이토의 밀착 관계는 1871년 이와쿠라를 전권대사로 한 구미 사절단의 22개월 외유 기간 중에 굳어졌다. 2년 이상 같이 먹고 마시며 천하 대사를 논했으니 더 말할 것이 없으리라. 이토가 운이 좋았다고 할 수밖에 없다. 이와쿠라는 이토 히로부미의 균형 감각과 능력을 높이 평가하여 제국 헌법의 제정도 그에게 맡겼다.

1883년 7월 19일, 이와쿠라 도모미는 59세로 타계했다. 그의 장례식은 제1호 국장으로 성대하게 거행되었다. 메이지 천황은 이와쿠라의 죽음을 애도하여 사흘 동안 조의朝議를 열지 않았으며, 그의 생전 공적을 기려 신하로서 최고위인 태정대신에 추서했다. 또한 천황은 다음과 같이 말하며 인간애 넘치는 애도를 표했다.

"짐은 어릴 때 즉위하여 이와쿠라가 이끄는 것에 많이 의지하였다. 그는 자상함에 있어서는 내 아버지와 같았다. 하늘은 이와쿠라를 이 세상에 오래 두지 않았으니 이 슬픔을 어찌 견뎌낼 수 있을까?"

632일간의 세계 일주 문명 시찰

    1856년 시모다下田에 부임한 주일 해리스Harris 미국 총영사는 에도에서 십여 차례에 걸쳐 막부와 교섭을 한 끝에, 1858년 미일 수호통상조약을 체결했다. 같은 해에 일본은 네덜란드, 영국, 프랑스와도 잇달아 유사한 조약을 체결했다. 이들 조약에는 일방적인 최혜국 대우와 영사 재판권, 협정 관세제도 등의 불평등한 조항이 포함되어 있었다. 특히 영사 재판권과 관세 제도는 일본에 대단히 불리한 내용이었다.

    메이지 정부는 1868년 1월 각국에 왕정복고를 통고하고, 2월에는 막부가 체결한 조약의 승계를 공표했다. 1868년 12월 미국, 영국, 독일 등이 신정부를 승인함으로써 대외관계는 일단 안정되었다. 하지만 불평등 조약의 상징인 치외법권 철폐와 관세 자주권의 회복을 위한 조약 개정이 최대의 외교 현안으로 부상했다.

메이지 정부가 조약 개정을 위한 대책 마련에 부심하고 있던 무렵, 일본에서 선교사와 영어 교사로 활동하고 있던 미국인 페르벡Guido Verbeck(1830~1898)이 사절을 파견하자는 아이디어를 제시했다. 그는 조약 개정 준비 단계로서 서양의 정치, 법률, 사법 제도 등의 시찰과 조사를 위한 사절단을 파견하는 것이 바람직하다고 주장하면서 구체적인 기획안을 정부 고위 인사에게 제출했다. 페르벡이 사절단의 파견을 발안한 목적은 신교의 자유 확보에 있었다. 그의 회상록에 따르면 1871년 10월 26일, 이와쿠라는 페르벡을 불러 "당신이 기획한 해외 사절 파견은 우리가 최우선적으로 해야 할 일이며 조만간 실행에 옮기게 될 것이다"라고 알려주었다고 한다.

이와 같은 과정을 거쳐 메이지 정부는 불평등 조약을 개정하기 위한 예비 교섭과 서양의 제도 및 문물 시찰을 위해 태정관 우대신 이와쿠라 도모미를 특명 전권대사로, 오쿠보 도시미치, 기도 다카요시, 이토 히로부미 등 메이지 유신의 주요 인사를 부사로 한 구미 시찰단을 파견하기에 이르렀다. 정부의 장·차관 등 고위 인사를 포함한 중견 관리 50여 명에 유학생이 포함된 100여 명 규모의 대규모 사절단이었다. 조선에서

척화비가 건립되고 반년쯤 후인 1871년 12월의 일이다.

사절단에는 여덟 살의 쓰다 우메코津田梅子와 열한 살의 마키노 노부아키牧野伸顕도 포함되어 있었다. 쓰다 우메코는 일본 최초의 여자 유학생으로 미국에서 초등학교, 여학교를 졸업하고 10년 만에 귀국하여 화족 여학교에서 근무했다. 그 후 1900년에는 쓰다주쿠 대학을 설립하여 여성의 고등교육에 힘을 쏟았다. 오쿠보 도시미치의 차남인 마키노 노부아키는 미국에서 유학을 마치고 외무성에 들어가 후일 문교상, 외상 등을 역임했다. 패전 후 통산 7년 2개월간 수상을 역임한 요시다 시게루吉田茂가 그의 사위다.

사절단은 맨 처음 방문한 미국에서 해밀턴 피쉬 국무장관과 대망의 조약 개정 예비 교섭에 임하게 된다. 그러나 미국 측에서 국제법에 따른 전권 위임장 제시를 요구함으로써 이와쿠라 대사를 난처하게 만들었다. 일본 측은 자신들이 천황의 신임을 받고 있기 때문에 여기까지 온 것인데 전권 위임장이 무슨 필요가 있느냐는 반론을 제기했으나 미국 측은 국제 관례를 길게 늘어놓았다. 하는 수 없이 오쿠보와 이토가 일시 귀국하여 정부로부터 위임장을 받아, 4개월 만에 다시 미국으로 건너가 교섭을 재개했다. 그러나 일본은 조약 개정 교섭이 현실적으로 불가능함을 깨닫고, 조약 개정 건은 접어두고 시찰에만 전념하게 된다.

그러던 중 사절단이 미국인들을 놀라게 한 일이 벌어졌다. 1872년 1월 23일 저녁, 샌프란시스코 그랜드 호텔에서 시장 주최 환영 리셉션이 개최되었다. 그 자리엔 지사, 시장을 비롯해 각계의 주요 인사 300여 명이 참석했다. 시장의 환영사와 이와쿠라 대사의 답사에 이어 이토 히로부미가 마이크 앞에 섰다. 그는 일본인 특유의 발음으로 영어 연설을 시작했다.

"오늘날 일본 정부와 일본 국민이 열망하고 있는 바는 서양 문명의 최고점에 도달하는 것입니다. 이를 위해 군사, 교육 제도를 서양식으로 개편했으며, 지금 문명의 지식이 도도히 일본으로 유입되고 있습니다. 촌음을 아껴 귀국의 문명과 지식을 흡수하여 근대화를 조속히 달성하고 싶습니다."

그의 열변에 장내에는 우레와 같은 박수갈채가 쏟아졌다. 이토의 연설은 일본인이 공식적인 행사에서 행한 첫 번째 영어 연설로 기록되어 있다. 다음 날 〈샌프란시스코 크로니클The San Francisco Chronicle〉지는 '이토의 연설은 신생 일본의 문명개화에 대한 강렬한 의욕을 유감없이 표현하여 청중들에게 깊은 인상을 주었다'라고 보도했다.

일국의 정권 최고 수뇌부가 대거 참가한 사절단은 '문명개화'와 '부국강병'에 대한 뜨거운 열정으로 무려 22개월에 걸쳐 미국, 영국, 프랑스, 독일 등 12개국을 순방하면서 서양의 근대적 산업 시설과 금융 제도, 정치 제도, 군대, 교육 등을 시찰했다. 기간도 길었지만, 소요된 예산도 자그마치 100만 원圓이었다. 현재의 화폐 가치로 환산하면 최소한 10억 엔 이상이 되는 거액이다. 돈과 시간을 아낌없이 쏟아 부은 서구 문명 순례였다.

총 632일간의 대장정을 국가별로 보면 미국 205일, 영국 122일, 프랑스 70일, 독일 33일이었다. 그들의 체류 일정이 보여주는 대로 메이지 정부가 관심을 갖는 서양 국가는 미국, 영국, 프랑스, 독일의 순서였다. 그런데 막상 이들의 마음을 사로잡은 방문지는 미국도 영국도 아닌 독일이었다고 한다. 미국과 영국을 방문했을 때는 일본과의 격차가 너무 커서 주눅이 든 기분이었는데 독일에서는 친밀감을 느꼈던 것이다. 독일은 메이지 정부 출범과 거의 같은 시기인 1871년 통일되었고 국토 면적도 일본과 비슷하다. 독일의 인구가 일본보다 천만이나 적은 2천 4백만 명에 불과한 것에도 묘한 안도감과 함께 '우리도 할 수 있다'라는 자신감을 느꼈다. 약간은 촌스러운 분위기에 여자들이 설치지 않는다는 점도 마음에 들었다고 한다.

1873년 3월 15일 저녁, 철혈 재상 비스마르크Bismarck는 일본 사절단을 위한 연회 석상에서 독일의 통일 과정을 소상히 설명했다. 국제 관계에서 국제법상의 정의는 결국 힘의 논리에 밀리고 만다고 역설하며 군비 확장을 통한 국력 배양을 강조했다. 약육강식의 국제 정치에 관한 설교를 들은 메이지의 지도자들은 무릎을 쳤다.

귀국 후 사절단의 수뇌들은 '힘이 법보다 우선한다'는 비스마르크의 가르침을 아시아에 그대로 적용하여 '독일의 길'을 걷는다. 1876년 강화도 사건이 일어나자 청국 주재 공사 모리 아리노리森有礼는 이홍장과 회담하는 자리에서, 그가 제기한 동아시아 연합에 의한 구미 대항론을 간단히 묵살해 버린다. "수호조약을 아무리 많이 맺어도 도움이 안 되며, 누가 보다 강한 힘을 갖고 있느냐가 관건이다"라고 하면서 국제법은 무용지물이라고 일축한 것이다.

사절단은 돌아오는 길에 세일론, 사이공, 상해 등지도 들렀지만 새삼 아시아의 후진성을 통감했을 뿐이었다. 일본은 새로운 문명을 배워야 하는 학습자이고 유럽은 바로 문명 그 자체라는 각성의 저변에는 '아시아는 야만'이라는 인식이 자리 잡게 되었다. 문명개화의 신도가 되어 가고 있던 이들은 문명과 표리 관계에 있는 아시아의 후진성을 벗어나 서구로 편입하려는 '탈아입구脫亞入歐'를 작심했다.

근대화를 추진하기 위해 조선과 중국도 해외 사절단을 파견했다. 사실 이와쿠라 사절단보다 앞서 조약 개정과 우호 증진을 위한 사절단을 파견한 것은 청나라였다. 1868년 6월부터 1870년 10월까지, 총 30명으로 구성된 중국 사절단이 구미 11개국을 순방했다. 하지만 사절단의 규모, 인적 구성 등에 있어 일본의 사절단과 비할 바가 못 된다.

기이하게도 사절단의 단장 격인 흠차대신에 전 중국 주재 미국 공사인 벌링게임Anson Buringame(1820~1970)을 발탁했다. 단장을 보좌하는 두 명의 대외 교섭 대신에 지강志剛과 손가곡孫家谷을 임명했지만 이들은 무명의 관료에 불과했다. 통역은 프랑스 국적의 중국인과 영국인을 채용했다. 게다가 벌링게임이 1870년 2월 23일 방문지인 러시아의 페테르브루크에서 폐렴으로 객사

하는 바람에 사절단 파견은 그야말로 파국으로 끝나고 말았다.

귀국 후 작성한 지강의 견문록 〈출사태서기出使泰西記〉는 123 페이지, 손가곡의 〈사서술략使西述略〉은 1,000자가 채 되지 않는 감상문에 불과했다. 일본의 이와쿠라 사절단을 수행한 구메 구니타케久米邦武가 1877년에 간행한 《특명 전권대사 미구회람기》가 2,200페이지 5권으로 되어 있는 것과는 대조를 이룬다. 일본의 사절단원들은 귀국 후 예외 없이 각 분야에서 일본 근대화의 주역으로 활약했으나 중국의 경우는 사절단원 중 정부의 요직에 발탁된 인물을 찾아볼 수 없다. 결론적으로 중국 사절단은 일과성의 호화판 여행으로 끝나고 말았다.

일본 극우의 탄생 메이지 유신 이야기

사이고 다카모리의 영광과 좌절

　2018년 8월 27일, 자민당 총재 연속 3선을 노리던 아베 신조 수상은 가고시마의 사쿠라지마^{桜島}를 배경으로 출마 선언을 하면서 "삿초가 힘을 합쳐 새로운 시대를 열고 싶다"라고 기염을 토했다. 메이지 유신 150주년과 NHK 대하드라마 〈사이고 수령^{西郷ドン}〉을 연결한 연출이었다. 이후 천박한 역사 인식의 표출이라는 지적이 뒤따랐다.

　현재의 가고시마현인 사쓰마번은 한국과 악연으로 얽힌 곳이다. 1598년 임진전쟁의 마지막 전투인 노량해전에서 이순신 장군은 사쓰마의 번주 시마즈 요시히로^{島津義弘(1535~1619)}의 함대와 전투 중에 전사했다. 또한 강화도 사건 후 전권대사로서 함대를 이끌고 조선에 와서 군사력을 배경으로 조일 수호조약을 체결한 구로다 기요타카黑田淸隆도 이곳 출신이다.

메이지 유신의 1등 공신이자 일본 최초의 육군 대장인 사이고 다카모리西鄕隆盛(1827~1877)는 사쓰마薩摩 번에서 봉록 47석의 하급 무사 집안에서 태어났다. 사이고는 열여덟 살에 번의 조세 기록을 담당하는 하급 관리로 채용되어 9년간 근무했다. 사쓰마 농민의 실정을 잘 알고 있던 그가 농정 개혁에 관한 건의서를 나리아키라 번주에게 올린 것이 계기가 되어 측근으로 발탁되었고, 한 달에 네 차례, 밀실에서 한 시간 정도 밀담을 나눌 정도로 신임을 얻었다.

1844년 에도로 가게 된 나리아키라는 사이고를 정보원 겸 비서로 데리고 갔다. 사이고는 에도에서 나리아키라의 측근으로 전국의 유명 인사들과 접촉하면서 정치와 교섭을 익혔다. 만약 이런 과정이 없었더라면 사이고의 인생은 일개 시골 사무라이로 끝났을 것이다. 시마즈 나리아키라는 "사이고야말로 사쓰마번 최대의 보물이다. 그러나 그는 성격이 강해 나 이외에 그를 부릴 사람이 없을 것이다"라고 평했다.

사이고 역시 나리아키라 번주를 진심으로 존경하고 따랐으며 그를 위해서라면 기꺼이 목숨조차 내놓을 각오였다. 이에 비해 오쿠보 도시미치는 나리아키라를 직접 대면할 기회가 많지 않았다. 오쿠보는 사이고와 나리아키라의 관계를 보면서 출세하기 위해서는 권력자의 마음을 사로잡아야 한다는 사실을 통감했다.

메뚜기도 한 철이라고 했다. 1858년 여름 시마즈 나리아키라 번주가 급사했다. 사이고의 황금기는 너무 짧게 끝났다. 나리아키라의 유언대로 그의 동생의 아들이 번주가 되었는데, 사실 실권은 그의 동생인 시마즈 히사미쓰島津久光(1817~1887)가 장악했다. 번의 실력자로 등장한 히사미쓰와 사이고는 왠지 호흡이 안 맞았다. 사이고는 내심 히사미쓰를 탐탁치 않게 여겼다. 이에 반해 오쿠보는 물을 만난 물고기였다. 그는 히사미쓰에게 중용되어 측근으로 활약했다.

1858년 11월, 두 명의 남자가 사쓰마의 금강만灣에 투신한 사건이 일어났다. 한 사람은 사이고, 다른 한 사람은 사이고의 지인 겟쇼月照 스님이다. 교토의 승려 겟쇼는 대로大老 이이 나오스케가 존왕양이파에 대한 탄압을 강화하자 그를 피해 사쓰마로 피신을 왔다. 그러나 사쓰마번은 막부의 눈이 무서워 그를 숨겨주지 못했다. 난처해진 사이고는 함께 죽을 작정으로 강에 투신했다. 하지만 사이고는 구출되고 겟쇼는 숨을 거두었다.

사쓰마번은 사이고와 겟쇼의 가묘를 만들어 사망한 것처럼 꾸미고 사이고를 아마미오섬으로 유배 보냈다. 그는 3년간의 섬 생활 중에 9세 연하의 섬 아가씨와 결혼했다. 그는 1남 1녀의 가장이 되었지만 규정상 귀향할 때 동반하지 못하고 혼자 돌아와야 했다. 사이고는 유배 중에 설사를 하는 풍토병에 걸려 생애 마지막 무렵까지 하루에 20~30차례 화장실을 들락거려야 했고 심할 때는 50차례나 가야 했다고 한다. 그 때문에 육군 대장 정복을 입고 사진을 촬영할 수 없어서 사이고의 사진이 남아 있지 않다는 후문이다.

사이고의 유배 중에 히사미쓰는 조정에 공작을 하기 위해 1,000명의 대병력을 인솔하여 상경할 계획을 세웠다. 사쓰마의 하급 무사가 중심이 된 존왕양이파 지사들은 히시미쓰의 상경을 기화로 친親 막부 성향의 조정 신하들을 습격하려는 음모를 꾸미고 있었다. 오쿠보는 히사미쓰에게 이들의 음모를 저지하기 위해 지사들에게 신망이 두터운 사이고를 선발대로 삼자고 건의했다. 그래서 사이고는 1861년 12월 유배에서 풀려 번으로 돌아올 수 있었다.

히사미쓰는 사이고에게 1862년 3월 선발대로 출발하여 시모노세키에서 본진을 기다리라고 명했다. 그러나 사이고는 교토에서의 상황이 급박하다는 이유로 바로 교토로 직행하여, 사쓰마의 과격파 지사들을 진정시켰다. 평소에 사이고를 못마땅하게 여기던 히사미쓰는 자신의 명령을 어긴 것에 격노하여 그를 다시 남해의 고도 오키노에라부 섬으로 유배 보냈다.

사이고라는 인물은 평상시에는 그릇이 너무 커서 귀찮은 존재이지만, 비상사태 시에는 절실히 필요한 존재가 된다. 사이고가 유배 중이던 1863년 7월에 발생한 사쓰마·영국 간의 전투에서 참패한 사쓰마번은 양이의 무모함을 통감하고 정책의 대전환을 모색해야 했다. 번 내부에 사이고의 귀향을 요구하는 분위기가 조성되자 히사미쓰도 이를 무시할 수 없었다.

1864년 2월, 유형에서 풀려난 사이고는 사쓰마의 교토 대표 겸 군사령관에 임명되었다. 일거에 정치범에서 번의 중역이 된 셈이다. 38세의 사이고는 자신의 역량을 한껏 발휘할 수 있는 유신 무대에 처음으로 등장했다. 이후 4년간 삿초동맹(1866. 1), 왕정복고의 대호령(1867. 12), 무진전쟁(1868. 1~1869. 5), 에도성 무혈 개성開城(1868. 4)에 이르는 사이고의 눈부신 활약은 역경을 견뎌낸 불굴의 정신과 인간적 성장의 결실이었다. 정계에 복귀한 지 불과 4년 만에 도막과 유신을 달성한 그는 메이지 유신의 1등 공신 반열에 올랐지만, 유신 신정부가 출발하자 활동이 무디어졌다.

본래 혁명에는 구체제의 파괴라는 측면과 새로운 체제의 건설이라는 두 개의 얼굴이 있다. 사이고는 거대한 불도저로 밀어내듯이 구체제를 붕괴시켰다. 그의 파괴력은 당할 사람이 없었고 전략과 전술적 측면, 특히 전술에서는 누구도 그를 넘어설 수 없었다. 그러나 혁명 후의 건설이라는 측면에 있어서는 전혀 딴 사람이 된 듯 별로 관심을 보이지 않았을 뿐 아니라, 행동과 사고방식에 있어서 일관성이 결여되고 판단력이 흐려졌다. 사이고 스스로도 "헌 건물을 붕괴하는 데는 누구보다 잘할 자신이 있으나 새로운 건물을 세우는 데는 서툴다"라고 말한 바 있다.

1868년 9월 게이오慶應로부터 메이지明治로 원호가 바뀐 직후, 사이고는 신정부에 참여하지 않고 주변을 정리한 후에 귀향했다. 이후 번주 시마즈 타다요시島津忠義의 요청으로 번 개혁의 일환으로 군제를 재편성하고, 하급 무사 중 유능한 인재를 발굴하여 사쓰마 군단의 근대화를 추진했다.

이와쿠라 도모미를 전권대사로 한 사절단의 22개월에 걸친 외유 기간 중, 사이고는 유수정부留守政府의 '임시 수상대리'로 국정을 담당하게 되었다. 이와쿠라 단장은 출발에 앞서 사절단의 외유 중에 중요한 정치적 개혁이나 인사 등을 해서는 안 된다고 못을 박았다. 사이고는 도모미의 당부를 전혀 개의치 않고 소신대로 개혁을 추진했다. 전국의 부현府縣을 통폐합하여 3부 72현으로 개편했고, 병부성을 폐지하여 육군성과 해군성의 2성을 설치했다. 또한 태양력 채용, 신교의 자유 인정 등 중요한 개혁을 단행했다. 특히 주목할 것이 징병제를 공표하여 사무라이들을 하루아침에 실업자로 만든 조치였다. 유신정부의 중요한 시책이 거의 이때에 이루어져 이와쿠라 도모미의 당부를 무색케 했다. 사이고와 오쿠보 간의 대大 결전의 씨

일본 극우의 탄생 메이지 유신 이야기

앗이 뿌려진 것이다.

여기서 유신의 공신 사이고를 중앙 정치 무대에서 밀어낸 정변의 빌미가 된 정한론의 전개를 살펴보자. 막부 말기와 메이지 초기에 일본 정부의 안팎에서 정한론이 논의되었다. 정한론征韓論이란 파병하여 조선을 정복하거나 조선의 정치 체제 변혁을 압박해야 한다는 주장이다. 메이지 정부 내에서 정한론을 최초로 제기한 이는 사이고가 아니라 기도 다카요시였는데, 1869년 각의에서 행한 발언이 그 시작이다.

1870년대에 들어서 사이고가 정한론을 다시 거론한 데는 징병제 실시 등으로 실직하게 된 하급 부사들에 대한 배려를 염두에 둔 측면이 있다. 다른 지역에 비해 가고시마(사쓰마)에는 하급 무사인 사졸士卒의 수가 많았다. 1871년 당시 평민과 사졸의 비율은 전국 평균이 17 대 1이었다. 반면 가고시마의 평민은 약 57만 명이고 사졸은 약 20만 명으로, 2.8 대 1의 비율이었다. 수령 사이고는 쪽박을 차게 된 이들의 구제책으로 조선 침공을 고려했던 것이다.

1873년 5월 조선이 동래의 초량왜관 앞에 서구화를 추진하는 일본을 비난하는 팻말을 세웠다는 보고를 접한 일본 정부는 산조 사네토미三条実美 태정대신 주재로 각의를 열어 이 문제를 논의했다. 산조는 다음과 같이 운을 뗐다. "조선이 일본을 적대하는 행동을 취하는 것을 방치하면 일본의 국위가 손상될 것이다. 재류 일본인의 생명과 재산을 보호한다는 명목으로 파병하거나 사절을 파견하는 것은 어떨지······." 그러자 이타가키 다이스케板垣退助 참의(각료)가 산조의 의견을 지지하는 강경 발언을 쏟아냈다.

하지만 사이고는 이렇게 말하며 오히려 신중론을 폈다. "지금 파병하면 서양의 여러 나라에게 나쁜 인상을 줄 것이다. 따라서 먼저 외교 사절을 보내서 설명하여 납득시키는 노력을 해야 한다. 그래도 상대편이 비우호적으로 나오면 그때 가서 파병하는 것이 순서다." 얼핏 들으면 평화주의를 표방한 것 같지만, 자신이 특명 전권대사를 맡고 싶다는 의향을 에둘러 표현한 것이다. 사이고는 자신이 희생하면 출병을 해도 국제적으로 정당화될 수 있다고 보았다. 산조 대신은 "오늘은 이 정도로 하고 다음에 다시 논의하자"면서 산회했다.

한편 외유 중의 오쿠보와 기도는 정부가 엉뚱한 방향으로 가고 있다는 소식을 접하고 예정보다 서둘러 귀국했다. 사절단에 참가한 그룹은 메이지 신정부가 식산흥업의 근대 노선을 추진하지 않으면 식민지로 전락할 우려가 있다고 판단했다. 8월 17일 열린 각의에서는 사이고의 전권대사 임명안을 내정했다. 오쿠보와 기도는 여독으로 이날 각의에 참석치 못했다. 산조 대신이 천황에게 사이고의 대사 임명에 대한 칙허를 건의하자, 천황은 "이 문제는 대단히 중요한 사안이므로 이와쿠라 도모미의 귀국 후에 그의 의견을 듣고 결정하라"며 칙허를 보류했다.

9월 3일 이와쿠라 도모미 일행이 귀국했다. 보수주의자였던 그는 632일간의 외유를 통해 근대화 노선의 신봉자로 완벽하게 변신했다. 사이고보다 먼저 정한론을 제창했던 기도 다카요시 역시 내치 우선으로 바뀌었다. 10월 14일, 오쿠보도 참석한 가운데 각의가 열렸다. 사이고가 자신을 조선에 전권대사로 조속히 파견해줄 것을 요청하자, 오쿠보는 재정상 외국과 전쟁할 여력이 없다며 사이고의 요청을 정면으로 거부했다. 이로써 맹우 오쿠보와 사이고의 관계는 회복할 수 없을 정도로 틀어지게 되었다.

한편 메이지 천황은 이와쿠라의 의견을 받아들여 정한의 건을 거부하기로 결정했다. 10월 23일의 일이다. 사이고를 포함한 정한파 각료 5명은 사임했다. 이 같은 사태의 시말을 '메이지 6년 정변'이라 부른다. 유신 정부가 분열된 것이다. 겉리적 거리던 사이고가 제 발로 떠나자 오쿠보의 전제적 권력이 한층 강화되는 결과가 되었다. 책략가 오쿠보가 '내정 우선'을 내세워 사이고의 사절 파견을 반대한 것은 사실 사이고에 대한 견제에 불과했다. 사이고가 사임한 다음 해인 1874년 대만 출병, 1875년 운요호 사건, 1876년 조일 수교조약 체결 등은 모두 오쿠보 도시미치 정권이 주도했다. 귀향한 사이고는 분한 마음에 이를 갈며 오쿠보의 외교 행보를 지켜봐야만 했다.

1873년 정변에서 패배한 사이고를 따라 군인, 관리 수백 명이 가고시마로 귀향했다. 그들은 사이고를 수령으로 한 사학교私學校을 설립했다. 이는 사이고파의 정치적 결사라는 성격이 강했다. 기이하게도 가고시마현은 당시 최대의 반정부 세력인 사학교에 재정적 지원을 해주었고, 사학교의 간부를 현의 하부 기관장으로 채용하기도 했다. 가고시마는 반독립국 같은 상황이었다.

한편 중앙 정부의 오쿠보 도시미치 내무경은 사학교 세력의 거병을 경계하고, 1876년 말에 가와지 도시요시川路利良 대경시大警視(경찰청장에 해당)로 하여금 대책 마련을 지시했다. 사쓰마 출신인 가와지 대경시는 사쓰마의 후배 경찰 20명을 기자, 학생, 순사 등으로 위장시켜 가고시마에 잠입시킴으로써 사학교의 내부 분열을 획책했다. 1877년 1월, 이들은 가고시마현 내에 있던 육군 화약고의 무기와 탄약을 비밀리에 오사카로 옮겼다. 그러자 사이고를 추종하는 과격파들은 해군의 탄약고를 급습해서 무기와 탄약을 강탈하고 가와지를 체포했다. 가와지 일행이 가고시마에 온 것은 사이고를 암살하기 위한 것이라고 자백하자, 상황은 사이고도 통제할 수 없을 지경으로 치닫게 되었다.

강경파 부하들에게 떠밀린 사이고는 1877년 2월, 서남전쟁

일본 극우의 탄생 메이지 유신 이야기

에 나서게 되었다. 사이고 군은 일기당천一騎當千의 정예 1만 3
천 명이 주력이었으나, 3월 이후에는 참패에 참패를 거듭했
다. 결국 사이고는 시로야마 이와자키 골짜기의 동굴로 쫓겨
났다. 180센티미터의 키에 몸무게가 100킬로그램이 넘었다는
거구의 사이고가 제대로 움직일 수도 없는 옹색한 곳이었다.
1877년 9월 24일, 51세의 사이고 다카모리가 자결함으로써 서
남전쟁은 종결되었고 메이지 유신의 신기원이 열리게 되었다.

　도쿄 우에노 공원에 사이고의 동상이 있다. 원래의 계획은
육군 대장 정복 차림에 긴 칼을 차고 있는 당당한 모습의 동상

우에노에 있는 사이고 다카모리 동
상. 제막식 날 그의 아내가 '남편의
모습과 다르다'고 말했다는 일화가
있다.

을 황궁 앞에 세우는 것이었다. 그러나 조슈 측에서 '아무리 유신의 일등공신이라고 하나 마지막엔 정부군과 싸우다 죽은 반역자가 아닌가'라며 이의를 제기했다고 한다. 결국 개를 데리고 토끼 사냥을 하는 한가한 모습의 사이고 동상이 도쿄의 변두리에 세워졌다. 제막식에 참석한 사이고의 부인은 겨울 하늘을 배경으로 드러난 사이고의 동상을 보고 자신도 모르게 "남편의 모습이 아닌데요"라고 중얼거려 작은 파문을 일으켰다고 한다. 사이고의 실상을 제거하고자 했던 메이지 신정부의 계획은 성공한 셈이라 하겠다.

근대 일본의 건설자, 오쿠보 도시미치

    유신 3걸傑의 한 사람인 오쿠보 도시미치大久保利通(1830~1878)는 만 47세 9개월에 암살되었다. 결코 길지 않은 인생을 살았지만, 그는 에도 막부 265년의 지배 체제를 무너뜨려 도막을 실현한 혁명가이자 근대 일본의 신체제를 구축한 정치가였다. 메이지 유신을 주도한 다수의 지사들 가운데 구체제를 무너뜨린 '혁명'과 신체제의 '구축' 모두에 공헌한 인물은 오쿠보뿐이다. 냉철한 관료형 정치가인 그는 공적에 비해 인기가 없지만, 심사숙고하고 단호하게 행동으로 옮기며 목표를 향해 놀라울 정도의 집중력과 지구력을 발휘한 지도자였다.

    오쿠보는 사쓰마번 고라이마치高麗町에서 봉록 150석을 받는 하급 무사 집안의 장남으로 태어났다. 그가 태어난 곳이 고려 마을인 것을 보면 임진전쟁 때 끌려간 조선인들이 그곳에 터를 잡고 살았던 모양이다. 오쿠보는 사쓰마의 독특한 청소년 교육인 향중교육鄕中教育을 받으며 성장했다. 그는 세 살 연상의 사이고 다카모리를 '형'이라 부르며 따랐다.

오쿠보가 번의 기록소 조수로 일하던 1850년, 번주의 후계 문제로 정실 소생과 측실 소생 간에 벌어진 싸움에 아버지가 연루되어 유배형을 받았다. 오쿠보 역시 면직되어 근신 처분을 받았다. 당시 어머니와 누이를 돌봐야 했던 오쿠보가 여기저기에 돈을 빌리기 위해 죽는 소리를 한 편지들이 남아 있는 것을 보면 꽤나 힘들었던 모양이다. 가끔은 집 근처에 있는 사이고의 집에 가서 끼니를 때우기도 했다고 한다.

근신 중에 오쿠보는 주위의 또래들과 함께 송나라 주희의 《근사록近思錄》을 윤독하는 모임을 가졌다. 처음엔 독서회 성격이었으나, 점차 현실에 불만인 하급 무사들이 참여해 존왕양이파 그룹인 성충조誠忠組로 발전했다. 이 조직의 리더가 된 오쿠보는 후에 번의 상하를 연결하는 파이프 역할을 하게 된다. 1853년에 시마즈 나리아키라 번주가 오쿠보의 근신 처분을 해제하여 복직시켰고, 다음 해 여름에는 오쿠보의 부친도 유배에서 돌아왔다.

1858년 여름에 갑작스러운 죽음을 맞은 나리아키라의 유언

일본 극우의 탄생 메이지 유신 이야기

에 따라 이복동생 시마즈 히사미쓰島津久光의 아들이 새로운 번주가 되었으나, 사실상 히사미쓰가 국부國父로서 번정을 좌지우지했다. 히사미쓰는 이복형 나리아키라의 노선을 계승하여 공무합체책公武合体策, 즉 조정과 대번 주도에 의한 막부의 개혁을 모색하고자 했다.

오쿠보는 번의 실력자 히사미쓰에게 접근할 묘책을 찾기에 골몰했다. 오쿠보의 아버지가 유배라는 중형을 받게 된 것에는 히사미쓰 일당의 입김이 작용했다. 그러나 오쿠보는 이에 전혀 개의치 않고, 아버지의 원수라 할 수 있는 히사미쓰에게 줄을 대기 위해 머리를 굴렸다. 그러다가 히사미쓰가 길상원의 주지 스님과 가끔 바둑을 둔다는 정보를 입수했다. 운 좋게도 오쿠보가 주도하는 독서회 회원 중에 스님의 동생이 있었다. 오쿠보는 그 회원의 주선으로 주지 스님에게 바둑을 배우는 한편 히사미쓰의 시국관이나 성향 등을 미리 파악했다. 어느 날 오쿠보는 스님으로부터 히사미쓰가 에도 시대의 국학자 히라타 아쓰타네平田篤胤가 쓴 《고사전古史傳》을 읽고 싶어 한다는 얘기를 들었다. 그는 당장 그 책을 구하여 바치면서 책갈피에 시국에 대한 자신의 의견서를 끼워 넣었다. 이렇게 번의 실권자와 접촉할 수 있는 길을 튼 것이다.

1860년 봄, 31세의 오쿠보는 번의 실력자 히사미쓰를 직접 대면하여 쓸 만한 인물로 인정받았다. 사이고 다카모리는 과

메이지 유신 3걸 중 한 명인 오
쿠보 도시미치. '위정청명爲政淸
明'이란 자신의 좌우명대로 평생
청렴하게 살았다.

묵한 편이나 오쿠보는 달변에 논리가 정연하고 권력자의 마음
을 사로잡는 재주가 있었다. 사이고는 두 번이나 유배를 가야
했지만 오쿠보는 격동기를 거치면서도 유배는커녕 언제나 권
력자의 측근으로 활약했다. 히사미쓰와의 첫 대면 후 2년도
안 되어, 오쿠보는 번을 움직이는 4인방 그룹에 진입했다.

1862년 4월 국부 히사미쓰가 약 천 명에 달하는 사쓰마의 병
력을 인솔하여 상경했다. 당연히 오쿠보도 수행했다. 사쓰마

성충조의 과격한 존왕양이파는 이 기회에 친親 막부 성향의 조정 신하들을 제거하려고 교토의 데라다寺田屋 여관에 집결했다. 오쿠보가 테러 계획을 중지할 것을 종용했으나 그들은 말을 듣지 않고 반항했다. 결국 무력으로 과격파 8명을 제거함으로써 사태를 진압했다. '데라다 사건'으로 불리는 이 살상극 이후 오쿠보는 번의 정무에 깊숙이 관여하게 되었다.

교토에서 오쿠보는 히사미쓰의 오른팔로서 조정의 요인들과 빈번히 접촉했다. 1862년 5월 6일은 오쿠보에게 있어 기념할 만한 날이다. 조정의 실력자인 이와쿠라 도모미의 저택을 방문해 처음으로 이와쿠라를 배알하고 정국 동향에 관한 견해를 피력하여 그에게 깊은 인상을 남긴 날이기 때문이다. 후에 이와쿠라와 오쿠보 콤비는 막부를 붕괴하고 메이지 정부를 출범시켰고 권력의 중추로서 정치를 좌지우지했다. 이와쿠라로부터 궁정 정치의 기술을 익힌 오쿠보는 이후 궁정 공작을 도맡아 했다. 조정은 존왕양이파의 폭발을 제어한 히사미쓰의 과단성 있는 조처를 높이 평가하여 교토의 치안 경호를 사쓰마번에게 맡겼다.

오쿠보는 이와쿠라에게 청해서, 막부의 개혁을 명하는 천황의 칙서를 사쓰마번에 내리도록 공작했다. 5월 21일 마침내 숙원의 칙서를 수령할 수 있었다. 칙서의 입안은 이와쿠라 도모미가 주도했다. 칙서의 요지는 3가지로 정리된다. 히토쓰바시 요시노부一橋慶喜를 쇼군 후견직에, 마쓰다이라 요시나가松平慶永를 막부 수상에 상당하는 정무총재직에 임명할 것과 양이의 실행을 위해 쇼군 도쿠가와 이에모치德川家茂가 상경하도록 한 것이다.

다음 날인 5월 22일, 히사미쓰가 인솔한 사쓰마 병력이 칙서를 휴대한 천황의 특사를 호위하여 에도로 향했다. 조정이 외곽 세력인 도자마 다이묘外樣大名의 무력을 배경으로 천황의 의향(사실은 사쓰마 번의 의향)을 막부에 명하는 전대미문의 사태가 벌어진 것이었다.

6월 7일 칙사 일행이 에도에 도착했다. 오쿠보가 에도에 온 것은 이때가 처음이다. 막부는 당연히 저항하는 태도를 보였다. 사쓰마의 지사들이 막부의 대로大老를 암살할 수도 있다고 오쿠보가 넌지시 비추자 막부는 칙서를 접수했다. 막부는 결국 사쓰마번의 무력에 굴복해 7월 초에 요시노부를 쇼군 후견직에, 마쓰다이라 요시나가를 정무총재직에 등용했다. 이로써 사쓰마번의 공무합체 운동은 일단 성공한 것처럼 보였고, 히사미쓰의 명성과 오쿠보의 이름이 널리 알려졌다. 오쿠보는 일기에 '수십 년간 노심초사하던 일, 이제야 이루어져 꿈만 같다'라고 이때의 감회를 기록했다.

막부 말기의 오쿠보와 사이고는 늘 협력하면서 정치 활동을 했다. 그러나 도막이라는 목표가 달성된 이후에 두 사람의 정

일본 극우의 탄생 메이지 유신 이야기

치적 관심은 각각 다른 방향으로 향했다. 1873년 10월, 정부의 대분열을 초래한 정한 논쟁에서 이와쿠라 사절단의 외유그룹에 패배한 사이고 다카모리는 관직을 내던지고 낙향했다. 오쿠보는 부담스러운 사이고가 제 발로 걸어 나가자 오히려 잘되었다고 속으로 쾌재를 불렀다.

오쿠보는 11월에 막강한 권한을 행사하는 내무성을 설치하고 내무경에 취임했다. 내무성은 '국내 안정, 인민 보호'라는 명분 아래 국가의 통일적 지배와 자본주의 육성에 필요하다는 구실로 광범위한 권한을 행사했다. 천황제 국가에서 위세 등등해진 경찰을 위시하여 호적, 토목, 운수, 통신까지 장악했으며 지방 행정도 관장했다. 사실상 수상의 역할을 하게 된 오쿠보는 부국강병의 기치 아래 정부 주도의 자본주의 육성책인 식산흥업 정책을 강력히 추진했다. 현재의 일본 관료 제도의 기틀은 내무성을 설치한 오쿠보에 의해 마련되었다.

한편 조선에서 위정척사衛正斥邪의 기치 아래 대일 강경책을 견지하던 대원군이 실각하자, 오쿠보 주도 하의 메이지 정부는 1875년 5월부터 조선 근해에 군함을 배치하고 조선에 개국을 강요했다. 9월에는 강화도 사건을 도발했고, 결국 사쓰마 출신의 구로다 기요타카를 전권대사로 파견하여 1876년 2월 조선과 불평등 조약을 체결했다. 일본은 서구와 체결한 불평등 조약 개정에 절치부심하면서, 서양인에게 받은 수모를 조선에 화풀이한 셈이다.

유신 전후의 정정政情을 객관적으로 기록한 가쓰 가이슈勝海舟
는 '사이고는 에도를 구했고, 오쿠보는 도쿄를 건설했다'라고 했
다. 두 사람의 상반된 성격과 역할을 잘 표현한 말이라 하겠다.

죽마고우인 두 사람은 손을 맞잡고 메이지 유신의 격변기를
이끌었다. 하지만 신장 180cm, 체중 100kg이 넘는 우람한 사
이고와 신장 176cm, 체중 67kg의 호리호리한 오쿠보는 외모
만큼이나 대조적인 성격을 보인다. 사이고는 호방하고 도량이
큰 보스형으로 때로는 격정적이고 야성적이며 행동력이 넘치
는 인물이다. 말 주변이 없는 것이 그를 더욱 믿음직스럽게 보
이도록 한다. 반면 오쿠보는 냉정하고 침착할 뿐 아니라 논리
정연하며 설득력이 뛰어나다. 최선이 안 되면 차선을 추구하
는 현실주의자로 목표를 향해 한 발 한 발 나아가는 지구력과
의지가 강한 정치가다. 그들은 맹우이자 정적政敵이었다.

사이고의 생애는 파란만장했다. 한 번의 자살 시도, 두 번의
유배, 무진전쟁과 서남전쟁 등 전란에 휩쓸린 생애였다. 끝내
는 자신의 번주와 과거의 동지들에 맞선 반란, 즉 서남전쟁에
서 비극적인 죽음을 맞이했다. 오쿠보는 메이지 신정부에서
사실상의 수상으로 새로운 일본의 건설에 앞장섰다. 그러나
큰 인물로 국민적 인기를 누리는 것은 사이고다. 2018년 메이
지 유신 150주년을 기념하여 NHK는 사이고를 주인공으로 한

일본 극우의 탄생 메이지 유신 이야기

대하드라마 〈사이고 수령〉을 1년간 방영했다.

사이고의 신조는 경천애인敬天愛人, 오쿠보의 신조는 위정청명爲政淸明이었다. 메이지의 대표적 평론가 도쿠토미 소호德富蘇峰는 '사이고는 영웅, 오쿠보는 정치가'라고 평했다. 상반되는 성향으로 다른 인생을 살았지만, 그들은 서로에게 필요한 존재였다. 막부 말기 도막 운동부터 메이지 초기 폐번치현廢藩置縣에 이르기까지, 두 사람이 단짝일 때는 천하무적이었다. 사이고가 오쿠보와 함께 이와쿠라 도모미 사절단에 참가하여 632일간 구미 선진국을 시찰했더라면, 두 사람은 죽을 때까지 죽마고우로 남았을지도 모른다.

사이고가 자결하고 7개월 반쯤 지난 1878년 5월 14일, 오쿠보는 생의 마지막 아침을 맞이했다. 후쿠시마 현령 야마요시 모리스케山吉盛典가 도쿄 회의에 참석한 후 별도의 보고를 위해 이른 아침 오쿠보의 자택을 방문했다. 보고를 마치고 돌아가려고 일어서는 그를 오쿠보가 차나 한 잔 더 하자며 앉히더니 업무와 무관한 이야기를 꺼냈다.

"유신 이래 벌써 10년이 지났다. 왕정복고의 목적을 달성하는 데는 30년이 걸릴 것이다. 메이지 원년인 1868년부터 10년에 이르는 제1기가 창업의 시대였다면 11년부터 20년에 이르는 제2기인 지금은 내치를 정비하여 국력을 충실히 해야 하는 가장 중요한 시기다. 따라서 나는 맡은 직책에 최선을 다할 결심이다. 그리고 메이지 30년에 이르는 제3기에는 후진들에게 기대하고자 한다."

하지만 이 말은 오쿠보의 유언이 되었다. 오쿠보는 이 말을 마치고 야마요시 현령에게 '위정청명爲政淸明'을 휘호로 써주고 출근길에 나섰다. '정치를 행함에 있어서는 맑고 밝아야 한다'라는 자신의 신조처럼 오쿠보는 대체로 인사를 공평하게 했고 재물에도 청렴했다. 사후 재산을 정리해 보니 현금 140엔에 빚이 8천 엔(현재의 가치로 약 2억 엔)이었다고 한다. 오쿠보의 뜻을 익히 알고 있는 채권자들은 채권을 포기했다고 한다.

40대 후반의 오쿠보는 슬하의 9남매 중 세 살 된 외동딸 요시코를 끔찍이도 귀여워했다. 매일 아침 출근할 때마다 요시코를 들어 안아준 다음 마차에 올랐다. 그런데 그날따라 요시코가 울면서 아버지의 목을 감은 손을 풀어주지 않았다고 한다. 할 수 없이 오쿠보는 말 두 필이 끄는 마차에 요시코를 태워, 집 주위를 한 바퀴 돈 다음에 내려주었다. 요시코는 그제서야 울음을 그치고 웃는 얼굴로 손을 흔들었다. 집을 나선 지 얼마 되지 않아, 그는 사이고 다카모리를 추종하는 예비역 육군 대위가 이끄는 무리들에게 암살당했다. 도쿠가와 260여 년의 봉건 체제를 타파하고, 근대 일본의 기초를 쌓은 오쿠보 도시미치의 정치 여정은 17년에 불과했다.

그러나 일본 정치에서 오쿠보의 그림자가 완전히 사라진 것

일본 극우의 탄생 메이지 유신 이야기

은 아니다. 태어난 지 얼마 안 되어 외가 쪽에 입양된 오쿠보의 차남은 마키노 노부아키牧野伸顕로 성장했다. 그는 열한 살이 되던 1871년, 이와쿠라 사절단의 부사인 아버지를 따라 미국으로 건너갔고 그곳에서 중학교 과정을 마쳤다. 귀국 후 도쿄대학 재학 중에 외교관의 길에 들어선 그는 이탈리아 공사, 문부상, 외무상 등을 역임했다. 특히 궁내 대신으로 15년간 쇼와 천황을 보좌하면서 막강한 영향력을 행사했다. 제2차 세계대전 후 4번에 걸쳐 총리를 역임하면서 전후 부흥을 주도한 요시다 시게루吉田茂가 마키노의 사위다. 요시다 시게루의 외손자인 아소 타로麻生太郎는 총리를 역임하고, 현재 아베 정권의 재무상으로 아베 장기 집권의 한 축을 형성하고 있다. 일본 정치는 이렇게 뿌리가 깊다.

영어통, 이토 히로부미의 대박

조선 강점을 실현하는 데 있어 이토 히로부미伊藤博文(1841~1909)의 역할을 지대했다. 1905년부터 통감을 지냈던 그는 헤이그 밀사 사건을 계기로 고종을 양위시켰다. 그리고 모두가 알다시피, 1909년 10월 26일 하얼빈역에서 안중근 의사에 의해 최후를 맞이했다. 안중근 의사의 의거는 조선 민중은 말할 것도 없이 중국인들도 높이 평가하는 데 인색하지 않다. 청나라의 위안스카이도 다음과 같이 찬양할 정도였다.

平生營事只今畢 死地圖生非丈夫

身在韓名萬國 生無百歲千秋

일본 극우의 탄생 메이지 유신 이야기

평생을 벼르던 일 이제야 끝냈다.

죽을 땅에서 살려는 것은 장부가 아니고

몸은 한국 출신이지만 이름 만방에 떨치니

백년을 못 산 인생 죽어서 천년을 가리.

이토는 한민족의 원흉이지만, 일본에서는 '근대 일본을 만든 원훈元勳'으로 높은 평가를 받고 있다. 그는 1841년 지금의 야마구치현인 조슈번에서 농민의 아들로 태어났다. 아버지가 하급 무사인 이토 가문의 양자로 들어가자, 이토 역시 말단이긴 하지만 무사가 될 수 있었다.

당시 농민과 무사의 신분 차이는 대단했다. 무사의 자제가 되었기에 이토는 유신의 대열에 참여할 수 있는 길이 트인 것이다. 이토는 열네 살 때 경비 보조로 일했는데, 그때 구루바라 료조來原良蔵를 만난 것이 출세의 계기가 되었다. 구루바라는 막부 말기의 지사로 요시다 쇼인과 절친한 관계였고, 기도 다카요시木戶孝允와는 처남 매부 사이였다.

구루바라는 틈틈이 이토에게 중국 고전을 가르쳤다고 한다. 그 과정에서 이토가 또래보다 키는 작지만 붙임성이 좋고 영리하다는 것을 알아채고, 요시다 쇼인에게 소개장을 써주었다. 1857년 9월 쇼인의 쇼카손주쿠松下村塾에 입문한 이토는 곧바로 두각을 나타냈다. 요시다는 이토의 교섭 능력이 탁월하다고 평가했다.

　이토는 요시다의 영향으로 서양에 대해 관심을 갖게 되었다. 열여덟 살 때는 번의 명령에 따라, 스무 명이 함께 나가사키에서 수개월간 체류하면서 총포 조작술 등을 익혔다. 그때 이들의 감독관이 바로 구루바라였다. 이토는 이때 구루바라의 권고로 영어를 배우기 시작한 것으로 보인다. 네덜란드 출신의 미국인 선교사 페르벡이 1859년에 개설한 '양학소'에서 영어

보잘 것 없는 집안 출신인 이토 히로부미는 영어를 지렛대로 출세 가도를 달렸다. 물론 운이 좋았던 것도 한 몫 했다.

일본 극우의 탄생 메이지 유신 이야기

강의를 들었다는 기록이 남아 있다.

구루바라는 매형인 기도 다카요시에게 부탁해 이토가 에도를 견학할 수 있도록 해주었다. 1859년 가을, 기도는 에도로 가면서 이토를 수행시켜서 두 달 정도 에도의 조슈 저택에 머물 수 있었다. 이토는 에도에서 인생의 동지, 이노우에 가오루井上馨를 만나게 된다. 두 사람 모두 하기萩에 살고 있었지만, 이노우에가 이토보다 6세 연상인 데다 중급 무사의 자제이다 보니 서로 만날 기회가 없었던 것이다.

이토는 기도 다카요시의 영향으로 존왕양이 운동에 참여하게 되고, 1863년 1월 다카스기 신사쿠, 이노우에 가오루 등과 함께 영국 공사관 방화 사건을 감행했다. 또한 막부의 명을 받은 국학자 하나와 지로塙次郎가 고메이 천황을 폐위시키기 위해 폐위 관련 전례 조사를 하고 있다는 소문을 믿고, 1863년 2월 9일 밤늦게 외출했다 귀가하는 하나와를 동료와 함께 그의 자택 앞에서 암살했다. 이는 1853년 페리 제독 내항 이전의 전례를 파악하여 보고하라는 막부의 지시가 와전된 것이었다.

1863년 4월 번주 모리 다카치카毛利敬親는 영국으로부터 구입한 선박을 조작할 수 없다는 것을 핑계 삼아, 조슈의 젊은이 5명을 토마스 글로버의 주선으로 영국에 유학 보낸다. 사실은 '유학'이 아니라 '밀항'과 다름없는 조치였다. 해외 도항 금지란 국법을 어긴 것이 막부에 발각되면, 당사자들은 처형을 면할 수 없었다. 바로 이 '조슈 파이브Choshu Five'에 이토와 이노우에가 포함되었다. 이토는 영국으로 가는 도중 상하이에 기항했을 때 그곳의 개화된 모습을 보고 '존왕양이尊王攘夷' 중 '양이'를 버렸다고 한다.

9월에 런던에 도착한 이토 일행은 런던 대학University College London의 알렉산더 윌리엄 교수 집에 기숙하면서 영어 공부를 하는 한편 대학에서 수학, 공학 등을 청강했다. 또한 철도 시설과 조폐공사, 은행 등을 견학했다. 윌리엄 교수 부부는 이들에게 영어 회화는 물론 서양 에티켓과 매너를 가르쳐서, 촌티나는 청년들을 말쑥한 신사로 변신시켰다.

1863년 5월, 이토가 영국 생활에 재미를 붙일 무렵에 양이를 고집하는 조슈번이 간몬 해협関門海峽으로 들어오는 서양 선박을 포격한 사건이 발생했다. 신문을 통해 이 일을 알게 된 이토와 이노우에는 서둘러 귀국길에 올라 1864년 6월 요코하마에 도착했다. 이토의 런던 체류는 반년 정도에 불과했으나 일상적인 회화는 그럭저럭 할 수 있는 수준이 되었다.

요코하마에 도착한 이토는 영국 공사관과 교섭하여 영국 군함을 타고 시모노세키에서 멀지 않은 오이타에 도착했다. 이토는 이 함대 안에서 자신보다 두 살 아래인 공사관 통역 사토 Ernest M. Satow(1843~1929)와 친분을 맺게 되었다. 사토는 이토에 대해서 영어가 아직 서툴기는 하나 커뮤니케이션 능력이 뛰어나다고 평가했다. 사토는 후일 일본 대사와 중국 대사를 지내게 된다.

1864년 8월 5일 영국, 프랑스, 미국, 네덜란드 4개국 연합 함대는 시모노세키를 포격하고 육지에 상륙해 포대를 점령했다. 조슈번은 요시다 쇼인의 수제자인 다카스기 신사쿠를 수석대표에, 이토를 통역에 임명하여 교섭에 임하도록 했다. 이토는 막후에서 사토와 빈번히 접촉하며 8월 14일에 강화 협상을 성공적으로 마무리했다. 이토는 낮은 신분과 젊은 나이에도 불구하고 교섭의 주역으로 활약함으로써 '영어통 이토'의 이미지를 세상에 각인시켰다.

이른바 '시모노세키 전쟁'에서 승리한 영국은 강화 협상에서 연합국을 대표해 배상금과 함께 시모노세키 앞바다에 떠 있는 히코시마彦島의 할양을 요구했다. 영국은 중국에게 홍콩을 할양 받은 것을 선례로 일본에 제2의 홍콩을 만들고자 했다. 면적 10평방킬로미터가 채 안 되는 히코시마는 80평방킬로미터의 홍콩에 비하면 보잘것없지만, 영국의 대일본 무역의 거점이 될 수 있었다. 다카스기 신사쿠 수석대표는 섬의 할양을 강력하게 반대하여 협상 대상에서 제외시켰다. 그는 아편전쟁에서 패전한 중국이 굴욕적으로 홍콩을 할양했음을 잘 알고 있었다.

이토는 영어를 하지 못하는 상태에서 영국으로 가서 주마간

산 격으로 서양 문물을 경험했다. 하지만 귀국 후에는 한시도 영어책을 손에서 놓지 않고 공부했다. 영국 유학의 경험과 조금씩 능숙해지는 영어를 이용해 실제로 외국인과 교섭하는 사이에, 외교의 관행과 어법 등을 배우게 되었다. 1868년 2월 20일 이토는 외교 업무를 총괄하는 '외국사무국 판사'에 임명되었으며, 2월 30일에는 천황이 파크스Parkes 영국 공사를 접견하는 자리에 통역으로 배석했다.

이토는 1885년 초대 총리로 취임하기 전에 미국, 영국, 독일 등 구미 각국에 총 49개월간이나 장기 체류하면서 헌법 제도, 경제, 사회 등에 관한 조사와 시찰을 했으며, 정부의 예산 편성을 위해 미국에서 복식 부기를 도입하기도 했다.

메이지 정부의 내각제도 도입에 따라, 1885년 12월 초대 내각 총리대신을 인선하는 협의가 있었는데 이 자리에서 이토의 영어 실력이 결정타를 날렸다. 종래의 태정관제를 폐지하고 내각제도를 설치함에 따라, 초대 총리를 지명해야 했다. 1871년부터 1885년 당시까지 14년간 정부 최고위직인 태정대신太政大臣을 역임한 산조 사네토미三条実美를 추대하려는 분위기가 역력했다. 그때 이토의 맹우 이노우에 가오루가 나서서 "새 시대의 총리로 외국 전보를 해독하지 못하는 사람은 곤란하지 않겠는가"라고 운을 떼었다. 야마가타 아리토모山縣有朋가 "그렇다면 이토밖에 없지 않는가"라고 동조하자 사네토미를 지지

일본 극우의 탄생 메이지 유신 이야기

한 보수파들은 입을 다물 수밖에 없었다. 이렇게 하여 '영어통 이토'는 초대 총리의 꽃가마를 타고 정상에 오르고, 사네토미 는 내대신으로 전락했다.

보잘것없는 집안 출신인 이토 히로부미의 출세는 영어에 힘 입은 바 크지만 사실은 그보다 운이 좋았다. 메이지 유신의 3 걸로 꼽히는 사이고 다카모리, 오쿠보 도시미치, 기도 다카요 시가 유신의 기초를 잘 닦아놓았고, 비교적 이른 나이에 그것 도 거의 같은 시기에 정치 무대에서 영원히 사라져준 것이다. 만약 그들이 이토 히로부미와 같이 69세까지 생존했다면 이토 의 운명은 달라지지 않았을까?

이토는 신장 161센티미터가 채 안 되는 왜소한 체형이었지 만, 대추씨 같이 당찬 전략가로 평가된다. 그는 천황제 국가를 창출한 대★ 연출가로서 근대 일본 국가의 레일을 깔았다. 이 토는 자신이 부설한 제국주의 레일 위로 한국 침략을 위해 '천 황호'라는 일본을 기세 좋게 몰다가 마침내는 비명에 갔다.

근대 일본법의 스승, 브와소나드

    1853년 개국한 일본은, 에도 막부가 서구 열강과 마지못해 맺은 조약이 일본의 관세 주권을 제한하고 영사 재판권을 인정해야 하는 불평등 조약이란 사실을 차츰 깨닫게 되었다. 이같은 굴욕적인 조약의 개정 없이는 국제사회에서 일본이 대등한 지위를 누릴 수 없음을 통감한 것이다.

    일본은 조약 개정을 국가적인 목표로 내걸고 구미 각국에 사절을 보내 불평등 조약의 개정 가능성을 타진했으나, 그들은 근대적인 법체계 마련이 선결되어야 한다는 냉정한 반응을 보였다. 결국 일본은 국내 법체계를 근대화하지 않으면 조약 개정은 언감생심이라는 국제 정치의 현실에 눈을 떴다. 메이지 초기의 '근대화'란 유럽화를 의미했는데 일종의 의식혁명에 가까웠다.

'문명개화'라는 말이 많은 사람들에게 회자되었다. 일본의 생존을 위해 일본을 변혁시켜야 하고, 일본의 혼을 지키기 위해 그 혼을 담고 있는 일본인이 혁신되지 않으면 안 된다는 절박한 심정이었다. 일본 고유의 정신으로써 서양의 학문과 지식을 배워서 취한다는 화혼양재和魂洋才를 표방하고 유럽화에 매진했다.

그러나 서양 법을 수용하는 것은 상품을 수입하는 것과는 본질적으로 달랐다. 이질적 문화와의 접촉을 의미하므로 정도의 차이는 있지만 필연적으로 갈등의 소지가 있었다. 이런 갈등을 최소화하기 위해서는 서양인 학자로 하여금 일본 법전의 기초를 잡게 하는 것이 쉬운 방법이라 판단했다. 메이지 정부는 프랑스 파리대학 법학부의 브와소나드Gustave E. Boissonade(1825~1910) 교수를 초빙한다. 쉰을 앞두고 있는 파리대학의 유명 교수를 극동의 작은 섬나라로 데려오는 일이 결코 쉽지는 않았지만, 유비가 삼고초려로 제갈량을 데려왔듯이 정성과 노력을 다한 끝에 1873년 드디어 성사되었다.

일본은 저명한 법학 교수를 초빙함에 있어 외무장관보다 많은 봉급 이외에 특별 수당, 여비 등을 지불하는 조건을 제시했지만 업무 내용은 엄격히 규정했다. 그는 관직을 가질 수 없고

일본 근대법의 기틀을 닦은 프랑스의 법학자, 브와
소나드. 그는 22년간 일본에 머물면서 외교 분야에
서도 맹활약했다.

원칙적으로 법률 및 외교 고문 역할만 해야 하며 일본의 정치
나 종교에 대해서 일체 관여해서도 안 된다. 또한 모든 결정권
은 일본 측에 있다는 점을 분명히 했다. 조선에 초빙된 외교
고문 묄렌도르프Mollendorf를 일약 외무차관으로 고용했던 조선
과 비교되는 대목이다. '잔고기 가시가 세다'는 속담처럼 겉으
로는 왜소해 보이는 일본인에겐 분명 녹록치 않은 구석이 있
었다.

　브와소나드 교수는 사법성 산하에 법률학교를 개설해서 정
규 8년, 속성 2~3년의 과정을 설치했고, 정규 과정은 처음부
터 프랑스어로 강의했다. 브와소나드는 사법성 법률학교, 도
쿄대학, 메이지대학에서 주로 자연법과 프랑스 법을 가르쳤
다. 그가 서양 법을 다룰 인재 양성을 서두른 이유는 서양식
법전을 편찬한다 해도, 이를 이해하고 적용할 능력 있는 율사

가 없으면 아무 소용이 없기 때문이었다.

브와소나드는 법률학을 강의하는 한편 사법성, 외무성, 내무성의 고문으로 활동하면서 헌법 초안의 기초와 형법, 민법, 형사소송법을 편찬하는 등 일본 근대법의 기틀 마련에 거대한 족적을 남겼다. 그가 프랑스어로 법전을 기안하면, 일본 제자들이 이를 일어로 번역하여 토의에 부치고, 토의된 내용에 브와소나드가 다시 손질을 가하는 작업을 서너 차례씩 되풀이했다. 일본인들은 브와소나드를 '창업기의 잊을 수 없는 은인'으로 평가하는데, 이는 단순한 외교적 언사가 아닌 진심에서 우러나온 고마움의 표현이다.

브와소나드는 단순한 법률 고문이 아니라, 외교 교섭에 있어서도 일본의 국익을 신장시킨 훌륭한 외교 고문이었다. 1874년 일본의 타이완 출병 때는 국제법 지식을 유감없이 발휘하여 자신의 진가를 증명했다. 타이완의 동남 해안에 표착한 일본인 선원 66명 중 54명이 토착민에 의해 살해된 사건이 일어났다. 일본은 오쿠보 도시미치를 전권 변리대사로 급파해 청국 측과 교섭에 임하게 했다. 이때 자문역으로 수행한 브와소나드는 국제법을 원용하여 청국을 궁지에 몰아넣음으로써 일본의 의도를 관철시켰다.

일본은 먼저 일본인 살해에 대한 책임 문제를 거론했다. 이에 청국은 토착민에 대해서는 청국의 권한이 미치지 않는다고 발을 빼면서도 타이완은 중국의 영토라고 주장했다. 아울러 청국은 일본의 타이완 출병이 청일 수호조약 위반이라고 항의했다. 일본은 기다렸다는 듯이, 만약 청국이 대만 토착민에 의한 일본인 살해에 대해 배상하지 않으면, 대만은 청국의 영토가 아니라는 것을 스스로 입증하는 것이라고 반박했다. 권리에는 반드시 의무가 따른다는 법리로 윽박질렀던 것이다.

청국 입장에서, 권리에 의무가 따른다는 법리는 매우 생소했다. 브와소나드의 훈수에 따른 일본의 유럽적 발상과 법리가 청국의 중화주의와 첨예하게 대립했던 장면이다. 청국은 이번 사건이 서양 법리와는 상관없는 일이라 고집했으나 결국 일본의 요구에 굴복하여 50만 량의 배상금을 지불해야 했다. 1871년 청국과 동등한 관계로 수호조약을 체결함으로써 수백 년간 지속된 열등감을 어느 정도 해소한 데 이어, 청국으로부터 배상금까지 받아낸 일본은 회심의 미소를 지었다. 일본이 1895년부터 1945년까지 반세기 동안 타이완을 식민지로 삼을 수 있었던 바탕에는 이 외교 교섭이 가져다준 자신감이 있었다. 일본의 지도자들은 국제법의 신통한 힘에 어안이 벙벙해졌다. 중국이나 조선처럼 중화사상에 사로잡혀 있는 교섭 상대에겐 서양 국제법 원리로 밀어붙여야 한다는 것을 새삼 터득한 것이다.

타이완 문제를 해결하면서 브와소나드라는 잉어는 천상을

나는 용이 된 셈이다. 지금까지는 일개 무명의 사법성 고문에 불과했으나 이제 중대한 외교 교섭을 성공적으로 이끈 주인공이 되었다. 그의 공적을 높이 평가한 메이지 천황은 직접 훈장을 수여하고 2,500엔의 하사금을 주어 그의 노고를 격려했다. 당시 외무대신의 월급이 500엔이었다고 한다.

1875년 12월 강화도 사건이 일어났을 때도 브와소나드는 강화도를 강점하여 공법상의 보상을 받아내는 방안을 강구하라고 일본에 권고했다. 1882년 임오군란 때에는 청국과의 교섭에서 톡톡히 재미를 본 손해 배상의 원리를 적용했다. 즉 강화도조약 제1조 '조선의 자주국' 조항을 거론하여 일찌감치 청국의 개입 여지를 차단한 다음에 조선 측에 일본 공사관의 피해 보상을 요구했다. 일본은 청국과의 무력 대결을 당분간 뒤로 미루고 조선에 무력시위를 하는 방법으로 최대한의 일본 국익을 확보키로 했다. 이 모든 교섭 기술 뒤에는 브와소나드가 있었다.

당초 3년간의 계약 기간으로 초빙된 그는 일본을 제2의 조국으로 삼고 일본에 봉사했다. 48세 장년의 나이에 일본에 와서 70세가 될 때까지 자그마치 22년간 근무했다. 브와소나드가 더 이상 계약을 갱신하지 않고 귀국한 것은 고령 탓이 아니라, 일본이 독일 법 쪽으로 기울었기 때문이라는 설이 있다. 그는 그 후 15년을 더 살다가 1910년 타계했다.

브와소나드의 헌신도 경탄할 만하지만, 지금부터 120년 전에 인재를 발굴하고 거금을 투자해 초빙한 일본도 대단하다 않을 수 없다. 그를 활용해 근대 일본의 국익 신장을 꾀했던 일본은 비싼 보수 이상의 남는 장사를 한 것이다.

모리 아리노리의 신식 결혼과 신식 이혼

일본산 영국인으로 불리는 모리 아리노리森有礼(1847~1889)는 당대 제일의 '하이칼라'였다. 메이지 시대의 일본에는 외국을 다녀온 사람들이 많았고, 이들의 서양식 의복 차림에서 가장 눈에 띄는 것이 높은 깃high collar이었던 모양이다. 지금은 안 쓰는 말이지만, 60년대 초까지만 해도 취향이 새롭거나 서양식 유행을 따르는 멋쟁이 신사를 하이칼라라고 불렀다.

1865년 사쓰마번은 외국 도항 금지라는 국법을 어기고 영국에 12명의 유학생을 파견했다. 메이지 유신을 3년 앞둔 때라 곳곳에서 막부의 붕괴 조짐이 드러나고 있었다. 스무 살의 모리 아리노리도 유학생으로 선발되어 런던대학 유니버시티 칼리지에서 청강생으로 영어를 익히면서 법학, 화학 등의 과목을 수강했다. 2년 후 아리노리는 미국으로 옮겨가 1년 남짓 미국을 견문하고 막부 붕괴의 여진이 아직 계속되고 있던 일본으로 돌아왔다.

귀국 후 그는 외무성 전신인 외국관의 상급 직원으로 임명되면서 정부의 조직 개편 업무에도 관여하게 되었다. 아리노리는 근대화를 달성하기 위해서는 법률과 제도의 개혁뿐만 아니라, 개혁을 집행하는 사람의 자기 개혁이 근본적으로 선행되어야 한다고 강조했다.

그는 자기 개혁의 제일보로서 봉건적 관습의 상징인 허리에 찬 칼을 버려야 한다는 폐도론廢刀論을 주장했다. 시기상조의 과격한 제안은 사무라이 그룹의 맹렬한 반발을 불러왔다. 그는 관직에서 쫓겨나 1869년 7월에 낙향했다. 그 후 1877년 메이지 정부가 정식으로 폐도령을 공포, 실시함으로써 군인, 경찰관 등 제복을 착용한 경우를 제외하고 허리에 칼을 차는 것이 금지되었다. 이로써 모리의 식견이 예사롭지 않음이 증명되었다.

아리노리는 고향에서 영어 학당을 개설해 영어를 가르치며 진득하게 때를 기다렸다. 낙향한 지 1년쯤 지난 1870년 가을에 그는 현재의 대사 격인 미국 주재 변무사로 발탁되었다. 일본 외교관 제1호의 탄생이었다. 스물다섯의 젊은 나이에 파격

일본 극우의 탄생 메이지 유신 이야기

적으로 대사직에 임명된 배경에는 출중한 영어 실력과 국제 정세를 보는 안목이 크게 작용했다. 또한 '삿초 출신이 아니면 사람도 아니다'라고 할 정도로 사쓰마와 조슈의 파벌들이 정계와 관계를 좌지우지하던 정치적 현실 역시 무관하지 않았다.

미국에 근무하는 동안, 모리는 정력적으로 활동했으며 특히 교육과 문화에 특별한 관심을 갖고 문화계 인사나 학자들과 활발히 교류했다. 그는 《미국의 생활과 자원Life and Resources in America》이라는 책을 편집하고 서문을 쓰기도 했다. "사무라이들이여 칼을 버려라"라고 절규한 아리노리는 그 후 중국 공사, 영국 공사, 문부대신으로 쭉쭉 뻗어 나갔다.

아리노리의 사생활은 별스러웠다. 그는 1875년 스물아홉 살 때 신식 교육을 받은 8세 연하의 쓰네를 아내로 맞았다. 그들의 결혼식은 매스컴이 대대적으로 보도한 장안의 화젯거리였다. 그도 그럴 것이 지금까지 듣도 보도 못한 일본 최초의 서양식 결혼식에다 '혼인 서약'을 교환했기 때문이다.

주례를 맡은 일본의 대표적인 계몽 사상가 후쿠자와 유키치가 서양식 예복 차림의 신랑과 옅은 쥐색 양장에 하얀 베일을 쓴 신부를 앞에 두고 혼인 서약서를 낭독했다. 신랑과 신부, 주례가 그 서약서에 각각 서명했다. 일본의 혼례식 전통을 파괴한 파격적인 결혼식이었다. 예식 후에는 현대판 결혼 피로연까지 열었기에 두고두고 사람들 입에 오르내렸다.

아리노리는 자신의 결혼식을 통해서, 아직 개화가 뭔지도 모르는 일본인들을 개명시키려는 분명한 의도를 갖고 있었다. 일본은 변하지 않으면 안 되며 서구화만이 살 길이라는 것을 행동으로 보여준 것이다. 부부는 모름지기 남녀동등의 원칙에 따라, 서로가 합의한 '혼인 서약'에 의해 맺어져야 한다는 평소의 지론이 결혼식으로 구현되었다. 언론은 이 신식 부부의 탄생을 '모리의 쾌거', '모리의 하이칼라 결혼', '문명개화의 결혼'이라고 대서특필했다. 서로 존경하고 사랑한다는 혼인 서약을 둘 중의 한 사람이라도 어기면 헤어져야 한다는 해설 기사도 덧붙였다.

그 후 모리 아리노리는 중국 공사를 2년간 역임하고 영국 주재 특명 전권공사로 전임되었다. 오늘날의 대사다. 대사라고는 하지만 아리노리가 서른넷, 부인 쓰네가 불과 스물여섯 살 때였다.

영어를 자유자재로 구사하는 발랄한 대사 부인은 단숨에 런던 외교가의 스타로 떠올랐다. 쓰네는 아이를 둘이나 출산했지만 여전히 아름다웠고 오히려 농염한 자태마저 띠고 있었다. 쓰네는 빅토리아 여왕을 단독으로 알현하며 외교가의 시샘을 자아내기도 했다. 그녀는 런던 생활 4년 동안, 귀부인에게 걸맞게 미술 전람회, 유적 관광, 음악회 순례를 다니며 물 만난 고기처럼 런던 사교계의 꽃으로 얼굴을 내밀었다.

일본 극우의 탄생 메이지 유신 이야기

그러나 행복에 겨워하는 부인과는 달리 아리노리 공사의 표정은 웬일인지 침울했다. 심심찮게 들려오는 부인의 스캔들 때문이었다. 봉급의 절반을 부인의 의상비로 지출해야 했던 그로서는 마음이 편할 리 없었다. 그렇다고 남녀동등권의 전도사를 자임한 그가 아내를 가정이라는 새장 안에 가둬둘 수도 없었다. 아니 그녀는 이미 새장 밖으로 날아간 새였다. 주위의 잡새들이 그녀를 가만두지 않았고 사교라는 화려한 먹잇감을 던져 끊임없이 유혹했다.

1884년 4월, 아리노리는 런던 생활을 마치고 귀국했다. 모리의 전기를 보면 그해 12월에 장녀가 출생한 것으로 되어 있다. 메이지 시대 평론가와 소설가로 이름을 날린 우치다 로안內田魯安이 저술한 《추억의 사람들》에는 '모 대신의 부인이 붉은 머리털에 푸른 눈의 아이를 낳았다'라고 적혀 있다. 모 대신은 아리노리를 지칭한다.

푸른 눈의 딸을 두고, 여러 가지 설이 분분하다. 일설에 의하면, 인종 개량주의자인 모리는 태교를 신봉하여 임신부가 좋은 책을 읽으면 머리 좋은 아이가, 아름다운 것을 보면 예쁜 아이가 태어난다고 믿었다고 한다. 아리노리는 태교의 일환으로 임신 중인 아내 옆에 영국인 미남 청년을 두고 그의 오똑한 코, 잘생긴 이마, 깊은 눈을 쳐다보도록 했다는 것이다. 일설대로 태교가 주효한 것일까?

일본 외교관 제1호, 모리 아리노리.
신식 결혼과 자유분방한 아내, '성
격 차이'란 이혼 사유가 화제가 되
었다.

영국에서 귀국 후, 8개월 만에 태어난 장녀는 쓰네가 한창
사교계의 꽃으로 명성을 날리던 런던에서 임신되었을 것이다.
아리노리는 문교장관에 취임한 지 얼마 안 되어 성격 차이란
이유로 결혼 생활 10년을 합의 이혼으로 마무리했다. 항간에
선 이혼 사유도 개화되었다고 수군거렸다.

그 후 아리노리는 생후 2년 몇 개월 된 고명딸을 양녀로 보
냈다. 일본에서 태어난 사내아이 둘은 모리가 재혼을 한 후에
도 계속 키웠는데, 어째서 셋째 아이는 양녀로 보냈을까? 우
연의 일치인지는 모르겠으나 딸을 양녀로 보낸 1887년에 모리

일본 극우의 탄생 메이지 유신 이야기

는 자작 칭호를 받았다. 일본의 자작과 푸른 눈의 딸은 어울리지 않는다고 생각했던 모양이다.

쓰네는 이혼 이후 우울증이 생겼다는 풍설과 함께 그야말로 연기처럼 사라졌다. 아리노리에 관한 기록은 많이 남아 있지만 쓰네에 대한 기록은 없다. 언제 어디서 죽었으며, 어디에 묻혔는지 아무도 모른다.

아내와 딸에 대한 소문이 떠돌던 귀국 이듬해에 아리노리는 이토 히로부미 총리에 의해 최연소 각료로서 초대 문교장관에 발탁되어 초창기의 근대 학교 제도를 확립했다. 그는 문교장관으로 재임하는 동안 일본의 교육 개혁을 위해 나름대로 혼신의 힘을 다한 것으로 평가된다. 오늘날 보수 계층의 향수를 불러일으키는 '제국'이라는 말은, 그가 'Imperial University of Tokyo'를 '동경제국대학'으로 번역한 데서 유래되었다. 대일본제국 건설이 그의 야망이었다.

아리노리는 아무리 서양으로부터 기술과 지식을 도입하더라도 인간의 인식이 근본적으로 변화하지 않는 한 근대화의 실현은 어렵다고 생각했다. 그는 미국 대사로 재임할 때부터 일본어를 폐지하고 영어를 도입해야 인간이 개조된다는 생각을 갖고 있었다.

1871년 12월 26일자 〈워싱턴 스타〉 신문은 모리 아리노리 공사가 일본이 한문 교육 폐지와 영어 교육 실시, 미국의 생활

양식을 적극 도입해야 한다고 말했다고 보도했다. 이러한 사실이 일본에 전해졌다면 당장 소환되는 것을 피할 수 없었겠지만, 당시는 미국에 언론사 특파원도 없던 시절이라 별 탈 없이 넘어갔다.

　그 후 모리가 문교장관이 되자 한자투성이의 일본어를 폐지하고 영어를 공용어로 쓰자는 기발한 교육 개혁안을 들고 나왔다. 일본어는 어차피 일본 고유의 것이 아니니 남의 나라 말을 차용해서 쓸 바에야 차라리 영어를 상용어로 하는 것이 문명개화의 첩경이라는 주장이었다. 문교부 장관이란 자가 모국어를 폐지하고 영어를 도입하자고 떠들다니, 우익들이 가만히 놔둘 리가 없었다. 1889년 2월 11일 대일본제국 헌법 공포일이라는 경사스러운 날, 그는 1년 반 전에 재혼한 명문가 출신의 부인을 남겨놓고 어느 과격분자의 총탄에 생을 마감했다. 그의 나이 42세였다.

　여기서 여담 하나를 소개하려고 한다. 《이기환의 흔적의 역사》에 의하면 조선의 북학파 학자 박제가(1750~1805)는 지독한 중국어 공용론자였다. 그는 '하늘천天' 자를 중국 발음 그대로 '톈'이라고 하면 될 것을, 굳이 음과 뜻을 나누어 '하늘천'으로 읽으니 사물의 이름을 분간하기 어렵다고 했다는 것이다. 그는 1778년에 청의 풍속과 제도를 시찰하고 그 내용을 기록한 기행문 《북학의》에서도 '우리말을 버려야 오랑캐의 글자라는

　　　　　　　　일본 극우의 탄생 메이지 유신 이야기

모욕을 피할 수 있다. 그래야 저절로 주·한·당·송의 풍속과 기운을 되찾을 수 있다'라는 아주 대담한 주장을 펼쳤지만, 그가 목숨을 잃는 일은 없었다. 조용한 아침의 나라였던 덕분일까?

V.

문명개화기
일본의
초상

메이지 천황 초상화의 비밀

일본이 패전할 때까지, 일본 국내는 물론 식민지 조선의 학교 운동장 한쪽에는 부처나 보물 등을 안치한 봉안전奉安殿이라는 작은 전각이 있었다. 1945년 8월 6일, 히로시마에 원자폭탄이 투하되던 그날에도 살아 있는 자들은 낮에는 사체 매장 작업에 동원되고 밤에는 봉안전의 경비를 서야 했다. 도대체 이 구조물이 무엇이기에 그 혼란의 와중에도 경비를 서야 했을까?

철근 콘크리트로 지어진 작은 요새, 봉안전에는 어진영御真影이라 불리는 천황의 사진과 함께 교육칙어 등본이 보관되어 있었다. 1890년 10월 30일 교육칙어 반포와 더불어 전국 학교에 배포된 메이지 천황의 사진은 경배의 대상이었다. 등하교를 하는 학생들은 이 앞을 지날 때에는 옷매무시를 가다듬고 허리를 90도로 꺾어 최고의 경의를 표해야 했다.

메이지 천황은 원래 사진 찍기를 싫어했다. 이토 히로부미가 궁내대신 시절, 몇 번인가 사진 촬영을 주청했지만 그때마다 거절했다고 한다. 천황 최초의 공식적인 사진은 1872년 촬영된 것이지만, 그 이전의 모습을 살펴볼 수 있는 비공식적인 사진이 한 장 남아 있다. 일종의 파파라치 컷이었던 셈이다. 1871년 11월, 당시 즉위한 지 4년째였던 열아홉 살의 청년 군주, 메이지 천황은 요코스카 조선소를 시찰했는데 그때 갑판에 있는 천황의 모습을 오스트리아인 사진 기사가 슬쩍 촬영했다. 사진 기사는 불경죄로 필름을 뺏기고 추방되었지만 용케도 사진 한 장을 숨겨서 갖고 있었던 모양이다. 천황은 자신의 첫 번째 사진이 영 마음에 들지 않았던 것 같다. 촬영 6일 후, 정부는 천황 사진의 보급을 엄중 금지한다는 지시를 내렸다.

유럽에서는 군주들 간에 사진을 교환하는 것이 관례였다. 문명개화를 표방한 일본으로서도 외국 황족과 귀족에게 줄 천황의 사진이 필요했다. 그래서 1873년 10월 새로 맞춘 군복 정장 차림으로 천황은 사진기 앞에 앉아야 했다. 그러나 이 사진 역시 의전용으로는 적당하지 않다고 판단했던지, 정부에서는 이를 '어진영'이라고 하여 부현 등의 지방 관공서에 배부했다.

일본 극우의 탄생 메이지 유신 이야기

| 사진 찍기를 유난히 싫어했다는 메이지 천황의 실제 사진.

　서구 문명과 함께 일본에 유입된 사진 기술을 익힌 일본인 기사가 찍은 천황의 사진에서는 의젓하고 강건한 청년 군주의

모습을 기대할 수 없었다. 더욱이 2년 가까이 구미 선진국을 시찰한 원로들의 눈에 천황의 사진은 세련되지 못하고 왠지 주눅이 들어 보여 도무지 성에 차지 않았다.

1875년 1월, 일본 정부가 초빙한 이탈리아의 판화가 코소네가 도쿄에 도착했다. 메이지 정부는 각 분야에서 500여 명에 달하는 전문가를 초청하여 근대화를 추진 중이었다. 코소네는 이탈리아 제노바의 리구스테이카 미술학교를 졸업하고 판화가로 활약했으며, 1867년 파리에서 개최된 만국박람회에서 은메달을 획득하기도 했다. 그 후 이탈리아 국립은행, 독일 돈도르프 은행에서 지폐 도안 전문가로 일했다. 일본 정부가 돈도르프 은행에 새로운 지폐 제조를 의뢰한 것이 계기가 되어 일본 정부의 초빙을 받게 되었던 것이다. 코소네는 대장성 지폐국에 배치되었다.

당시 일본에는 오목판(凹판) 조각사가 없었기 때문에 그는 혼자서 각종 지폐, 인지, 공채 증서 등을 디자인하고 오목판 조각 작업을 해야 했다. 납기일을 맞추느라 휴가도 반납하고 평일은 물론 일요일, 공휴일에도 아침 일찍부터 밤늦게까지 작업에 몰입하여 주위의 일본인들을 놀라게 했다. 한편 일본 정부는 코소네가 일에 정진할 수 있도록 충분한 재정적 뒷받침을 해주었다. 당시 태정대신(수상)의 월급이 800엔이었는데, 코소네에게 월급으로 730엔 정도를 지불하고, 연간 300~500

일본 극우의 탄생 메이지 유신 이야기

(좌) 이탈리아의 판화가 코소네가 그린 메이지 천황의 초상화.
(우) 코소네가 참고한 그림이라고 알려진 유럽 군주의 초상화.

엔의 보너스와 함께 푸짐한 선물 보따리를 안겼다. 1875년 무렵에 현미 1석(150kg)이 7엔 28전이었다.

　일본 원로들은 메이지 천황의 사진에 집착했다. 그들은 코소네에게 국가 원수에 어울리는 초상을 제작해 달라고 요청했다. 공식행사에서 천황이 식사하는 동안, 미닫이 문 뒤에 몸을 숨긴 코소네는 천황의 정면 위치에서 얼굴을 바라보며 자세와 담소할 때의 표정까지 세심한 주의를 기울여 천황의 모습을 데생했다. 1881년 봄 코소네는 이 밑그림을 바탕으로 하고 유럽의 어느 군주 사진을 참고해, 천황의 초상을 완성했다. 마침내 천황을 신처럼 받드는 일본인들의 혼을 사로잡은 걸작이 탄생한 것이다.

메이지 원로들이 그토록 바라던 위풍당당한 군주의 모습이었다. 그들은 만족스러워 서로를 보며 고개를 끄덕였다. 누구보다도 천황 자신이 크게 흡족해 했다. 코소네를 만찬에 초청하여 그간의 노고를 치하하고 금일봉을 주었을 정도였다. 그도 그럴 것이 유럽 군주의 자세, 복장은 물론 표정까지도 절묘하게 모사하여 유럽적 분위기가 물씬 풍기는 '작품'이었기 때문이다.

정부에서는 이 허상의 작품을 사진으로 제작하여 '어진영'이라 칭하고 전국의 학교, 공공기관 등에 배포하면서 천황의 대리물로서 정중히 모시도록 엄명을 내렸다. 이 어진영을 천금보다 중히 여기고, 어떤 사태가 발생했을 때 이를 지키기 위해서 목숨을 불사해야 한다는 것이 불문율이었다.

만약 한밤중에 학교에서 화재가 발생해 천황의 사진이 불탈 위기에 처했다면, 당직 교사는 그 불길 속으로 뛰어들어 천황교의 순교자가 되는 것이 본인과 가족은 물론 동료들의 체면을 지키는 길이었다. 실제로 한 학교의 교장이 불길 속에서 천황의 사진을 두 손으로 받들고 있는 모습 그대로 새까맣게 불

코소네의 기증품을 전시해놓은 이탈리아 제노바의 코소네 동양 미술관. 일장기가 걸려 있는 것이 이채롭다.

타 천황교도들의 심금을 울렸다고 한다.

전쟁 중에 공습경보가 울리면 교사들은 학생들보다 봉안소를 더 걱정해야 했다. 가장 먼저 어진영과 교육칙어 등본을 빼내어 안전한 장소로 옮겨 놓았다. 어진영은 단순한 사진이 아니라 국가신도의 최고 예배 대상이자 성상聖像이었다. 일반인들은 이 성상이 어느 유럽 군주 사진의 짝퉁이라는 사실을 꿈에도 몰랐다.

봉안전의 우상 숭배에서 보는 바와 같이, 천황제라는 제도 자체보다는 그것과 관련된 도덕적 가치관이나 일본인의 광적인 정념이 더 무섭다. 이들은 어떤 상황이 조성되면 천황제로부터 전통의 신화를 얼마든지 재생해낼 수 있는 민족이다. 황실은 모든 일본인의 종갓집과 같은 존재였다.

코소네는 메이지 천황의 초상화 외에도 내로라하는 유력자들의 초상화를 그려주었다. 그중에서 메이지 유신의 비극적 영웅으로 추앙받는 사이고 다카모리의 초상화가 가장 유명하다. 사이고는 단 한 장의 사진도 남기지 않았다. 코소네는 사이고를 단 한 번도 본 적이 없다. 따라서 코소네의 사이고 초상도 실상과는 거리가 먼 '작품'에 불과하다.

코소네는 일본에 온 이래로 한 번도 고국 땅을 밟지 못한 채, 1898년 4월 11일 도쿄 자택에서 23년에 걸친 일본 생활에 종지부를 찍었다. 그의 유해는 도쿄 아오야마 외국인 묘지에 안치되었다. 코소네가 수집한 1만 4천여 점의 일본 미술 컬렉션은 고향 제노바에 있는 모교인 리구스테이카 미술학교에 기증되었다. 현재는 '코소네 동양 미술관'으로 개칭되어 일반인에게 공개되고 있다. 2017년 초, 이탈리아의 한 미술관에서 고려 시대 불화인 '수월관음도'가 발견되었다고 해서 화제가 되었는데, 그 미술관이 바로 코소네 동양 미술관이다.

필자는 로마에 근무하던 2003년에 코소네 미술관을 견학한 적이 있다. 마침 무료 관람이 되는 마지막 일요일이어서 4유로의 입장료가 굳었음에 기뻐하며 입장했다. 미술관 안에는 도자기, 칠기, 도검, 회화 등 다양한 일본 작품이 전시되어 있

었고 약간의 신라 불상, 중국제 도자기 등이 '동양 미술관'이라
는 간판의 구색을 맞추고 있었다. 대충 둘러보고 나오는 길에,
박물관의 학예관에게 '동양'을 빼고 그냥 '코소네 미술관'으로
간판을 바꿔 달면 일본인 입장객이 크게 늘어날 것이라 한마
디 해주었다.

문명개화의 무도장, 로쿠메이칸

에도 막부는 1858년 6월 미국과의 수호통상조약 체결을 시작으로 서구의 주요 국가들과 유사한 조약을 맺었다. 이들 조약에는 영사 재판권, 협정 관세제도 등 일본에 불평등한 조항이 다수 포함되어 있었다. 특히 영사 재판권과 협정 관세제도는 일본에 대단히 불리한 내용이었다.

영사 재판권이란 외국인이 일본에서 범죄를 저지를 경우, 일본은 재판할 권리가 없고 일본에 주재하는 그 나라 영사가 자국의 법률에 따라 재판할 수 있는 권한을 인정한 것이다. 즉 치외법권 제도를 말한다. 이는 서구인들이 일본 사법제도를 불신한다는 상징이며 일본에 대한 외국인의 우월감을 드러내는 징표였다. 그러나 조약 체결 과정에서 일본 측은 영사 재판권에 대해 별다른 이의를 제기하지 않았다. 처음엔 오히려 외국인을 처리하는 번거로운 일을 맡지 않게 되어 다행이라 여긴 것이다.

한편 서구 국가들은 무역을 함에 있어 관세를 자유재량으로 부과할 수 있으나 일본은 상대국과의 협정에 의해 정하도록 되어 있었다. 그 결과 구미의 값싼 상품이 다량으로 유입되어 일본 국내 산업의 육성을 저해하여 많은 손실을 입게 되었다. 에도 막부가 구미 각국과 체결한 조약은 메이지 정부에 그대로 승계되었다. 치외법권과 협정 관세제도의 폐해를 뼈저리게 느낀 메이지 정부는 조약 개정에 발 벗고 나섰지만 별다른 성과를 거두지 못한 채 20여 년의 세월이 흘렀다.

1879년 외상에 취임한 이노우에 가오루井上馨 외무경은 조약 개정을 추진하는 전 단계로서 일본이 개국 이래 정치, 경제, 사회 등 여러 분야에서 서구화를 적극적으로 추진하여 상당한 문명개화를 이루었음을 외국인에게 어필하는 것이 필요하다고 보았다. 그는 조슈 출신으로 20대 후반의 나이에 이토 히로부미 등과 함께 영국에 유학하여 세상 구경을 한 개명 지식인이었다.

이노우에는 문명개화 전시장을 건립할 계획을 추진했다. 사쓰마번의 에도 저택 부지에 총 공사비 18만 엔의 거액을 쏟아

부어 1880년에 착공하여 1883년 11월에 준공한 무도회장이 바로 로쿠메이칸이다. 당시 현미 1석(150kg)이 약 11엔 정도였으니 18만 엔의 건축비는 천문학적 금액이라 하겠다. 로쿠메이칸, 다시 말해 녹명관鹿鳴館의 녹명鹿鳴은 중국 고대 시집《시경》의 편명篇名인데 천자가 군신과 빈객을 접대할 때 부르는 노래란 뜻이므로 아주 제격인 이름이라 할 수 있다. 외국 손님을 맞이하는 것이 이 건물의 주된 역할이었느니 말이다.

도쿄 도심 한가운데, 지금의 제국호텔 근처에 세워진 이 르네상스 양식의 2층짜리 흰색 건물은 영국인 초빙 교수 콘더Josiah Conder가 설계한 것으로 당시로서는 보기 드물게 이국적인 정취가 물씬 풍기는 건축물이었다. 그는 일본 여성과 결혼하여 1920년 68세로 사망할 때까지 40여 년간 일본에서 살면서 박물관, 학교, 관공서 등 근대 일본의 대표적 건물 70여 동을 설계한 건축의 명인이었다.

1883년 11월 28일 이노우에 가오루 외무경 부부가 초청한 내외 인사 천여 명이 참석한 가운데, 로쿠메이칸의 성대한 개관식이 열렸다. 로쿠메이칸 시대의 화려한 개막을 알리는 축전이었다. 무도회가 열린 큰 홀에서는 런던에서 맞춰 온 야회복을 입은 일본 신사와 파리에서 맞춰 온 의상을 입은 숙녀가 군악대가 연주하는 유럽의 최신 선율에 맞추어 춤을 추었다. 4분의 3박자의 경쾌한 왈츠, 4분의 2박자의 역동적인 갤럽galop,

일종의 사교 클럽인 로쿠메이칸에서는 유럽의 최신 선율과 댄스가 펼쳐지는 화려한 무도회가 열렸다고 한다.

폴란드의 민속춤인 마주르카, 2박자의 경쾌한 폴카, 남녀 네 쌍의 스퀘어 댄스인 카드리유quadrille까지 등장했다고 한다.

　그날 밤의 주인공 이노우에 외무경은 흡족한 표정으로 계단 위에서 홀을 내려다보고 있었다. 게이샤 출신인 그의 아내 다케코는 남편 옆에서 우아한 몸짓과 세련된 매너로 손님들과 담소를 나누었다. 다케코는 이노우에를 따라 유럽을 구경하고 런던에 머문 적도 있는 신여성이었다. 당시의 신문들도 일본의 귀부인들이 무도회를 능란하게 리드한 것에 대해 아낌없는 찬사를 보냈다. 품격을 갖춘 문명국의 귀부인다운 모습이라는 자화자찬과 함께.

　이노우에는 로쿠메이칸 준공식 후에 외국인의 사교 클럽을 로쿠메이칸의 방 하나로 옮기고 도쿄구락부라 명명했다. 이 구락부는 일본의 고관대작과 유력자들이 외국 인사들과 영어로 고담준론高談峻論을 논하는 고급 사교 클럽이었다. 또한 이노우에는 일본을 방문하는 외국인들의 신변을 보호한다는 명목으로 로쿠메이칸 옆에 서구풍의 호텔을 건립하도록 주선했다. 그 호텔이 일본 서구화의 신기루가 아롱졌던 '제국호텔'이다. 로쿠메이칸이 정부 주도의 국제화 사업이 이룬 결실이었다면 제국호텔 준공은 민간에 의한 국제화 사업의 시작을 알리는 상징물이었다.

1885년 로쿠메이칸의 위세와 화려함은 정점에 달했다. 그해 11월 3일, 메이지 천황 탄생 기념 무도회가 로쿠메이칸에서 개최되었던 것이다. 고관대작의 부인들은 이 파티를 위해 일 년 전부터 매주 한 번씩 서양인 댄스 교사에게 특별 연수를 받았다. 당시 대부분의 외국인들이 요코하마에 거주했으므로, 정부는 요코하마와 도쿄 간의 특별 열차편을 증설하여 귀빈들을 실어 날랐다.

초대 손님 중에는 프랑스의 해군 대위 피에르 로티Pierre Loti도 있었다. 그는 해군 사관으로 세계 각지를 순회하며 방문지의 풍물과 관습을 견문하고 꼼꼼하게 일기에 기록했다. 훗날 쓸 작품의 초고였던 셈이다. 그는 이런 기록을 토대로 함상에서 틈틈이 글을 썼는데, 현지 여성과의 연애를 소재로 한 이국적

이고 로맨틱한 소설을 다수 발표함으로써 소설가로서 이름을
떨쳤다.

로티는 로쿠메이칸에서 경험한 무도회를 소재로 《에도의 무
도회》, 《가을의 일본》, 《일본의 부인들》이라는 소설을 썼다.
하지만 그는 '도쿄 한복판에서 개최된 유럽식 무도회는 그야말
로 서양 흉내 내기에 불과했다'고 한데 이어 '유럽식 복장을 한
남자들의 꼬락서니는 영락없이 꼬리 없는 원숭이를 연상시킨
다'라고 비아냥거렸다. 게다가 로쿠메이칸이 프랑스 어느 온
천 지대의 카지노 건물과 유사하다고 혹평했다.

결국 치외법권 철폐를 유도하겠다는 이노우에의 야심찬 계
획은 로티의 지적대로 '터무니없는 희극'으로 끝났다. 그러나
일본인들은 결코 치외법권 철폐를 위한 노력을 멈추지 않았으
며, 1899년 8월에 마침내 숙원을 이루었다. 한편 로쿠메이칸
은 1887년 9월 이노우에 외무경의 사임과 함께 봄날의 허망한
꿈처럼 역사의 뒤안길로 사라졌다. 후일 로쿠메이칸은 제15은
행에 불하되어 귀족회관으로 사용되다가 1941년에 완전히 철
거되었다.

계몽 사상가 후쿠자와의 두 얼굴

    후쿠자와 유키치福沢諭吉(1835~1901)는 근대 일본을 대표하는 계몽 사상가다. 명문 게이오대학의 전신인 게이오기주쿠慶應義塾를 창설했고, 시사신보時事新報를 창간했다. 메이지 정부가 관계에 진출할 것을 제안했지만 거절하고 교육가와 재야 사상가의 길을 걸었다. 1901년 2월, 그가 68세를 일기로 타계하자 일본 중의원은 국회를 열고 그의 공적을 추모하며 애도의 뜻을 표했다. 근대 일본의 '정신적인 아버지'로 불리는 그는 1984년 이래 일본 만 엔 권 지폐를 장식하고 있다.

    후쿠자와는 1835년 오이타大分 나카쓰中津번의 13석 하급 무사 집안에서 태어났다. 부친은 비록 미관말직이었으나 대단한 독서가로 난학蘭学에도 관심이 많았던 개명 지식인이었다. 그러나 후쿠자와가 세 살 때에 타계하여 그는 형의 도움을 받으며 성장했다.

나카쓰번은 에도 초기부터 학문과 문화를 숭상하는 전통을 갖고 있어서 한학, 국학과 함께 일찍부터 난학蘭学이 유행했다. 1774년 독일 의사 쿨무스Johann Adam Kulmus가 저술한 해부학 서적의 네덜란드어판인 《해부학 도해》가 난학자들에 의해 《해체신서》라는 제목으로 번역 출판되어 일본 지식계를 강타한 사건이 있었다. 이 번역 팀의 리더인 마에노 료타쿠前野良沢는 나가쓰번의 의사였는데, 번의 명령으로 나가사키에 가서 7년 정도 네덜란드어와 의술을 공부한 난학자이기도 했다. 마에노는 나가쓰로 돌아와 번의 의사로서 활동하면서 후학들을 양성했다.

후쿠자와는 1854년 2월, 스물한 살 때 나가사키로 유학을 떠났다. 그는 나가사키에서 처음 대면한 26자의 알파벳을 외우고 쓰는 데 만 3일이 걸렸다고 한다. 후쿠자와는 회화보다 원서의 독해에 치중했다. 네덜란드어 통역사 집에 드나들며 원서 강독에 집중해 공부한 결과, 6개월 정도 지나자 네덜란드어 원서를 독파할 수 있었다고 한다.

후쿠자와는 1년간의 나가사키 유학 생활을 마무리하고 오사카의 저명한 난학자인 오가타 고안緒方洪庵의 문하에 들어갔다.

그는 오가타 문하에서 본격적으로 난학를 공부하는 한편 의학, 물리학, 화학 등의 원서를 독파했다. 당시 오가타의 데키주쿠適塾 학생 명부에는 612명이 올라가 있었으나 실제로는 더 많은 문하생들이 있었다고 한다. 후쿠자와는 주야로 학문에 정진하여 두각을 나타냈고 마침내 데키주쿠에서 원서 강독을 지도하는 학생장이 되었다.

데키주쿠에서 3년간의 공부를 마친 그는 나카쓰 영주의 지시로 1858년 10월에 에도로 향했다. 그는 에도 나카쓰번 저택의 한 칸에 란가쿠주쿠蘭学塾라는 사숙을 개설하여 나카쓰의 젊은이들을 지도하기 시작했다. 이것이 게이오대학의 시발점이 된다. 후쿠자와가 주쿠를 개설한 그곳이 바로 마에노 료타쿠 등의 의사들이 모여 《해부학 도해》를 번역했던 곳이니, 실로 묘한 인연이라 하겠다.

에도에 란가쿠주쿠를 개설한 다음 해인 1859년 어느 날, 후쿠자와는 자신의 네덜란드어 실력을 시험해볼 요량으로 새롭게 개항한 요코하마 항구에 갔다가 충격을 받았다고 한다. 영어 알파벳으로 쓰인 상점 이름을 읽을 수조차 없었기 때문이다. 악전고투하면서 배운 네덜란드어가 무용지물이 된 것이다. 페리 제독의 내항으로 사실상 네덜란드어 시대는 막을 내렸다. 후쿠자와는 영어에 도전하기로 결심하고 《네덜란드어 · 영어 회화》 책 등을 구입하여 맹렬히 파고들었다. 그의 나이

스물여섯 살 때였다.

난학蘭学에서 영학英学으로 변신한 이듬해 즉 1860년에 그는 미국을 방문할 수 있었다. 이어서 1862년에는 미국을 비롯하여 구미 6개국을 돌아보았고, 1867년 다시 미국에 건너갔다. 후쿠자와는 구미 방문길에 《웹스터 영어사전》을 비롯해 정치, 경제, 사회, 군사, 물리, 화학 등 각 분야 원서를 다량 구입했다. 그는 영어 원서의 번역에 매달리면서 영학英學 학교 운영에 의욕을 보였다. 이 영학 학교가 일본의 명문 사립대학 게이오 대학으로 발전했다.

여기서 후쿠자와 유키치와 김옥균의 관계를 살펴보기로 하자. 1884년 12월 4일, 조선의 혁명가 김옥균은 후쿠자와의 각본에 따라 갑신정변을 일으켰지만 둘 사이는 동상이몽의 관계였다. 나이나 경륜으로 볼 때 후쿠자와는 김옥균에게 분명히 버거운 상대였다. 후쿠자와는 일본의 지도자들에게 문명의 이름으로 중국과 조선의 내정을 간섭하고, 중국과 조선을 문명화시켜야 할 국민적 사명을 다하라고 권고했다. 조선의 대표적인 개명 지식인을 자처한 김옥균은 정한론의 신봉자인 후쿠자와의 흑심을 알 수 없었다. 갑신정변이 3일 천하로 막을 내리자 김옥균은 박영효, 다케조에 신이치로竹添進一朗 공사 등과 함께 인천에 정박해 있던 치토세호千歳丸를 타고 일본으로 망명했다. 김옥균 일행이 12월 하순에 도쿄의 후쿠자와 유키치

자택에 도착하자 그는 현관에서 이들을 맞이하며 "용케도 살
아 왔구나!" 하면서 샴페인을 터뜨렸다고 한다.

　망명 초기에는 후쿠자와 등 일본의 유력 인사들이 김옥균의
재기를 기대하고 물심양면으로 도움을 주었지만, 조선의 거듭
되는 신병 인도 요구와 암살 기도가 끊이지 않자 점차 태도가
싸늘해졌다. 일본 정부가 정치범 불不인도 원칙을 들어 신병
인도를 거부하고 있긴 하지만 점차 김옥균을 애물단지로 여기
게 되었다. 김옥균도 출구가 보이지 않는 망명 생활에 자포자
기의 심정이 되었다. 그는 이홍장과 직접 담판을 하겠다고 큰
소리치면서 상하이로 건너갔다. 1894년 3월 28일, 그는 상하

이 미국 조계지租界地 내의 일본인이 경영하는 동화양행 여관 2층 3호실에서 홍종우가 쏜 3발의 총탄으로 44년간의 생애를 덧없이 마감했다.

김옥균의 갑신정변이 좌절된 이후부터 문명개화와 평등을 주장하던 후쿠자와는 조선과 중국에 대해서는 악질적인 편견주의자로 변신했다. 그는 1885년 3월 16일자 〈시사신보〉에 '탈아론脫亞論'를 게재했다. 청국과 조선을 비문명적인 야만국으로 규정하고 일본은 이들 악우들과 절연하고 유럽을 본받아야 한다는 이른바 '탈아입구脫亞入歐'를 주장한 것이다. 탈아론은 2천 자 정도의 짧은 논설이지만, 근린 국가를 보는 민중의 의식과 일본 정부의 아시아 정책에 이 논문만큼 부정적 영향을 끼친 것은 없을 것이다.

후쿠자와는 진구황후의 3한 정벌설을 역사적 사실로 전제하고 논설을 전개하기도 했다. 1885년 8월 13일자에는 '조선 인민을 위해 조선의 멸망을 축하한다'라는 충격적인 제목의 사설을 게재했다. 또한 그는 청일전쟁을 야만과 문명의 전쟁이라고 규정하고, 전비 마련 의연금으로 현재 금액 6천만 엔에 상당하는 1만 엔의 거금을 쾌척하여 전승을 위한 사기 진작에 앞장섰다.

일본의 부국강병과 식산흥업 정책이 뒷받침된 '탈아입구'라는 제국주의 논리는 청일전쟁 승리로 기세를 올렸으나 결국 2차

대전의 참담한 패전으로 귀결되었다. 일본은 1945년 9월 2일 도쿄만에 정박한 미국 함선 미주리호에서 항복 문서에 서명한 뒤 '안보는 미국에 맡기고 일본은 경제 발전에 치중한다'라는 '요시다 독트린'을 통해 패전 불과 40년 만에 경제대국으로 부상했다. 그러나 최근 아베 신조 정권은 군사대국화로 나가며 한국을 경시하는 '신新 탈아입구론'의 조짐을 보이고 있어 경계를 하지 않을 수 없다.

오는 2024년, 일본의 만 엔 권 주인공이 후쿠자와 유키치에서 시부사와 에이이치로 교체된다고 한다. 40년 만의 변화다. 일본이 이를 계기로 아시아에 위치하고 있지만 아시아가 아니기를 바라는 자기 분열적 의식이 발현된 탈아입구의 자세를 불식하길 바란다. '아시아 대 일본'이라는 구도가 아니라 '아시아 속의 일본'이라는 인식을 새롭게 하고 한국, 중국 등과 함께하는 동아시아 공동체를 진지하게 모색해야 할 때이다.

일본 자본주의의 아버지, 시부사와 에이이치

2019년 4월 9일, 아소 타로麻生太郎 재무상은 2024년 상반기 중에 1만 엔 권, 5천 엔 권, 1천 엔 권 지폐에 실린 초상을 바꿀 예정이라고 발표했다. 1만 엔 권에는 시부사와 에이이치渋沢栄一(1840~1931), 5천 엔 권에는 쓰다 우메코津田梅子, 1천 엔 권에는 기타자토 시바사부로北里柴三朗가 각각 선정되었다. 이들은 메이지 유신 이후의 일본 실업계, 여성 교육, 의학 분야의 선구자들이다. 아소 타로 재무상은 특히 1만 엔 권의 주인공으로 선정된 시부사와 에이이치에 대해 '일본 자본주의의 아버지'라고 지칭하고 그의 공적은 대단히 크다고 말했다. 새로운 천황의 즉위에 맞춰 새로운 원호 레이와令和 공표, 지폐의 초상

쇄신 발표가 거의 동시에 이루어진 것은 아무리 봐도 정치적 연출의 색채가 짙다.

1873년 6월 시부사와는 영국의 '내셔널 뱅크'를 모델로 일본 최초의 은행인 '제일국립은행'을 설립했다. 국립은행이라고는 했지만 오늘날 한국은행과 같은 중앙은행의 의미가 아니라 '국립은행 조례'에 의해 설립된 은행임을 뜻한다. 'Bank'를 '은행'으로 번역한 최초의 인물이 바로 시부사와다.

1876년에 조일 수호조약이 체결되자, 제일국립은행은 1878년 부산에 지점을 개설하여 일본의 경제 침탈과 대륙 진출을 지원했다. 우리나라 최초의 철도인 경인철도의 부설권을 획득한 사람도 시부사와였다. 중간에 미국인의 손을 거치긴 했지만 말이다. 1902년부터 1904년까지, 대한제국에서 발행한 제일은행권의 1원, 5원, 10원 권에는 시부사와의 초상이 있었다. 1906년 한국통감으로 부임한 이토 히로부미가 일본 민간은행의 은행권이 한 나라의 지폐로 사용되는 것은 문제가 있다고 지적하여 이후 조선은행권으로 교체되었다.

시부사와는 일본 은행권 초상의 후보로 자주 거론되는 인물이다. 일본을 대표하는 경제인이자 초대 지폐 인쇄국장이었기 때문이다. 1963년 11월에 발행된 천 엔 권의 후보로 최종 심사까지 오르기도 했다. 그러나 당시에는 위조 방지 기술이 변변치 않아서 지폐 모델은 통상적으로 수염이 있는 인물이었다. 시부사와는 수염이 적다는 이유로 탈락되었다. 그 후 위조 방지 기술이 대폭 향상되어, 수염이 없는 여성의 초상도 사용할 수 있게 되었다. 마침내 2024년 시부사와가 1만 엔 권 지폐의 주인공으로 등장하게 된 것이다.

　시부사와 에이이치는 에도 말기에 무사시노쿠니武蔵国(현재의 사이타마현)에서 태어났다. 시부사와의 집안은 염색 재료인 쪽藍의 제조, 판매와 양잠 사업을 했으며 부업으로 쌀, 보리, 채소도 경작한 부농이었다. 원료의 매입과 판매를 하기 위해서는 항상 주판을 다뤄야 하는 등 상업적 재능이 필요했다. 훗날 시부사와가 쓴 책《논어와 주판》의 배경은 가업에서 비롯된 것

1915년 뉴욕을 방문한 시부사와 에이이치. 부의 공익성을 강조해 노벨 평화상 후보에도 올랐지만 식민지 조선의 경제 침탈에 앞장선 주역이었다.

으로 보인다.

시부사와는 일곱 살 무렵부터 사촌 형에게 사서오경, 일본 역사 등을 공부하는 한편 검술도 익혔다. 20대 초에는 에도로 유학 가서 유명한 검술도장에 입문했다. 미일 화친조약 체결로 세상이 어수선하던 때, 시부사와는 반막부·반외세 정치 운동에 가담했다. 그는 지금의 군마현인 다카사키성의 무기를 탈취하여 요코하마 외국인 거주지를 불태우고 막부 타도 운동에 앞장설 계획이었으나, 주변 사람들의 권고로 생각을 바꾸게 되었다.

그 후 에도 유학 중에 알게 된 히토쓰바시번의 가신이 천거해주어 히토쓰바시 요시노부一橋慶喜를 섬기게 되었다. 14대 쇼군 이에모치가 병사한 후 주군인 요시노부가 도쿠가와 종가를 승계하여 1866년 12월 도쿠가와 요시노부德川慶喜로 제15대 쇼군의 자리에 오르자, 시부사와는 막부의 신하가 되었다. 그는 농민에서 사무라이로, 존왕양이파에서 막부의 신하로 발 빠르게 변신에 변신을 거듭한 셈이다.

1867년 1월 쇼군의 동생 도쿠가와 아키다케德川昭武가 쇼군의 대리로서 파리에서 개최되는 만국박람회에 일본 대표단을 인솔하여 참석하게 되었다. 시부사와는 재무 담당으로 수행했다.

그는 반년 이상 프랑스에 체재하는 동안, 통역의 도움을 받아 폴 에랄 은행장으로부터 은행, 주식 거래, 공채 등 프랑스

일본 극우의 탄생 메이지 유신 이야기

경제 시스템 전반에 대해 상당히 깊이 있는 지식을 흡수할 수 있었다. 경제야말로 국가의 기본이며, 원활한 경제 운용을 위해서는 금융 조직의 정비가 선결되어야 한다는 생각을 갖게 되었다. 여기서 놀라운 사실 하나를 밝히고자 한다. 시부사와가 파리에 머물 동안, 대표단의 체재비 일부를 주식에 투자해 대표단의 여비 일체를 감당할 정도의 수익을 올렸다는 것이다.

아키다케 일행은 만국박람회 참관 후에 유럽 각국을 순방했다. 시부사와는 순방 중에 얻은 서구의 사회, 경제 조직에 대한 실제적 지식을 근대 일본의 은행, 철도, 광산, 선박, 제강 등 각 분야에 활용하여, 메이지 신정부의 '부국강병'과 '식산흥업'이라는 양대 정책 중 하나인 식산흥업을 주도하는 인물로 부상하게 되었다. 프랑스 도항이 '일본 자본주의의 아버지'를 낳는 결정적 계기가 된 것이다. 인생을 지배하는 것은 행운이지 지혜가 아니라는 키케로의 말이 떠오르는 대목이다.

1868년 12월에 귀국한 시부사와는 과장급으로 대장성(현 재무성)에 입성하여 주식회사 제도 및 통화 제도의 확립에 진력했다. 그 공로를 인정받아 차관급으로 승진했지만 1873년에 사직했다. 그 후 실업계에 투신해 활동하던 중에도 대장대신으로 입각해 달라는 요청을 받았지만 완곡히 거절하고 오로지 한 길로 매진했다. 시부사와는 1926년과 1927년, 두 차례 노벨 평화상 후보에 오른 적도 있다.

시부사와는 91세로 타계할 때까지 많은 금융, 가스, 철도 등의 인프라를 중심으로 한 500여 개의 기업 설립에 관여했다. 또한 일본 적십자사, 이화학 연구소, 히토쓰바시대학, 일본여자대학 등 약 6백 개 조직의 창립에 관여했다. 그가 설립에 관여한 기업 중 약 60%에 해당하는 296개 사가 창업 후 120년 이상 존속했다. 그 후 업계의 재편에 의한 기업 합병과 경영 통합으로 그 수는 현재 186개 사로 조정되었으나 시부사와의 경영 철학은 기업 이념이란 형태로 면면히 전해지고 있다.

'도덕과 경제 합일설'를 표방한 시부사와의 기업 이념은 1916년에 간행된 그의 저서 《논어와 주판》에 집약되어 있다. 그는 동양의 고전 《논어》에서 인격을 배우고, 자본주의의 이익 추구 일변도가 아니라 균형을 갖추는 것이 중요하다고 하면서 윤리와 이익의 양립을 제창했다. 기업 경영을 통해 얻은 이익을 독점하는 것이 아니라 부의 사회적 환원이 필요하다고도 주장했다. 도덕과 유리된 기만, 부도덕, 권모술수를 이용한 축재는 진정한 부의 축적이 아니라고 일갈했다. 시부사와는 실제로 자기의 경영 철학을 실천했던 인물로 일본인들에게 존경받고 있다.

유신의 상아탑, 도쿄제국대학

도쿄대학의 요람지 창평향昌平鄕은 조선과도 인연이 닿는다. 1597년 9월 정유재란 때, 조선의 선비 강항(1567~1618)이 일본으로 연행되었다. 그는 2년 반 정도 일본에 억류되어 있는 동안 주자학을 가르치다가 승려 출신 유학자 후지와라 세이카藤原惺窩의 도움으로 귀국했다.

후지와라는 당시 일본 제일의 유학자였다. 1593년 도쿠가와 이에야스가 직접 그를 방문해《정관정요貞観政要》강론을 들을 정도였다. 후지와라는 강항을 처음 대면한 자리에서 그의 학식에 압도되어 연하인 포로 강항에게 예를 갖추고 가르침을 청했다. 후지와라는 강항의 도움으로 일본 최초로《사서오경》

을 간행하는 등의 학문적 업적을 남겨, 일본 근세 주자학의 개조開祖로 일컬어진다.

그 후 후지와라는 쇼군의 초빙을 받았지만 정중히 사양하고, 대신에 자신의 제자 하야시 라잔林羅山을 천거했다. 쇼군의 신임을 받은 하야시는 막부의 정치 고문이 되어 도쿠가와 쇼군 4대에 걸쳐 시강을 하는 한편 외교 문서도 작성했다. 정부의 중요 문서 중에 그의 손을 거치지 않은 것이 없다고 할 정도여서, 하야시 가문이 관학官学의 종가가 되는 기틀을 마련했다.

하야시 라잔은 3대 쇼군 도쿠가와 이에미쓰로부터 에도 근교 우에노上野에 있는 토지를 하사받아 공자 사당을 세웠으며, 사숙을 개설하여 제자들을 양성했다. 18세기 초기, 막부는 주자학을 공식적으로 교육할 필요성을 느꼈다. 하야시 가문의 공자 사당과 사숙을 우에노에서 유시마湯島로 옮기고, 공자의 고향 창평향昌平鄕의 이름을 따서 창평판昌平坂이라 명명했다. 일종의 사립학교였던 사숙을 막부 직할의 관립학교로 확대 개편하고 '창평판 학문소'라 개칭한 것이다. 이 학문소는 1855년 학제 개편에 따라 외교 문서의 번역 등도 맡게 되었다. 학문소가 자리했던 이곳에는 주오대학, 메이지대학, 니혼대학 등이 들어섰고 부근에는 헌책방이 즐비하게 늘어서서 세계 최대의 고서점과 출판사 거리로 발전했다.

한편 막부 말기에 정부는 양학 연구기관인 '양학조서洋学調書'

를 '개성소開成所'로 개칭했다. 영어, 프랑스어, 수학을 주요 교과로 하면서, 교원 증원과 연구 부분의 충실을 꾀했다. 개성開成은 중국 고전에서 취한 것으로 인간의 지혜를 개발하고 계획을 성취한다는 의미다. 또한 1863년에는 '서양의학소'를 '의학소'로 개칭하여 명실공히 서양의학 교육기관으로 전환했다. 메이지 유신 직후, 정부는 막부 관할이던 창평판 학문소, 개성소, 의학소를 통합하여 근대적인 대학교를 창립했다.

1871년에 대학 본교(구 창평판 학문소)가 폐지되고, 개성소는 남교南校, 의학소는 동교東校로 개칭되었다가 그 후에 각각 도쿄개성학교, 도쿄의학교로 이름을 바꿨다. 1877년 4월 12일, 문부성 관할 하에 두 학교가 통합되어 도쿄대학의 전신인 '관립도쿄대학'이 창립되었고 법학, 이학, 문학 3개 학부와 의학부가 설치되었다. 4월 12일은 도쿄대학의 기념일로 지금도 입학식이 거행된다.

설립 당시 도쿄대학 교수는 총 32명이었는데, 이중 일본인은 9명에 불과했고 외국인이 23명이나 되었다. 메이지 유신 이후 문부성이 구미 각국에 파견한 유학생들이 점차 귀국함에 따라 1881년에는 일본인과 서양인 교수의 수가 21대 16명으로 역전되었다.

문부성이 파견한 유학생은 1879년에 9명, 1880년에 5명, 1881년에 8명, 1882년에 7명, 1883년에 4명, 1884년에 4명,

1885년에 5명이었는데 대다수가 도쿄대학 졸업자였으며 대부분 교수로 임용되었다. '서양인 교수'란 호칭이 '외국 교사'로 바뀌어, 교수라는 직함은 일본인만 지칭하는 말이 되었다. 이 무렵부터 비로소 일본인 교수에 의한 일본어 강의가 행해진 것이다. 이 전에는 대부분 영국인, 미국인 교수가 영어로 법학, 이학, 문학 분야를 강의했고, 독일인이 독일어로 의학, 약학을 강의했다.

메이지 정부는 외국인 교사와 귀국 유학생에 의존하는 데는 한계가 있음을 실감하고 근대적 교육제도를 수립하는 방안을 모색했다. 마침 이토 히로부미가 1882년 3월부터 1883년 7월까지 약 1년 4개월간 헌법 조사를 위해 독일, 오스트리아, 영국 등을 순방하게 되어 있었다. 조사 항목은 황실, 내각, 의회, 사법, 문교 제도 등과 관련된 31개 항목이었다. 이토는 근대적 내각제도 창설과 이를 뒷받침해줄 관료 조직, 그 관료 조직을 유지할 유능한 인재 양성이 무엇보다 중요하다고 생각했다. 1885년 12월 초대 내각의 총리대신에 취임한 이토 히로부미는 모리 아리노리를 문부대신으로 발탁하고 그에게 근대적 대학 창설을 맡겼다.

모리는 근대화와 산업화라는 국가적 목표 달성에 필요한 인재를 양성하는 대학을 만들기 위해 1886년 3월 '제국 대학령'을 제정, 공포했다. 도쿄대학과 공부성工部省 산하의 공부대학

도쿄제국대학의 옛 모습. 1899년 졸업식엔 메이지 천황이 직접 행차하여 우등생에게 은시계를 하사했다.

을 통합하여 '제국대학'으로 확대 · 개편하고, 1889년에는 국사학과를 사학과에서 분리 독립시켰다. 제국대학 교수는 국가의 고급 관료 신분을 보장받고, 법과대학의 졸업생에게는 무시험으로 고급 공무원에 임용되는 특전이 주어졌다. 1899년 도쿄제국대학 졸업식에 메이지 천황이 직접 행차하여 우등생 22명에게 은시계를 하사했다. 이후에 이것이 관례가 되어 1918년까지 계속되었다. 다른 제국대학들의 경우, 천황의 행차는 없었지만 은시계는 하사했다.

박광현 교수의 연구에 따르면, 일본이 패전한 1945년 8월 15일까지 일본의 5개 제국대학을 졸업한 조선인은 총 729명이었다. 대학별로 보자면 도쿄제국대학 163명, 교토제국대학

236명, 도호쿠제국대학 106명, 규슈제국대학 162명, 홋카이도제국대학 62명이다. 이들 제국대학 졸업생들은 당시는 물론 해방 이후에도 해당 분야에서 지도적 역할을 수행했다는 평가를 받고 있다.

'제국대학'이라는 명칭은 모리 문학대신의 머릿속에서 나왔다. 영국과 미국에서 근무한 외교관 출신인 모리는 메이지 정부 내에서 제일의 영어통이었다. 그는 도쿄대학의 영문 명칭 'Imperial University of Tokyo'를 '제국대학'으로 번역했다. 'Imperial'이라는 어휘는 제국주의가 아니라 황제가 통치하는 국가, 즉 제국帝國의 대학, 관립대학이란 의미였다. 그러나 제국대학령 제1조에 '제국대학은 국가의 수요에 부응하여 학술 기예를 교수하고' 운운하는 것을 보면, 국가를 본위로 하는 국가주의 대학 교육을 표방한 것이다. '제국대학'의 첫 등장 후에 제국헌법, 제국의회, 제국학사원, 제국예술원, 제국도서관, 제국미술원, 제국호텔 등 '제국'이란 접두어를 사용한 조직이나 건물명이 속속 등장하더니 급기야는 대일본제국, 대일본제국헌법, 대일본제국의회 등이 출현되기에 이르렀다.

'대일본제국'은 1890년부터 1947년 5월까지 사용된 국호다. 이 기간 중 청일전쟁과 러일전쟁에서 승리한 일본은 맹렬한 기세로 군사적, 경제적 침략을 감행했다. 대국가를 건설하려는 구미 열강의 제국주의를 추종하고 마침내는 조선을 강점한 것이다. 결국 제국대학은 일본 제국주의 건설을 위한 인재 양성이라는 측면이 내포되어 있었음을 부정할 수 없다.

청일전쟁 후에 체결된 시모노세키 조약에 따라 일본은 중국으로부터 2억 량(약 3억 엔)의 배상금을 받아냈다. 당시 일본의 연간 예산이 1억 엔 정도였음을 감안하면 엄청난 금액이다. 재정에 여유가 생긴 일본 정부는 배상금의 일부를 사용하여 1897년 두 번째 제국대학인 '교토제국대학'을 설립했다. 교토제국대학의 등장으로 본래 도쿄에 있던 제국대학은 '도쿄제국대학'으로 개칭되었다. 그 후 약간의 시차를 두고 도호쿠(1907), 규슈(1910), 홋카이도(1918), 오사카(1931), 나고야(1939) 제국대학이 설립되어 일본 내에 7개의 제국대학이 존재하게 되었다. 뿐만 아니라 1924년에 경성제국대학, 1928년에 타이베이제국대학이 창설됨으로써 제국대학은 국내외 9개로 늘어났다. 1948년 8월, 일본의 패전에 따라 제국대학령이 국립종합대학령으로 개칭되어 제국대학은 국립종합대학으로 변신하여 오늘에 이르고 있다.

제국대학들은 '제국'이란 명칭이 사라지며 국립 및 종합대학으로 변신했지만 지금도 특별대우를 받고 있다. 일례로 2016년도에 정부로부터 운영 교부금이 지급된 대학은 일본 내 86개 대학인데, 그중 예전의 제국대학이 7개로 8.1%의 점유율을 보이나 교부 금액에 있어서는 전체 총액의 33.7%를 차지하고 있다.

이과 분야의 노벨상 수상자 16명을 출신 대학별로 보면 홋카이도대학 1명, 도호쿠대학 1명, 도쿄대학 5명, 나고야대학 3명, 교토대학 6명이다. 세계의 대학 랭킹을 보더라도 일본의 대학 중에서는 도쿄대학을 필두로 예전 제국대학의 후신들이 상위를 차지하고 있다. 제국대학은 과거의 존재가 아니라 현재에도 그 맥을 이어가고 있다.

일본 극우의 탄생 메이지 유신 이야기

일본 근대화와 독일

    독일과 일본은 공통점이 많은 나라다. 양국은 19세기 후반 거의 같은 시기에 근대국가로 출발하여 급속한 산업화를 이루었다. 또한 파시즘의 발호와 더불어 제국주의적 침략 전쟁을 도발하여 패전을 자초하더니, 패전 후 반세기가 채 지나기 전에 세계 굴지의 경제대국으로 부상했다. 안보 면에서 미국의 충실한 주니어 파트너 지위를 갖고 있다는 점도 유사하다. 그러나 과거 청산이란 측면에서 일본은 자신들이 근대화의 스승 중 하나로 삼았던 독일과는 판이한 형태를 보여주고 있다.

    양국의 국가 관계는 1871년 독일제국 성립으로 거슬러 올라간다. 물론 쇄국시대(1639~1853)에도 데지마出島의 네덜란드 무역관에 근무한 독일 의사들을 통한 개인적인 접촉이 있었다. 하지만 프로이센 왕국(1701~1918)은 일본의 관심 대상이 아니었다. 에도 막부에서 해외에 파견한 유학생 숫자를 보더라도 프랑스 25명, 네덜란드 16명, 영국 14명, 러시아 6명, 미국 3명 등 60여 명에 달하나 프로이센에는 단 한 명도 없었다. 1853년 페리의 내항으로 미국, 영국, 프랑스와는 물론 프로이센과도 수호통상조약을 체결한 사실을 고려하면 프로이센에 대한 일본의 무관심이 확연히 드러난다.

부국강병의 기치를 내건 메이지 정부가 육군을 프랑스식으로 개편하기 위해 프랑스 군사 고문단을 초빙하여 육군 편제의 정비를 본격적으로 추진할 무렵, 전혀 예상치 않은 사건이 발생했다. 1870년 7월에 발발한 프랑스 · 프로이센 전쟁에서 프랑스가 일방적으로 패하여 알자스 · 로렌 지역을 프로이센에 넘겨주고 50억 프랑의 배상금을 지불하는 수모를 겪게 된 것이다. 한편 파리에 입성한 프로이센은 1871년 1월 베르사이유 궁전에 있는 '거울의 방'에서 '독일제국'의 성립을 선포하여 세계를 놀라게 했다.

이 전쟁을 참관한 일본 장교단은 말할 것도 없고 메이지 정부의 다른 지도자들도 독일을 다시 보게 되었다. 후일 육군대장과 수상을 역임한 가쓰라 다로桂太郎가 독일 육군대학에 유학한 것도 이 무렵이었다. 이른바 '한일합병조약'도 가쓰라의

일본 극우의 탄생 메이지 유신 이야기

수상 재임 시절 단행된 일이다.

　가쓰라는 육군성 차관 시절인 1885년, 프로이센 육군대학 출신의 전술가 메켈Klemens Jakob Meckel 육군 소령을 초빙했다. 멧켈은 3년간 육군대학에서 참모학을 강의하는 한편 가쓰라의 지원으로 당시 3만 명 정도의 일본 육군을 독일식으로 개편하여 군의 근대화 초석을 마련했다. 놀랍게도 그는 앞으로 만주에서 벌어질 전투를 상정하여 병참의 중요성을 가르쳤다고 한다. 청일전쟁과 러일전쟁에 참전했던 참모 장교의 상당수는 그의 제자들이었다. 일본 육군은 메켈의 업적을 기념하여 1912년 그의 흉상을 일본 육군대학 관내에 건립했다.

　1880년대 초진보적 성향의 정치가들이 민선 국회 개원과 헌법 제정을 요구하는 목소리를 높이자, 일본 정부는 1890년에 국회를 개원한다는 조서를 발표하고 이토 히로부미를 의회제도 및 헌법 조사를 위해 유럽에 파견하게 된다. 1년 3개월에 걸쳐 영국, 프랑스, 독일 등을 순방하는 중에, 이토는 천황제 국가를 근대적 헌법 체제로 포장하는 데는 독일의 입헌군주제가 안성맞춤이라는 생각을 굳히게 된다. 그는 베를린 대학의 그나이스트Rudolf von Gneist 교수, 오스트리아 빈 대학의 슈타인 Lorenz von Stein 교수로부터 헌법의 기초 원칙에 관한 가르침을 받고 초안 작성에 필요한 각종 자료를 수집했다.

　이토는 귀국 후 독일인 뢰슬러Hermann Roesler 법률 고문 등의 도움을 받아, 군주의 권한이 강한 독일식 입헌군주제 모델에 천황 중시의 국가관을 가미한 헌법 안을 마련했다. 이것이 추밀원의 자문을 거쳐 1889년 2월 11일 공포된 '대일본제국 헌법'이다.

독일은 헌법 제정, 군사제도 개혁 이외에도 문학, 교육, 학술 등 여러 분야에 걸쳐 근대 일본에 적지 않은 영향을 미쳤다. 국가國歌인 '기미가요' 작곡에도 독일인 음악가 에케르트 Franz Eckret가 관여했다. 에케르트는 1910년 조선에 초빙되어 활동하던 중 병사하여 양화진 외인 묘지에 묻혔다.

패전 후 과거 청산과 관련하여 독일과 일본의 태도를 살펴보자. 독일과 일본 모두 파시즘의 충동과 민족적 편견에 입각한 역사관에 휩쓸려 전 유럽의 독일화, 전 아시아의 일본화를 무모하게 획책하다 비극적인 종말을 맞이했다.

전후 독일은 전쟁의 책임을 명확히 인식하고 유럽의 일원으로서 거듭나려는 결의를 다지고 이를 행동으로 보여주었다. 1970년 12월 바르샤바의 유태인 위령비 앞, 빗물이 질퍽한 땅바닥에 무릎을 꿇고 기도하는 브란트 수상의 모습은 모든 폴란드인들의 마음을 움직였다. 이 한 장면은 폴란드를 비롯한 동구 사회주의 국가들과 화해를 실현하는 촉매제가 되었다. 역사적 기념일에 독일의 지도자들은 세계를 향한 진솔한 사죄의 메시지를 계속 보내왔다. 1985년 5월 8일, 독일 패전 40주년 기념일에 바이체커Weizsaecker 대통령이 행한 "과거에 눈을 감는 자는 현재와 미래에도 눈 먼 장님이 된다"는 연설은 전 세계를 감동시켰다. 독일은 전후 50년에 걸쳐 막대한 고통을 주었던 이웃 나라들과 진정한 화해의 토대를 만드는 데 성공했다.

아시다시피 일본의 대응은 전혀 달랐다. 여기에는 여러 가지 원인이 있겠으나 일본이 외래 문물을 습득하는 과정에서 본질이나 정신보다는 외양, 즉 기술적 측면에 집중한 데에서 연유한다고 하겠다. 일본은 독일의 제도나 철학을 수용했지만, 역사를 직시하는 독일의 자세에서 교훈을 얻으려 하기보다는 자기 합리화에 급급한 인상이다.

독일의 패전 기념일은 나치 독일이 1945년 5월 7일 무조건 항복 문서에 조인한 다음 날, 즉 항복 문서가 발효된 5월 8일이다. 이날 기념행사는 국회에서 열리는데 국회의원들이 참석한 가운데 국가 원수인 대통령이 기념 연설을 행한다. 전몰자를 추모하는 내용이 아니라 과거의 잘못된 행위에 대한 역사적 인식을 미래 지향적으로 표명한다. 전몰자 추모일은 제1차 세계대전 휴전 협정에 서명한 11월을 기념하여, 11월 셋째 일요일을 '국민 추도일'로 하고 있다.

반면 일본은 무조건 항복을 요구한 포츠담 선언을 수락한 날이자 쇼와昭和 천황의 '종전조서'가 공표된 8월 15일을 전쟁이 끝난 날로 간주하고 있다. 일본이 항복 문서에 조인한 날은 8월 15일이 아니라 9월 2일이다. 일본에서는 매년 8월이 되면 매스컴이 앞 다투어 전쟁 특집을 쏟아내는데 십중팔구는 8월 6일과 9일의 히로시마 및 나가사키 원폭 투하와 시베리아 억류 등 전쟁 피해자로서의 일본에 초점을 맞추고 있다. 전후 일본의 평화운동이나 평화교육 역시 가해자 일본의 모습은 애써 외면한 채 피해 체험의 발굴과 계승에 주력해 왔기 때문에 국제적인 공감을 얻지 못하고 있는 실정이다. 일본은 8월 15일을 패전 기념일이 아닌 '종전 기념일'로 부르면서 전몰자 추도의 날로 정착시켜 왔다.

일본의 전쟁 책임이 모호하게 된 요인 중 하나로, 패전 전 일본 정치 지도자들의 인맥이 그대로 이어져 왔다는 점도 지적할 수 있다. 일례로 A급 전범 혐의로 수감되었던 기시 노부스케는 석방된 후 정계에 복귀하여 수상직에까지 올랐고, 현재 그의 외손자인 아베 신조安倍晋三가 최장기 집권 수상이란 기록을 갱신 중에 있다. 독일에서는 상상도 할 수 없는 일이다.

일본은 "도대체 몇 번이나 사죄하라는 말인가?"라고 짜증내면서, 한국인들이 원하는 것은 사죄의 진솔성과 그것을 뒷받침하는 행동이란 사실을 외면하고 있다. 130년 전 메이지 정부 지도자들이 632일간 서양 각국을 돌아보며 국가의 진로를 고민했듯이, 전후 세대에 속한 일본의 지도자들도 유럽과 이

스라엘에 직접 가보기를 권한다. 일본인다운 철저한 탐구심을 가지고 독일이 어떻게 그들과 화해했는지를 살펴본다면 의외로 간단하게 해답을 얻을 수 있을 것이다. 2015년 3월 일본을 방문한 메르켈Merkel 독일 총리가 아베 총리에게 한 말을 되새겨보기 바란다.

"과거의 정리는 화해를 위한 전제다."

근대 일본제 한자어의 위력

일본의 정사 《일본서기(720)》에 따르면, 4세기 말 백제의 왕인 박사가 논어 10권과 천자문을 일본에 전래했다. 또한 중국의 사서 『송사宋史』에도 이 같은 사실이 기록되어 있다. 조선을 통해 중국의 한자를 배운 일본인들이 근대에 들어와서 일본제 한자어를 만들어냈고, 이것이 현재의 중국과 한국에까지 영향을 미치고 있다는 것은 놀라운 사실이다.

메이지 유신의 일본에서 후쿠자와 유키치 등 계몽 지식인들은 서양어의 개념을 번역해야 했고, 그 과정에서 일본제 한자어를 다수 만들어냈다. 물론 이들이 독창적으로 어휘를 만들어낸 것은 아니다. 《논어》와 《맹자》 등의 중국 고전, 중국 거주 서양인들의 한역 번역서, 중영사전 등을 활용해 새로운 의미를 부여한 것이다. 미국의 선교사 마틴Martin이 휘튼Wheaton의 저서 《국제법 원리》를 한역하여 간행한 《만국공법》도 참고한 것으로 보인다.

19세기 중반 아편전쟁에서 패배하고 태평천국의 난을 진압하는 과정에서 서구 열강의 군사·기술적 위력을 체험한 청국은 중국의 전통문화와 사상은 유지하면서 서양의 과학기술을 활용하여 부국강병을 도모하겠다는 중체서용中體西用의 양무洋務, 즉 근대화 운동을 추진하게 되었다.

청국 정부는 양무운동의 일환으로 1862년 베이징에 외교관과 통역관 양성을 위한 '동문관'을 개설하여 영어, 프랑스어, 러시아어를 본격적으로 교육했다. 일본어는 배울 가치가 없다고 판단했던지 당초에는 일본어과를 두지 않았다가 청일전쟁 이후 1898년에야 개설했다.

메이지 유신 이후 근대화에 박차를 가하고 있는 일본과 봉건적 체제 유지에 부심하는 청국 간에 힘의 관계가 역전되었다. 사실상 관계 역전에 앞서 일본은 중국으로부터 더 이상 배울 것이 없다고 공언하기까지 했다. 1885년 후쿠자와 유키치는 당시 조선과 중국과의 절연絶緣을 촉구하는 '탈아론'을 발표했다. 일본은 이미 중국의 문화적 속박에서 벗어났으며, 양국 간에 지식의 흐름이 역전된 시기가 도래했음을 선언한 것과 다름없었다.

공전의 위기에 직면한 중국은 일본의 근대화를 배우기 위해 일본에 유학생을 파견하기 시작했다. 1896년 제1회 관비 유학생 13명으로 시작된 일본 유학생은 1905년에는 1만 명 정도로 대폭 증가했다. 루쉰, 저우언라이, 량치차오 등도 유학생 리스트에 이름을 올렸다. 이들이 유학을 마치고 귀국하게 되자, 일본제 한자어가 한자 종주국인 중국에 대량으로 유입되었다.

일본제 한자어의 유입과 수용을 둘러싸고 중국의 학자, 지식인들 간에 치열한 논쟁이 전개되었다. 당시 중국의 개혁 지도자인 캉유웨이, 량치차오 등은 서양문명을 도입하는 지름길로써 일본제 한자어를 받아들여야 한다고 주장했다. 흥미로운 점은 마오쩌둥이 일본제 한자어 사용에 대해 전향적인 태도를 취했다는 것이다. 마오쩌둥은 공산당의 정풍운동을 환기시키며, 문장의 표현을 풍부하게 하기 위해 외국어로부터 배우는 것도 중요하다고 하면서, 연설 중에 일본제 한자어인 '간부'를 사용하기도 했다. 1949년 10월 1일 마오쩌둥이 정식으로 선포한 '중화인민공화국'의 국명 중 '중화'만이 순수한 한어漢語이고 '인민'과 '공화'는 일본제 한자어다.

한편에서는 일본어 번역서가 범람하고 식자들이 일본제 한자어를 남발하는 현상을 개탄하고 반대하는 지식인도 있었다. 그 대표적인 인물이 일본 유학 경험이 있는 팽문조彭文祖다. 그는

일본 극우의 탄생 메이지 유신 이야기

1915년 도쿄에서 출간된 《장님이 장님 말을 타는 신조어盲人瞎
馬新名詞》라는 저서에서 권리, 의무, 수속, 법인, 맹종 등 50여
개의 신조어를 예시하면서 한자는 중국 고유의 문자인데 조상
의 가르침을 망각하고 일본 한자어의 기이한 뜻과 어법을 그
대로 따르는 행위는 해괴한 짓이며 망국으로 치닫는 길이라고
맹비난했다.

베이징대학 초대 총장을 역임한 옌푸嚴復 역시 일본제 한자
어에 이의를 제기하면서 나름의 대안을 제시했다. 영국 유학
경험이 있는 옌푸는 서구의 정치학, 경제학, 철학 분야의 명저
를 다수 번역 소개하면서 새로운 어휘를 선보였다. 예컨대 경
제학을 계학計學, 물리학을 격물格物, 정치학을 치제론治制論, 언
어학을 자학字學, 자본을 모재母財, 진화를 천연天演 등으로 제시
한 것이다. 하지만 모두 일본제 한자어에 밀리고 말았다. 자신
들이 문명 그 자체라고 자부하던 중국의 식자들에게 동쪽 오
랑캐 일본이 만든 한자어 유입은 충격 그 자체였다. 그들은 적
잖은 심리적 갈등을 겪는 한편 일본제 한자어라는 것이 따지
고 보면 서구 서적의 한역에 불과한 '아큐阿Q'라는 식으로 자위
하기도 했다.

일본제 한자어의 중국 유입은 1919년 5·4운동(신문화운동)을
계기로 하강 국면으로 접어들었다. 중국 역사상 최초의 성공
한 시민운동인 5·4운동은 중국 근대화의 흐름을 뒤바꾸어 놓

앉으며, 중국이 반# 식민지 상태에서 벗어나 민족주의에 입각한 근대국가로 변화할 수 있는 길을 열었다는 점에서 역사적 의미가 크다. 5·4운동 이후 새로운 문체와 어휘가 점차 확립되었다. 한편 일본 유학 붐도 서서히 식고, 중국 학계도 미국, 유럽으로 눈을 돌리기 시작했다. 이후에는 새로운 일본제 한자어의 수용보다는 이미 이입된 어휘를 소화하고 정리하는 단계로 진입했다 하겠다.

중화인민공화국 성립 후, 1956년 1월부터 중국 문자 개혁과 언어 규범화 운동이 진행되는 가운데 일본어 어휘의 차용 문제가 다시 거론되었다. 1958년 무렵에는 《현대 한어 외래어 연구》가 간행되었다. 중국 최초의 외래어 전문 서적인데 그중 〈현대 한어 중의 일본어 어원〉이란 챕터가 있어서, 이를 계기로 본격적인 일본제 한자어 연구가 기대되었으나 문화혁명(1966~1976) 등의 정치적 요인으로 외래어 연구가 터부시되어 휴면 상태로 접어들고 말았다. 1977년 이후 개방·개혁의 추세와 더불어 일본어 학습 붐이 일어났다. 일본어 교육의 견지에서 중일 한자 비교 연구가 행해져 1984년 12월 최초의 외래어 사전인 《한어 외래어 사전》이 간행되었다.

필자는 2012년 4주간 베이징대학의 하계 어학 코스에 참가한 적이 있다. 수업은 아침 8시부터 12시까지여서 오후는 자유 시간이었다. 책 사는 것이 취미라 오후에는 으레 베이징대학 근처의 헌책방을 뒤지고 다녔다. 그러다 어느 날 마침내 《한어 외래어 사전》을 구할 수 있었다. 사전이라고는 하지만 422페이지 분량에 영어, 프랑스어, 독일어, 러시아, 일본어 등에서 차용한 약 1만 개의 어휘가 수록된 소책자다.

숙소로 돌아와 일본어 어원 표시가 되어 있는 단어를 모두 노트에 옮겨 적어서 헤아려 보았더니, 전체 외래어 단어 중 약 8%인 890여 개 정도였다. 이중 한국에도 유입되어 현재 통용되고 있는 일본제 한자어는 700개 정도다. 외래어 중 한국어가 어원인 것은 가야금伽倻琴, 북타령鼓打令, 도라지道拉基, 아바이阿爺伊 등 20개가 채 안 되며 대부분 북한 어휘였다.

《한어 외래어 사전》에 수록된 892개의 일본제 한자어 중 현재 한중일 3국에서 모두 사용하고 있는 어휘는 709개 정도인데 분야별로 10개씩만 뽑아 예시한다.

- 정치: 군국주의, 공산주의, 공화, 독재, 민주, 무산계급, 사회주의, 이념, 해방, 혁명
- 경제: 경제학, 공황, 국세, 노동조합, 상업, 생산, 수입, 수출, 현금, 회계
- 법률: 공소, 공판, 권익, 권한, 법률, 변호사, 심판, 판결, 헌법, 형법
- 군사: 가상 적국, 계급, 군부, 기관포, 봉쇄, 사변, 수류탄,

침략, 침범
- 문학·예술: 각본, 교향악, 만화, 문명, 문학, 문화, 무대,
  미술, 예술, 전람회
- 철학: 개념, 관념, 논리학, 범주, 변증법, 본질, 유물론, 유
  신론, 종교, 철학
- 자연과학: 물리, 물리학, 분자, 분해, 수소, 자외선, 전파,
  진화론, 질소, 화학

서양의 학술용어나 새로운 개념을 지칭하는 용어들은 대부
분 그리스어나 라틴어로부터 유래되었다. 한중일 3국은 한자
의 뛰어난 조어造語 능력을 활용해 새로운 어휘를 만들어내거
나 고어에 새로운 개념을 부여할 수 있다. 한중일 동아시아 3
국이 한자 문화권을 형성하고 있기에 메이지 유신 이후 일본
에서 만들어진 근대 한자어가 한국과 중국에도 자연스럽게 유
입되고 현재까지 활발히 사용되고 있다고 볼 수 있다.

오늘날 동양 3국은 《한어 외래어 사전》에 수록된 근대 일본
제 한자어 없이는 정치, 경제, 법률, 사회 분야 등을 논할 수
없다. 일본인의 조어 능력은 알아줄 만하다. 일본제 한자어의
생성과 이입 과정을 살펴보면서 한중일 3국이 한자를 통해서
상호 이해와 호혜의 관계를 이어왔다는 사실을 새삼 깨닫게
된다.

일본 극우의 탄생 메이지 유신 이야기

VI.

동아시아의
어제, 오늘,
내일

조선 강점의 시그널, 강화도조약

　1868년에 수립된 메이지 정부가 당면한 대조선 외교의 현안은 국교 회복이었다. 1869년 1월 일본 정부는 새로운 정부 수립을 통보하면서, 쓰시마번을 통해 국교 회복을 요청하는 외교 문서를 조선에 보냈다. 조선 측은 문서의 내용을 문제 삼아 접수를 거부했다. 일본을 황제의 국가로 칭하듯이 '황皇', '칙勅' 등의 문자를 사용하고 있었기 때문이다. 그러자 일본 내에서 조선이 무례하다고 비난하면서 본때를 보여주어야 한다는 강경론이 득세했다.

　외교 문서에는 엄격한 형식이 있어서 변경 시에는 반드시 사전 협의가 필요하다. 한일 간의 외교적 관습을 하루아침에 무시해 버린 일본에게는 기존의 조일 관계를 전면적으로 개편하겠다는 속셈이 있었다. 만약 조선이 관례를 무시한 외교 문서를 접수한다면 조선, 청국, 일본 간의 3국 관계가 논리적 함정에 빠지게 된다. 즉 조선이 문서를 접수하면 중국 황제와 일본 천황이 동격임을 인정하는 것이므로, 중국 황제의 책봉을 받고 있는 조선 국왕은 일본 천황보다 아래에 놓이게 된다. 일본은 바로 이것을 노리고, 동양에서는 오로지 중국 황실과의 관계에서만 사용되어 온 '황'과 '칙'을 조선에 보내는 외교 문서에 사용한 것이다.

그러나 근대 국제법상의 견지에서 보면, 조선의 외교 문서 수취 거부는 메이지 신정부에 대한 승인 거부를 의미하는 것이므로 일본의 반발은 불가피했다. 이로 인해 양국 간에는 8년간 긴장 관계가 지속되었다. 이런 혼란을 틈타 일본 외무성의 모리야마 시게루森山茂 등 3명이 쓰시마번의 관리로 가장하여, 1870년 2월 하순에서 3월 초순까지 초량 왜관에 머물면서 부산에 대한 현지 조사를 감행했다. 외무성 관리로는 처음 조선에 온 이들은 귀국하자마자 조선에 관한 자세한 정탐 보고서와 함께 건의서를 제출했다.

건의서의 내용은 다음과 같았다. '수호조약 체결이 순조롭게 진행되지 않을 경우 무력을 사용하는 길밖에 없다. 일본은 조선의 종주국인 중국과 먼저 대등한 조약을 체결하여 조선을

일본 극우의 탄생 메이지 유신 이야기

한 등급 낮게 만들고, 아울러 유사시 중국의 개입을 방지해야 한다.' 건의 내용에 따라, 일본 정부는 조선과 계속 실무적인 접촉을 하면서 중국과의 수호조약 체결 교섭에 적극적으로 나섰다.

1871년 9월, 마침내 일본은 화이華夷 질서의 정점에 있던 청국과 수호조약을 체결했다. 청일 수호조약은 근대 국제법 원리에 입각한 평등 조약으로서 동아시아 국제관계에 있어 파워의 변화를 상징적으로 나타낸 사건이다. 청나라와 평등한 관계에서 조약을 체결한 일본은 청나라의 조공국인 조선보다 우위에 서게 되었다고 으스댔다.

1872년 5월 청국에 다녀온 동지사冬至使(매년 동짓달에 중국에 보내던 사신) 민치상이 '일본과 중국이 군신 관계가 아닌 대등한 관계에서 조약을 체결했다'고 보고하자 고종을 비롯한 조선의 위정자들은 놀라움을 금치 못했다. 멀지 않은 장래에 일본과의 새로운 관계 수립이 불가피하다는 인식을 막연하게나마 갖게 되었을 것이다.

1873년 12월 통상·수교를 요구하는 프랑스와 미국을 격퇴하고 쇄국정책을 시행하던 흥선 대원군이 하야하고 고종의 친정 체제가 시작되었다. 일본은 때가 왔다고 보고 1874년 5월 모리야마 시게루를 다시 조선에 파견하여 양국 간의 새로운 관계 수립을 협의토록 했다. 그러나 '황皇' 등의 문자를 둘러싼 견해 차이가 해소되기는커녕 모리야마의 양복 차림 등이 문제가 되어 새로운 갈등까지 빚어지고 말았다.

이에 일본은 군함 운요호雲揚号를 부산에 입항시켜 시위를 벌였지만 효과를 거두지는 못했다. 일단 나가사키로 돌아갔다가, 다시 조선 근해로 침입한 운요호는 9월 20일 강화도에 접근해 조선의 포격을 유발하는 강화도사건을 일으켰다. 운요호는 초지진 포대의 공격을 받자 20여 명의 해군을 초지진에 상륙시켜 관아와 민가에 불을 지르고 30여 명을 살상한 후, 포 30문 등을 빼앗아 나가사키로 돌아갔다.

운요호 선장 이노우에 요시카井上良馨 해군 소좌는 사쓰마 출신의 열렬한 정한론자였다. 그는 후에 해군 대장까지 승진했고 퇴역 후에는 자작의 작위를 받았다. 강화도에서 철수해 나가사키로 돌아간 그는 9월 28일자로 해군 본부에 사건의 전말을 보고했다.

그러자 주일 영국 공사 파크스가 신문에 보도된 강화도사건에 대해 구체적인 설명을 듣고 싶다고 일본 외무성에 요청했고, 10월 7일로 면담 일자가 잡혔다. 그런데 일본 측에서 이노우에의 보고서를 검토해본 결과, 사실대로 설명하면 국제법상 자신들이 불리하다는 판단이 내려졌다. 외무성의 요청을 받은 해군 본부는 10월 초에 이노우에를 상경시켜 보고서의 수정을 지시했다. 지시에 따른 보고서는 3일간에 걸친 사건을 하루에 일어난 것으로, 이튿째부터 게양한 일장기를 첫날부터 게양한 것으로 바꾸었다. 뿐만 아니라 식수를 구하기 위해 접근했다가 포격을 당했다는 내용이 추가되었다.

외무성은 수정된 보고서에 따라 파크스 공사에게 강화도사건에 대해 설명했다. 그 후 다른 공관들의 요청이 이어지자, 10월 17일 외무성은 도쿄 주재 외교단을 초치해 수정된 내용에 따라 강화도사건의 설명회를 진행했다. 일본 국기를 게양한 운요호가 해로 측정 도중에 마실 물을 구하러 접근했는데 갑자기 포격을 가한 조선의 행위는 국제법 위반이며, 조선은 국제법에 무지한 야만적인 국가라는 것이 핵심이다. 일본이 무력행사를 할 수밖에 없었던 불가피성과 정당성을 피력한 것이다. 일본의 왜곡된 설명을 들은 외교관들은 모두 고개를 끄덕이며 동감을 표시했다.

그러나 진실은 언젠가 밝혀지기 마련이다. 2002년 가을, 서울대학교 이태진 교수와 도쿄대학 스즈키 준 교수가 우연히도 같은 시기에 보고서 왜곡에 대한 연구 논문을 발표하면서 세상에 진상이 알려지게 되었기 때문이다.

한편 운요호 사건을 전해들은 일본 국내에서는 개전론開戰論이 크게 일어났다. 1875년 12월 일본 정부는 조선의 책임을 묻기 위해 사절을 파견하기로 결정하고 사쓰마의 육군 중장 출신 구로다 기요타카黑田淸隆를 특명 전권대신에, 조슈의 이노

메이지 신정부의 실력자 이노우에 가오루의 대저택. 그는 이토 히로부미 내각에서 외무상, 내무상 등을 역임했고 조선 주재 공사를 자원했다.

우에 가오루井上馨를 특명 전권 부대신에 각각 임명했다. 당초에는 조슈의 거두巨頭인 기도 다카요시를 특명 전권대신으로 파견하기로 결정했으나 내정 직후에 기도가 뇌일혈로 쓰러져 구로다로 대체되었다고 한다.

전권 부대신 이노우에는 구로다보다 다섯 살 연상에, 1863년 이토 히로부미와 함께 영국에 유학한 경험이 있는 신정부의 실력자다. 이노우에는 그 후 1879년부터 약 8년간 외무대신을 역임하고, 청일전쟁이 발발하자 조선 주재 공사를 자원하여 부임한 특이한 인물이다. 국가를 위해서라면 기꺼이 후배의

일본 극우의 탄생 메이지 유신 이야기

뒷바라지를 하는 일본 정계의 풍경은 아소 타로 전직 총리가 아베 내각의 재무상으로 입각한 예에서도 볼 수 있다.

일본 정부는 조선 개국을 위한 사절단을 구성하면서 강온强溫과 문무文武를 적절히 안배했음을 알 수 있다. 또한 일본은 무력 확보와 아울러 《만국공법》으로 상징되는 국제법의 이론 무장, 조선인 고문 확보, 미국 해군으로부터 조선 해역의 해도 입수 등 치밀한 사전 준비를 했다. 일본은 메이지 원년인 1868년부터 강화도사건이 일어난 1875년까지 10여 종의 국제법 관련 서적을 발간했다. 이중에는 미국에서 간행된 국제법 서적의 일본어 번역판도 있었다.

구로다는 미국 페리 제독이 군함을 이끌고 일본을 개국시킨 수법을 그대로 흉내 내어 1876년 2월 일곱 척의 군함을 이끌고 강화도에 상륙했다. 그런데 구로다 일행에 조선인 통역 김인승이 포함되어 있었다는 사실에 주목해야 한다. 구로다는 일본에서 정한론이 고조되고 있음을 강조하면서 조선을 압박했고, 2월 26일 마침내 조일 수호조약(강화도조약)이 체결되었다. 조선의 개국은 중국보다 35년, 일본보다 20년이 늦은 셈이다. 이 시차가 근대화의 차이를 결정짓는 하나의 요인이 되었다.

강화도조약 제1조에 '조선은 일본과 평등한 권리를 갖는다'라고 명시되어 있으나 실제로는 일본에 유리한 조약이었다.

같은 해에 수호 조규 부속과 무역 규칙이 조인되고 부속 문서도 교환됨으로써, 영사 재판권의 승인과 관세 자주권의 부인 등을 포함한 불평등 조약 체계가 모습을 드러냈다. 무력을 바탕으로 한 강화도조약은 조선의 강점強占을 염두에 둔 일본의 조선 침략 외교의 제일보였다.

친일파 제1호, 김인승의 비애

일본은 에도 막부 말부터 법률, 외교, 교육 등 광범위한 분야에 걸쳐 다수의 서양인 고문을 초빙했다. 특히 1868년 메이지 유신 이후에는 정부 기관뿐만 아니라 경제, 교육 등의 비정부 기관에서도 적극적으로 외국인을 고용하기 시작했다. 1868년부터 1889년까지, 일본의 정부 기관과 비정부 기관에 고용된 외국인 수는 총 2,690명에 달한다. 국가별로 보면 영국 1,127명, 미국 414명, 프랑스 333명, 중국 250명, 독일 215명, 네덜란드 99명, 기타 252명이다. 기타 항목에 있는 단 한 명의 조선인이 바로 김인승이다.

필자는 1970년대 중반 주일 대사관에 근무하던 시절 처음으로 김인승을 접했고, 1988년에 출간한 《근대 한일 관계와 국제법 수용》에서 그에 대해 내용을 한 페이지 정도 다룬 적이 있다. 그리고 오랜 시간이 흐른 후, 그러니까 2008년 김인승은 다시 우리 앞에 나타났다. 성신여자대학교 총장을 역임한 구양근 박사가 일본 외무성 외교 사료관에서 발굴한 자료에 기초해, 50여 페이지에 달하는 김인승에 대한 논문을 발표한 것이다. 이 논문은 후학들에게 큰 가르침을 주었다. 지금 소개하는 내용 역시 구양근 박사의 논문에 힘입은 바 크다는 사실을 밝혀둔다.

김인승은 함경북도 경흥 출신으로 일찍부터 경흥부에 근무하면서 상당한 직책을 맡았다. 1860년대 말 경흥 지방에 대기근이 몰아치자 수천 명에 이르는 백성들이 두만강을 건너 연해주로 이주했다. 이 무렵 김인승은 수령과의 불화로 관직을 그만두고 연해주로 건너가, 블라디보스톡 북부에 있는 니콜리스크의 조선인 촌락에 정착했다. 니콜리스크는 러시아와 중국을 잇는 교통의 요지로 일찍부터 많은 한인들이 살고 있었다. 러시아에서 최초로 3·1 운동이 일어난 곳이기도 하다.

김인승이 니콜리스크에서 학교를 열어 한인 아이들을 가르치던 때였다. 1875년 일본 외무성은 러시아 항만 시찰과 무역 사무소 개설을 타진하기 위해, 과장급의 세와키 히사토瀬脇壽人를 연해주의 블라디보스톡과 포셋 지방에 파견했다. 일본의

일본 극우의 탄생 메이지 유신 이야기

운요호 사건 도발을 5개월 정도 앞둔 민감한 시기였다. 세와키는 이곳에서 2개월 정도 체류하면서 러시아 당국과 무역 사무소 개설 문제를 협의하는 한편 흑룡강 주변의 청국 동향과 조선에 관한 정세도 탐문했다. 외무성이 그에게 부여한 훈령 가운데에는 '조선인을 고용해 조선 땅으로 들어가서 토지, 풍속 등을 정탐할 것'도 포함되어 있었다.

세와키는 조슈 출신으로 영어와 네덜란드어를 구사할 줄 아는 외교관이자 학자였으며, 포병술까지 익혀서 그야말로 문무를 겸비했다. 페리 제독이 개국을 강요하기 위해 내항했을 무렵, 현재의 도쿄대학 부근에 사숙을 열어 영어와 네덜란드어 등을 가르치기도 했다. 세와키의 문하생 중에는 일본 근대 철학의 아버지로 일컬어지는 니시 아마네西周가 있는데, 그는 'Philosophy'를 '철학'으로 번역한 주인공이기도 하다. 세와키는 메이지 유신 이후에 도쿄대학 전신인 개성학교 강사로 일했고, 40대 말의 늦은 나이에 외무성 관리가 되어 일본과 러시아 간의 무역 진흥 업무를 맡았다.

세와키가 조선인 협력자를 물색하던 중에, 무토 헤이가쿠武藤平学가 자신과 호형호제하는 사이라고 하면서 한복 차림의 조선인 김인승을 소개해주었다. 김인승은 언젠가 고향으로 돌아갈 요량으로 늘 한복에 상투 차림으로 지냈다고 한다. 세와키 히사토는 후일 귀국한 후에 《블라디보스톡 견문잡기》를 저술했을 정도로 문인 기질를 갖고 있었기에, 조선의 선비 김인승과 죽이 잘 맞았다.

세와키는 김인승과의 첫 대면에서 그가 휘갈겨 쓴 달필에 질렸다고 전한다. 자신의 졸필이 매우 부끄러웠다고 훗날의 기록에 적고 있으니 말이다. 세와키는 김인승의 성격이 곧고 한학 실력이 출중하여 조선 현지에서도 쉽게 구할 수 없는 인재라고 평가하면서 외무성에 그의 고용을 건의했다. 세와키의 건의가 주효했던지, 외무성은 1875년 8월 1일부터 10월 31일까지 3개월간 김인승을 고용하되 급료는 하루에 1엔씩으로 한다는 계약 조건을 제시했다.

하루에 1엔이면 한 달에 30엔이라는 계산인데, 1875년 순사의 초임 월급이 4엔이란 사실을 감안하면 그리 나쁘지 않다고 생각할 수도 있다. 그러나 당시 일본에 고용된 서양인 고문들의 월급이 외상보다 높은 600엔이었던 것에 비하면 사람대접이 아니었다. 서양인 고문들은 모두 최상급 전문가로 일본의 근대화에 크게 기여한 인물들이 많았다고 하더라도, 외무성 고문 김인승에 대한 처우는 고문이라고 말하기도 어려운 최하급이었다. 유랑민 신세로 곤궁했던 그는 월 30엔의 급여에 감지덕지했을 것이다. 참고로 1875년 도쿄에서는 현미 150kg이 7엔 28전이었다.

김인승은 고용 조건을 받아들였고, 1875년 7월 세와키를 따라 일본으로 건너가서 정식으로 외무성의 외국인 고문으로 채용되었다. 운요호 사건(1875년 9월), 강화도조약(1876년 2월)에 대비한 사전 포석이었다. 일개 서생에 불과했던 김인승이 자신을 고용한 일본국의 저의를 알아차리기는 어려웠을 것이다.

외무성이 그를 고용한 목적은 만주 지방의 지도 작성과 북방 상황의 정탐, 그리고 침략용으로 사용할 조선의 지도 작성 등이었다. 1875년 10월 육군성 참모국은 김인승의 자문을 받아 휴대용 수첩 형식의 〈조선 전도〉를 제작했다. 일본 외무성은 김인승의 자질이나 업무 능력에 만족했던 모양이다. 1차 계약 기간 중에 급료를 월급제로 바꾸고 금액도 두 배로 늘려 60엔 정도로 다시 책정했으며, 당초 3개월간의 계약 기간을 1876년 4월경까지 연장했다.

운요호 사건이 일어난 후인 1875년 12월, 구로다 기요타카 전권대사가 김인승에게 강화도 수교 교섭에 동행할 것을 지시하자, 그는 황공하여 몸 둘 바를 몰라 했다. 김인승은 구로다에게 서한을 보내, 일본에 충성을 서약하는 의미에서 상투를 자르고 한복에서 양복으로 갈아입고 동행하겠다는 결심을 피력했다. 만족한 구로다는 강화도 교섭에서 조선 대표를 설득할 방안을 서면으로 제출하라고 지시했다. 김인승은 18개 항목에 걸쳐 장문의 의견서를 제출했다. 인구가 엄청나고 땅이 광대한 청국이 이미 일본과 수호조약을 맺은 점, 조선이 일본과 수호조약을 맺으면 서로에게 이익이 된다는 점을 부각시켜 설득하라는 요지였다.

김인승이라는 개인은 성격이 곧고 동포애도 강한 조선의 전통적인 선비였다. 그에게 조선을 둘러싼 열강 간의 힘겨루기가 벌어지고 있는 국제 정세를 볼 수 있는 안목을 기대하는 것은 무리였다. 그는 조선의 종주국인 중국이 이미 일본과 수호조약을 맺었고, 일본이 잘 지내자며 수호修好를 요청하는데 굳이 거절할 이유가 있겠는가, 하고 나름대로 판단했던 것으로 보인다.

구로다 기요타카 전권대사. 친일파 1호인 김인승을 발탁해서 강화도 조약 등에 활용한 인물이다.

일본 극우의 탄생 메이지 유신 이야기

김인승은 구로다와 함께 강화도로 와서, 모든 공문의 한문 번역 및 수정을 책임졌다. 결과적으로 일본에 유리한 조언을 하여 조선의 입장을 난처하게 만든 매국노 역할을 함으로써 조선의 친일파 제1호로 기록되는 불명예를 안게 되었다. 강화도조약을 체결하고 일본으로 돌아온 그는 그때서야 자신의 행동에 대해 자격지심을 느꼈던지 '거리에서 듣기 불편한 말이 들리고 길을 걸을 때 두려운 마음이 든다'라고 털어 놓았다.

김인승은 도쿄에 체류하면서 일본에 귀화할 생각도 했던 것 같다. 정한론의 주창자인 기도 다카요시木戸孝允가 김인승을 직접 면담하고 조선의 정세 등을 탐문한 적이 있었는데, 기도는 1875년 10월 17일자 일기에 김인승이 일본에 귀화할 의향이 있다고 기록했다. 그러나 김인승의 바람은 불발로 그쳤다. 일본의 의도대로 조일 수호조약이 체결되자 그는 토사구팽 당해 쓸쓸히 러시아로 되돌아가야 했다.

조선 사절단, 유신의 일본 시찰

　일본은 메이지 유신 이후 조일 수호조약 체결에 이르는 과정에서 조선이 보여준 완강한 태도를 고려할 때, 수호조약 후속 조치인 통상조약의 체결도 원만히 이행될 수 없으리라 판단했다. 따라서 교섭을 원활히 진행하기 위해서는 일련의 외교 공작이 필요하다고 생각한 것이다. 조선의 고위 사절을 초청해 유신 이후 괄목할 만한 발전을 이룬 일본의 모습을 직접 보게 함으로써, 일본에 대한 인식을 바꾸도록 한다는 방책이 제시되었다. 물론 조선 정부 내에 친일파를 심어두자는 장기적인 포석도 깔려 있었다.

　강화도조약 체결로부터 한 달이 채 안 된 1876년 3월, 조선

정부는 메이지 유신 이후의 일본 정세도 파악할 겸, 김기수를 수신사로 파견하기로 했다. 일본의 사절은 전권대신이라는 직명을 갖고 있었으나, 조선은 아직도 에도 시대의 사절을 연상시키는 수신사란 호칭을 사용하고 있었다. 김기수를 단장으로 해서 통역, 서기, 악공 등 총 75명으로 구성된 사절단은 1876년 5월 29일 조선을 출발하여 일본에서 한 달쯤 머물다가 6월 28일 귀국했다.

일본 외무성은 양국 간의 근대적 외교 관계 수립 후 처음 방일하는 사절단임을 고려해, 영접에 각별한 배려를 했다. 일본 정부 소유의 기선 황룡호와 함께 영접사를 부산까지 파견했는데, 선박에 조선어 통역과 의사까지 탑승시켜 항해 중에 불편이 없도록 만반의 준비를 다했다.

일본에 체재하는 동안에는 예정에 없던 천황 예방을 주선했고 성대한 연회도 주최했다. 이 자리에는 이토 히로부미, 구로다 기요타카, 이노우에 가오루 등의 정부 고관 이외에도 외교 실무자들이 총출동했다. 연회에 참석한 인물들의 면면을 살펴보면 하나같이 조선에 지대한 관심을 갖고 있었으며, 후일 조선에 대한 외교 정책에 깊이 관여하거나 외교 교섭의 현장에서 활약했다.

일본은 연회를 통해 조선 최초의 외교 사절인 김기수의 인물됨됨이를 관찰함으로써 개국 조선의 외교 담당자로 등장한 그의 자질을 평가함과 동시에 향후 조선과의 교섭에 대비하여 미리 개인적인 친분을 쌓아두려고 했다. 특히 강화도조약 체결 교섭에 특명 전권 부대사로 참가한 이노우에는 김기수를 자택으로 초대하여 그를 흐뭇하게 했다. 이노우에는 후에 외상을 역임했으며 갑신정변의 사후 처리로서 한성조약을 체결한 인물이다.

이노우에는 김기수에게 지구의를 선물하면서, 러시아가 조선에서 얼마 떨어지지 않은 곳에 위치하고 있다는 사실을 지적하고, 일본과 조선 모두 러시아의 남하 움직임을 각별히 경계해야 할 것이라고 충고했다. 이노우에는 러시아의 남하 정책으로 주의를 돌려서 조선의 뿌리 깊은 일본에 대한 경계심을 다소라도 희석시키고자 했던 것이다. 사실 경계해야 할 대상은 일본이 아니고 러시아라고 말하고 싶었을 것이다.

그는 송별의 자리에서 강대국은 단독으로 자립할 수 있지만 약소국은 서로 의존해야 자립할 수 있으며 조선과 일본은 지척에 있는 이웃으로서 '이와 입술 같은 관계'라고 설명했다. 한일 양국이 공동운명체임을 강조했던 것이다. 그는 사절단 일행이 귀국한 후에 조정에 잘 보고하여 강화도조약에 규정된 여러 사항을 지체 없이 실시할 수 있게 해달라고 당부함으로써 방일 초청을 한 본심을 드러냈다. 김기수 일행이 귀국한 후에 통상조약이 별 문제없이 빠른 시일 내에 체결된 것을 보면

일본 극우의 탄생 메이지 유신 이야기

일본의 초청 외교가 성공을 거두었다 하겠다.

　김기수 일행은 일본에 머무는 동안 분주한 일정을 보냈다. 군사학교, 의사당, 외무성, 교육기관 등을 시찰했으나 과도한 일정과 일본에 대한 사전 지식 부족으로 피곤만 가중되었다. 사절단이 귀국한 후, 방일에 상당한 관심을 갖고 있던 고종은 사절단 일행에게 일본의 근대화와 관련해 많은 질문을 했다. 일본이 어느 나라와 통상하고 있는지, 일본에 서양인들이 살고 있는지, 서양 국가 중 어느 나라가 가장 우수하고 강한지, 러시아와 아라사는 같은 나라를 지칭하는 것인지 등이었다고 한다. 고종도 개국의 불가피성을 인식하고 개국한 이상 근대화의 방법을 모색할 수밖에 없다고 판단한 것으로 보인다.

　그러나 김기수는 국왕의 질문에 부정적으로 대답하거나 "상세한 것은 모르겠습니다"라는 상투적인 답변으로 얼버무렸다. 특히 일본의 학문은 유교 경전을 중심으로 한 것이 아니라 전적으로 부국강병을 숭상하고 있으며 학풍은 이단적인 성격을 띤 것이라고 부정적으로 평가했다. 중화사상에 물들어 있던 김기수는 메이지 정부가 추진하고 있던 부국강병책을 '소위 부강술은 통상에 치중하는 것으로 겉으로는 막강해 보이나 실은 그렇지 못하다'라고 비판했다.

　그 후 1880년에 수신사로 일본을 방문한 김홍집은 귀국한 후에, 서양의 기술적 성과를 받아들인 일본의 문물제도를 배워야 한다고 주장했다. 이에 따라 조선 정부는 1881년 박정양 외 64명을 일본 근대화 실상 조사단으로 파견했다. 또한 같은 해에 청의 양무운동을 배우기 위해 유학생과 기술자 70명을 파견했다. 조미 수호통상조약 체결 1년 후인 1883년에는 청의 내정 간섭에 대한 견제와 미국의 근대 문물을 시찰하기 위해, 민영익을 단장으로 한 사절단을 미국에 파견했다. 미국에 간 최초의 사절단이었다. 하지만 개국한 지 35년이 지나기도 전에 망국으로 치달았던 국내외 상황 때문에 사절단의 성과를 제대로 활용할 수 없었음은 안타까운 일이다.

중국 외교관, 유신의 일본 견문

    1871년 9월 청국과 일본이 체결한 수호조약에 따라 청국은 주일 공사관을 설치했다. 1876년 9월 초대 주일공사 하여장何如璋(1838~1891)과 부사 장사계張斯桂(1816~1888)는 각각 황제로부터 임명장을 받았다. 신임 공사는 차석인 장사계가 자신보다 무려 22세나 연상인 60세의 고령이란 사실을 불편하게 생각했다. 그래서 공관 서열 3위인 참찬관(참사관)은 젊고 능력 있는 외교관으로 충당하고자 했다.

    하여장은 적임자를 물색하던 중 고향 친구의 아들인 황준헌(1848~1905)이 젊고 시무에 밝아 적임자라 생각하고, 그에게 일본 동행을 요청했다. 당시 외교관은 관료의 출세 코스가 아니었고, 당시 황준헌은 네 번째로 도전한 향시鄕試에 어렵게 합격

주일 청국 공사 하여장. 근대화 정책에 동조한 인물로, 김홍집 등에게도 조선이 부국강병 정책을 펴야 한다고 권고했다.

한 상태였다. 거인擧人(향시 합격자)의 신분이 된 지 두 달이 채 안 되었던 것이다. 그의 가족들은 황준헌이 진사에 급제하여 한림원에 들어가 출세하기를 기대했다. 그러나 3번의 쓰라린 낙방 경험과 진사 합격자들의 취직난을 목격한 그는 과거 시험을 포기하고 하여장 공사의 제의를 받아들였다.

1877년 12월 하여장 일행은 군함 편으로 부임 길에 올랐다. 황준헌은 나가사키 부근의 히라도平戸에 군함이 기항했을 때 잠시 상륙하여 민가를 둘러보았다. 깨끗한 골목, 얕은 울타리, 정원에 가득한 화초, 참으로 평화스러운 전경이었다. 어느 집 마루에 있는 감자를 사겠다고 황준헌이 돈을 내밀자 손사래를 치더니 감자를 거저 주었다고 한다.

일본 극우의 탄생 메이지 유신 이야기

그가 몇 년 전 과거 시험을 보기 위해 베이징으로 가던 도중에 목격했던 지저분한 촌락, 구걸하는 아낙네의 초라한 몰골이 불현듯 떠올랐다. 고국의 암담한 모습과는 너무나 달랐다. 그는 후일 자신의 저서에서 이때의 목격담을 '마치 도원경에 들어온 것 같았다'라고 적었다. 일본의 문화는 중화문명의 아류에 불과하다는 선입견을 지닌 그가 직접 본 일본은 오랑캐의 모습이 아니라 중국과는 다른 독자적 문화를 지닌 문명국이었다. 청결을 중시하고 매일 목욕을 하고 가난뱅이도 정원 손질하기를 좋아하며, 예의 바르고 친절하다. 도원경으로 투사된 일본의 첫인상은 그의 일본 인식에 큰 영향을 미쳤다.

주일 영국 파크스 공사와 데라시마 무네노리寺島宗則 외상은 하여장 공사에게 '러시아를 견제하기 위해서는 조선으로 하여금 각국과 수호통상조약을 체결하도록 권고해야 한다'고 조언했다. 하여장은 이들과의 접촉을 통해 조선의 위기는 일본과 영국의 위협이 아니라 러시아에 있다는 인식을 하게 되고, 이를 총리아문에 보고했다.

하여장은 1880년 방일한 김홍집과의 필담에서 개국의 필요성을 강조하며 조선의 급무는 러시아 방비에 있다고 설득했다. 이를 위해서는 '친중親中 결일結日 연미聯美'의 외교 정책을 펴야 한다는 것이다. 하여장이 쓴《조선책략》의 요지는 데라시마 외상과 파크스 공사의 지론과 일맥상통하는 면이 있다.

필담만으로는 그의 의도가 충분히 전달되지 않았을 것이라 우려한 하여장은 황준헌에게 지시해 필담 내용을 중심으로 금후 조선의 외교 방책을 서면으로 작성케 했다. 이것이 바로 김홍집이 조선으로 귀국하기 이틀 전에 황준헌이 전해준 《사의조선책략私擬朝鮮策略》이다.

6천 자에 달하는 이 소책자의 핵심은 '친중국親中國'이다. 오랫동안 이어져온 사대 질서의 책봉·조공 관계를 근대 서양 국제법의 속국으로 전환시키려는 책략이었다. 하여장은 김홍집에게 조선책략을 설교한 지 4개월 후인 1880년 11월, 조선의 외교는 중국이 주재해야 한다는 〈주지조선외교의主持朝鮮外交議〉를 이홍장에게 건의했다. 《조선책략》과 〈주지조선외교의〉는 한 쌍을 이루는 문서라 하겠다. 《조선책략》은 황준헌의 사적 메모라는 '사의私擬' 형식을 취하고 있으나 황제가 임명한 흠차대신인 특명 전권공사의 명을 받은 참찬관이 집필하여 조선 정부의 공식 사절에게 전달한 것이므로 공적인 성격을 배제할 수 없다.

황준헌은 일본에 부임하여 처음으로 접한 일본의 이국적 풍속과 제도에 놀라움을 감출 수 없었다. 일본어로 번역된 중국 서책이 넘쳐나고, 중국의 각 분야에 대한 일본인의 지식이 꽤나 깊은 것에 감탄했다. 반면 중국이 일본에 대해 갖고 있는 지식은 그 양이나 질에 있어 일본과 비할 바가 못 되었다. 그는 중국 최초의 주일 공사관에 부임한 문인이자 외교관이라는 책임 의식을 갖고 일본의 정치, 경제, 문화 등 전반에 걸쳐 자료를 수집하고 정리했다.

황준헌은 일본 땅을 밟은 지 10년이 되는 1887년에 일본 연구의 대저《일본국지日本國志》를 완성하여 이홍장에게 보냈으나 반응은 신통치 않았다. 1890년에 각판본이 제작되었고 1895년에야 정식으로 출판되었다. 《일본국지》는 40권, 50만 자에 이르는 대작으로 백과전서의 성격을 띠고 있다. 고대로부터 메이지 유신에 이르기까지 일본의 실상을 중국 지식인들에게 체계적으로 소개한 최초의 저술로, 중국은 메이지 유신으로부

일본을 배워야 한다고 주장한 청국 외교관 황준헌. 40권에 달하는 대작 '일본국지'를 완성했다.

터 배워야 한다는 한마디로 요약할 수 있다.

그는 일본 역시 쇄국정책을 취했으나 서양 포함외교^{砲艦外交}의 위협에 개국으로 전환하여 지금은 온 나라의 상하가 발분하여 부강을 도모하고 서양을 학습하는 유신을 단행함으로써 열강과 경쟁하려 한다고 강조했다. 이것은 중국의 애국지사들이 깊이 생각해야 할 점이며, 일본이 해낼 수 있는 일을 중국이 왜 할 수 없단 말인가, 하고 울분을 토했다. 황준헌은 일본을 배워야 한다고 주장한 최초의 중국 지식인이라 하겠다.

황준헌의 필생의 역작 《일본국지》는 발간 당시에는 큰 관심을 끌지 못했지만 역설적으로 청일전쟁의 패배로 책에 대한 관심이 높아졌다. 총리아문에 근무하던 원상추^{袁爽秋}는 "일본국지는 2억 량에 필적한다"고 언명했다. 만약 이 책이 보다 빨리 세상에 퍼졌다면 청일전쟁에서 중국이 승리하여 배상금 2억 량은 지불하지 않아도 되었을 것이라는 뜻이다.

황준헌은 싱가폴 총영사를 마치고 1896년 귀국하여, 량치차오와 함께 변법 유신파의 기관지 〈시무보^{時務報}〉를 창간했다. 51세의 황준헌은 1898년 6월 주일 특명공사에 임명되어 부임을 위해 상하이에 도착했으나, 그해 9월에 발생한 궁정 쿠데타로 개혁 운동인 무술변법은 103일 만에 좌절되고 그 역시 해임되어 낙향했다. 그는 1905년 58세를 일기로 타계했다.

황준헌은 시인이자 외교관이며 개혁가였다. 중화문화의 본가가 어찌하여 동이東夷의 일본에 뒤처지게 되었는가, 어떻게 하면 이를 만회할 수 있을까를 중화의 후예들에게 깨우쳐주려는 고뇌의 개혁가였다. 10년 가까운 긴 세월 동안 심혈을 기울여 50만 자에 달하는 대저《일본국지》를 완성한 것은 놀랄 만한 업적이다. 에도시대 조선통신사로 일본을 방문한 조선의 지식인들이 자기도취에 빠져 쓴 견문록과는 차원이 다르다.

아라히토가미現人神의 굴욕, 천황의 인간 선언

1868년 메이지 유신 이후 일본은 부국강병과 탈아입구脫亞入歐의 슬로건을 내걸고 서구에 대해서는 뜨거운 선망의 눈길을 보내면서 국제 협조주의 정책을 취하는 한편 아시아 인근 제국에 대해서는 침략적인 제국주의 정책으로 일관했다. 청일전쟁과 러일전쟁에서 승리한 일본은 기고만장하여 과대망상적인 국가주의로 치닫더니 결국 1945년 8월 미국의 원자폭탄 세례를 받고 무조건 항복하는 비참한 결과를 자초했다.

1945년 8월 15일 정오, 쇼와 천황은 라디오 방송을 통해 포츠담 선언 수락에 관한 조서 즉 항복조서를 발표했다. 이 발표문에서 "신국神國 일본은 결코 멸망하지 않는다는 확신을 갖지

　　　　　　　　일본 극우의 탄생 메이지 유신 이야기

않으면 안 된다"라고 언급함으로써 패전의 순간에도 신국 사상이 묻어나고 있음을 여실히 보여준다.

연합군 사령관 맥아더Douglas MacArthur(1880~1964)가 도쿄에 도착한 지 한 달도 안 된 1945년 9월 27일, 쇼와 천황이 미국 대사관으로 찾아가 맥아더 사령관을 직접 예방했다. 맥아더는 재임(1945년 8월~1951년 4월) 중 천황과 열한 차례 만났는데 항상 천황이 맥아더를 예방하도록 함으로써 일본인에게 굴욕감을 안겨주었다. 천황이 맥아더와 만난 다음날, 9월 29일자 일간지에 게재된 사진을 본 일본인들은 큰 충격을 받았다. 사진 속의 맥아더 사령관은 군복을 입은 채 허리에 손을 대고 편하게 서 있는 반면 그동안 살아 있는 신, 즉 현인신現人神으로 추앙받던 천황은 정장을 한 채 부동자세로 서 있는 모습이었다. 전 국민이 전쟁에 졌다는 현실을 통감한 순간이었다. 내각 정보조사국이 나서서 '불경不敬'을 이유로 이 사진을 게재한 신문을 발매 금지시켰으나 총사령부 측에서 이 처분을 즉시 취소하도록 했다.

1951년 5월 5일 귀국한 맥아더는 미 의회 상원 군사 · 외교 합동위원회에서 극동 정세 등을 증언하면서 "현대 문명의 기준으로 볼 때 앵글로 · 색슨이 45세의 장년이라면, 일본인은 아직 12세의 소년 같다"라고 언급해 다시 한 번 일본인의 자존심에 큰 상처를 입혔다.

맥아더 연합군 사령부는 '천황이 태양신의 자손으로 다른 민족보다 우수하다'라고 주입시키는 국가 신도의 교육을 금하는 지령을 발령하더니, 급기야 천황으로 하여금 신이 아님을 국민들에게 직접 선언하도록 했다. 1946년 1월 1일 천황은 연두 조서에서 다음과 같이 밝히며 '인간 선언'을 해야 했다.

"짐과 국민 간의 유대는 상호 신뢰와 경애에 의한 것이며, 단순한 신화와 전설에 의한 것이 아니다. 천황을 살아 있는 신이라 하고, 일본 국민을 다른 민족보다 우월하다고 하고, 나아가 세계를 지배할 운명을 타고난 것이라 하는 가공의 관념에 의해 이루어진 것이 아니다."

일본 국민들을 충격에 빠트린 맥아더 장군과 천황의 사진. 패전의 현실을 명료하게 보여준다.

일본 극우의 탄생 메이지 유신 이야기

이로써 천황이 신의 후손이며, 이러한 만세일계의 황실을 받드는 일본 민족은 우월하다는 식의 천황제 이데올로기는 공식적으로 부정되었다. 1945년 10월 4일, 맥아더 사령관은 제1조에 '대일본제국은 만세일계의 천황이 통치한다'라고 규정한 제국헌법을 개정하라고 일본 정부에 지시했다. 이에 따라 일본 정부는 천황 주권을 기본으로 유지하는 헌법 초안을 작성해 제시했다. 그러나 총사령부 측은 이를 즉각 거부하고 총사령부 안을 제시했다. 수락하지 않을 경우 천황의 재판 회부 가능성을 시사하면서 말이다.

이러한 과정을 거쳐 1946년 11월 3일 일본국 헌법이 공포되었으며, 1947년 5월 3일부터 시행되어 현재에 이른다. 패전 이전의 '대일본제국헌법'이 천황을 신성불가침한 절대적 권력을 갖는 통치권자로 규정했던 데 반해, 전후의 '일본국헌법'은 제1조에서 '천황은 일본국의 상징이며, 일본 국민 통합의 상징이고, 그 지위는 주권을 가진 일본 국민의 총의에 의거한다'라고 하여 천황을 국가 및 국민 통합의 상징으로 규정하고 있다. 이를 상징 천황제라고 한다.

상징 천황제에서 천황은 정치권력과는 거리를 두고 권위만 갖는 존재다. 천황의 권위가 오늘날에도 여전하다는 것을 보여준 일례는 원호다. 메이지 유신 이래 천황이 바뀌면 원호도 바뀐다. 메이지, 쇼와, 헤이세이를 거쳐 레이와가 등장한 것이다. 2019년 4월 30일까지의 원호인 헤이세이平成가 5월 1일 새로운 천황 즉위와 더불어 레이와令和로 바뀐 것에서 알 수 있듯이 천황은 지금도 일본인의 시간을 지배하고 있다.

천황의 권위는 일본의 공휴일에도 반영되어 있다. 메이지 시대에 지정된 건국기념일(2월 11일)은 일본의 초대 천황이라 일컬어지는 진무神武 천황의 즉위일을 양력으로 환산한 날이다. 메이지 유신을 건국 신화로 활용하고 있는 것이다. 문화의 날(11월 3일)은 메이지 천황의 생일이다. 이와 같은 예는 일본인의 정체성의 중심에 천황이 존재하고 있음을 분명히 보여준다.

경계해야 할 것은 신화가 신화로 끝나지 않음을 보여준 일본 역사의 궤적이다. 천황이 태양신의 자손이라는, 다분히 자기 최면적인 신화에서 배태된 신국 사상은 결국 근린 국가에 대한 침략과 무모한 태평양전쟁의 동력이 되었다. 그들은 한국을 강점함으로써 진구황후와 도요토미 히데요시의 미완의 꿈을 마침내 이루었다고 축배를 높이 들었다. 그러나 그것은 분명 독배였다.

일본은 1945년 8월 패망 직전까지도 국체의 호지護持, 즉 천황제 유지를 항복 조건으로 내세운 탓에 무고한 히로시마와 나가사키의 시민들이 원폭의 참화를 겪어야 했다. 자기 성찰을 통해 '탈아'의 오만함을 털어버리고 동아시아 공동체를 모색하는 길을 고민해야 할 때이다.

일본 극우의 탄생 메이지 유신 이야기

일본에 면죄부를 준 2가지 장치

아베 신조 총리는 2013년 4월 참의원 예산위원회에서 "침략에는 정해진 정의가 없다"란 말로 사실상 과거의 침략 행위들을 부정했다. 같은 해 12월에는 야스쿠니 신사를 참배했고, 2014년에는 위안부 연행의 강제성을 부인하는 등 역사 뒤집기를 되풀이하고 있다. 아베 총리의 이 같은 거침없는 언동은 어디에서 기인할까? 일본의 철저한 자기반성 없이 '전후 처리'가 서둘러 봉인됨으로써 면죄부를 주었기 때문이다. 이를 두 가지 측면에서 살펴보자. 첫 번째는 반성과 배상의 기회를 봉인해버린 제도적 장치, 즉 쇼와 천황의 불기소를 결정한 도쿄재판이다. 두 번째는 일본에 관대한 강화를 규정한 '샌프란시스코 강화조약'이다. 이 두 가지 봉인 장치가 있었기에, 오늘날 일본은 지엄한 역사의 진실을 외면하면서 큰소리를 치고 있다.

◉ 맥아더가 천황을 살리다－도쿄재판

도쿄재판이란 제2차 세계대전 후 연합국이 일본인 중대 범죄인을 대상으로 행한 전후 재판을 말한다. 정식 명칭은 '극동 국제 군사재판'이나 도쿄에서 열렸기 때문에 일반적으로 도쿄 재판이라 부른다.

도쿄재판의 원고는 미국, 영국, 프랑스 등 11개국이었고 피고는 도조 히데키 전 수상 이하 25명의 정계 및 군부 지도자들이었다. 재판은 1946년 5월 3일 개정되어, 1948년 11월 12일까지 약 2년 6개월간 진행되었다. 주요 기소 대상은 '평화에 대한 죄(A급 전쟁범죄)'를 포함한 전쟁범죄에 관한 것으로 주로 구미 연합국에 대한 전쟁 행위와 관련되어 있었다. 재판 결과 도조 수상 등 7명에겐 교수형이, 고이소 구니아키 조선 총독 등 18명에겐 종신 금고형이 선고되었다.

역사에는 가정이 없다지만 만약 도쿄재판이 제대로 이루어 졌다면, 오늘날 문제가 되고 있는 일본 우익 정치가들의 국수적인 발언은 존재할 수 없을 것이다. 일본의 역사 인식 전환을 가져올 절호의 기회가 그렇게 사라졌다. 도쿄재판에서 일본의 아시아에 대한 침략행위와 조선 식민지 지배에 대한 책임이

완전히 배제됨으로써, 아시아와 한국에 대한 일본인의 제국주의적 인식은 그대로 남아 있게 되었다. 당초에는 조선 독립운동에 대한 탄압, 식민 지배의 만행 등 인도적 범죄도 소추가 검토되었으나 기소하지 않는 것으로 결론이 났다. 원고인 11개국 중에도 식민지 보유국이 있었으므로 식민지 지배 자체를 문제시 하는 것을 꺼렸기 때문이다.

결국 전쟁의 책임을 소수의 피고, 그것도 군부, 특히 육군에게 전가시키는 식의 청산이 이루어지고 만 것이다. 천황과 일본 국민이 전쟁에 협력했다는 분명한 사실은 도외시되고, 일본 국민은 전쟁의 희생자라는 피해자적 전쟁관이 형성되었다. 또한 과거의 불행한 역사에 대해 응당 책임을 져야 할 세력과 그 후계자들이 전후 권력을 장악했다. A급 전범으로 수감되었던 기시 노부스케는 석방되어 정계에 복귀했고 총리직에까지 올랐다. 그의 외손자가 바로 아베 신조다.

'대일본제국'의 원수이자 최고 군 통수권자였던 쇼와 천황에게 책임을 묻는 것은 일본의 식민 지배와 전쟁의 전체상을 밝히기 위한 출발점이 되어야 했다. 하지만 천황은 기소는커녕 증인으로도 채택되지 않았다. 물론 천황에게 전쟁 책임을 물으려는 시도가 전혀 없었던 것은 아니다. 일본 내에서도 개전開戰을 결정한 천황의 책임을 추궁해야 한다는 움직임이 있었다. 일본의 패전 직전에 실시된 미국 갤럽의 여론조사를 살펴보면 일본 천황에게 책임을 묻는 방법으로 처형 33%, 재판 회부 17%, 종신형 11%의 순으로 나타났다.

1945년 12월 미국 통합참모본부는 주일 맥아더 연합국 사령관에게 천황에 대한 전쟁범죄 소추 가능성과 이에 관한 증거 수집을 명하는 비밀 훈령을 타전했다. 이에 대해 맥아더는 천황이 전쟁 수행에 실질적으로 관여했다는 증거는 포착되지 않았으며, 천황을 전범으로 소추할 경우 일본인의 맹렬한 저항에 직면하게 될 것이며, 최악의 경우 일본이 공산화될 우려도 있다고 덧붙였다. 이어서 일본인의 저항을 통제하기 위해서는 백만 명 이상의 점령군이 장기간 주둔해야 할 것이라고 덧붙임으로써 천황의 전범 처리에 반대하는 입장을 분명히 했다. 결국 천황은 미국의 원활한 점령 정책 수행을 위해 면책되었을 뿐 아니라, 전후에도 여전히 국가와 국민 통합의 상징으로 존재할 수 있었다.

도쿄재판은 이후에 2차, 3차 재판이 예정되어 있었다. 그러나 동아시아에서 미소美蘇 대립의 냉전 구조가 정착되는 과정에서 미국은 일본의 전쟁 책임을 추궁하기보다는 일본을 동맹국의 일원으로 강화시키려는 정책으로 전환했고, 이에 따라 후속 재판은 더 이상 거론되지 않았다. 미국은 1948년 10월 7일 국가안전보장회의 결정에 따라, 개혁에서 경제부흥으로 대일정책 기조를 바꾸었다.

1989년 1월 쇼와 천황의 타계를 계기로 그동안 금기시되었던 천황 책임론이 국회에서 거론된 적이 있었다. 1989년 2월 14일 참의원 내각위원회에서 이다 다다오 공명당 의원이 미무라 오사무 법제국 장관에게 "천황은 법률상 전범일 수 있는가?"라고 질문했다. 이에 대해 미무라 장관은 "천황에게는 국내법상 책임이 없으며 국제법상의 문제는 도쿄재판에서 이미 결론이 난 사안이다"라고 답변했다.

2000년 미국 하버드대학의 허버트 빅스 교수는 치밀하고 광범위한 조사를 통해, 쇼와 천황이 군의 최고사령관인 대원수로서의 역할을 인식하고 전쟁의 기획·전술에 영향력을 행사했음을 밝혀냈다. 일본의 항복 지연에 대한 책임도 있다고 주장했으나 결국 공허한 울림으로 끝나고 말았다.

일본의 우익들은 도쿄재판조차 부정하고 있다. 일례로 '새로운 역사 교과서를 만드는 모임'은 도쿄재판과 샌프란시스코 강화조약에 기초한 전후의 사관은 자학사관自虐史觀이므로, 자유주의 사관에 입각해 새로운 역사 교과서를 기술해야 한다고 주장한다. 이들은 도쿄재판이 승자의 일방적인 재판으로 일본인의 자존심과 자신감을 빼앗고, 스스로를 범죄인으로 여기며 살아가게 했다는 주장을 펼치고 있다. 아베 신조 총리도 이들의 주장에 동조한다.

◉ 관대하고도 관대한 샌프란시스코 강화조약

1951년 9월 8일, 일본과 48개 연합국 간에 벌어진 제2차 세계대전을 종결한 '대일 평화조약'이 서명되어 1952년 4월 28일 발효되었다. 이로써 일본은 독립국가로서 국제사회에 복귀했다. 우리에게도 익숙한 샌프란시스코 강화조약이다. 강화조약이 서명된 날, 샌프란시스코 교외에 위치한 미군 육군기지 내의 하사관 클럽에서는 미국이 일본을 군사기지로 무기한 사용할 수 있음을 보장하는 미일 안보조약이 체결되었다.

미국을 비롯한 연합국은 일본에 철저한 징벌과 배상을 부과할 계획이었으나, 최종적으로는 징벌도 없고 배상 청구권도 없는 '관대한 강화'로 끝나고 말았다. 샌프란시스코 강화조약은 천황의 전쟁 책임은 고사하고 일본의 전쟁 책임에 대해서도 전혀 언급하지 않음으로써, 일본의 저명한 국제법 학자 요코타 기사부로橫田喜三郎 도쿄대학 교수도 극히 이례적이라고 평가했다.

제2차 세계대전에서 일본과 교전 관계에 있던 연합국은 55개국에 달했다. 이중 소련을 비롯한 공산권 연합국은 강화회의에는 참석했으나 조약 내용에 반대하여 서명하지 않았다. 또한 중국은 국민정부와의 분열 등의 사유로 강화회의에 초청되지 않았고 인도, 미얀마, 유고슬라비아 3개국은 초청에 불응했다. 대일 평화조약은 이같이 미국을 위시한 자유진영의 연합국 간에 체결되었던 관계로 전면강화가 아니라 단독강화라 불리기도 한다.

이탈리아와의 강화조약 전문前文을 살펴보면 '파시스트 정권 하의 이탈리아는 독일, 일본과 3국 조약의 당사국이 되어 침략 전쟁을 일으켰다'라고 기술하고 있다. 이에 반해 일본과의 평화조약 전문은 '양자 간 전쟁 상태의 존재 결과로서 현재 미결로 남아 있는 문제를 해결하기 위해 평화조약을 체결하기를 희망한다'라고 되어 있다. 이러한 차이에 대해 일본 측은 평화조약이 복수와 징벌이 아닌 화해의 정신에 입각해 체결되었기 때문이라고 풀이한다. 하지만 한국전쟁 등 냉전체제의 정치·군사적 대립이 첨예화된 상황에서, 일본을 자유진영의 일원으로 편입시키고자 했던 미국의 정치적 계산에 기인했다고 보는 것이 합리적이다.

샌프란시스코 강화조약에서 일본의 전쟁 책임을 언급한 부분은 제11조인데, '일본국은 극동 국제 군사재판과 일본 국내 및 국외의 다른 연합국 전쟁범죄 법정의 재판을 수락한다'라는 게 전부다. 도쿄재판과 강화조약 제11조에 의해 일본 내에서는 전쟁의 책임에 대한 이중적인 기준이 마련되었다. 대외적으로는 강화조약 제11조의 규정대로 도쿄재판의 판결을 수락한다면서 필요한 최소한의 책임을 인정하면서도, 대내적으로는 전쟁 책임 문제를 사실상 부정하거나 자위自衛 전쟁이라고 강변한다. 이러한 이중 잣대가 역사 교과서 왜곡과 정치가들의 망언으로 이어졌다.

1995년 3월 와타나베 미치오渡邊美智雄 외상은 "일본이 한국을 통치한 적은 있으나 식민 지배라는 단어는 샌프란시스코 강화조약 등 공식문서 어디에도 씌어져 있지 않으며, 한일합병조약은 쌍방 간에 원만히 체결된 것"이라고 주장했다. 전쟁 책임이라는 관점에서 보면 일본인들조차 놀랄 정도의 '관대함'

이 일본이 가해자로서 반성하고 책임을 질 기회를 말살해 버렸다. 냉전의 최대 수혜자는 일본이었다.

역사의 수혜자가 있으면 피해자도 있는 법이다. 한국 정부는 샌프란시스코 강화회의 참석을 적극 추진하였다. 강화회의 개시 4년 전인 1947년 3월 27일, 맥아더 원수는 한국 대표 참석을 시사했고 무초John J. Muccio 주한 미국 대사도 한국 정부가 연합국의 일원으로 평화조약에 서명할 것이라고 언급했다. 그러나 영국과 일본 등의 반대로 한국의 바람은 무산되었다.

한국은 일본과 교전 상태에 있지 않아 대일 참전국, 즉 연합국으로 인정될 수 없다는 것이 이유였다. 특히 일본은 300만에 달하는 재일 한국인에 대한 처우 문제를 미국 측에 거론하며 한국 초청을 방해했다고 한다. 결국 한국의 강화회담 참석이 좌절됨으로써 일본에 제대로 된 배상 청구권을 행사하기 어렵게 된 것이다. 아울러 한일합병조약의 합법성, 식민지 지배의 시혜론 등 일본의 제국주의적 역사 인식이 패전 후에도 그대로 계승될 수 있었다.

1965년 한일 국교 정상화 역시 샌프란시스코 체제 내에서 이루어진 것이다. 샌프란시스코 강화조약은 미국이 동아시아의 전후 질서를 재편하는 전략의 일환이었으며, 일본을 미국 주도의 새로운 국제 질서에 복귀시킨다는 선언이었다. 따라서 한일 관계는 애초에 존재하지 않았다고 하는 편이 옳을 것이다. 처음부터 한·미·일 관계였으니 말이다. 1905년 7월 일본은 미국의 필리핀 지배와 일본의 조선 지배를 상호 인정하는 가쓰라·태프트 각서를 교환했고, 8월에는 2차 영일동맹을 조인하여 영국의 지지를 이끌어냈다. 메이지 유신 이후 150년 동안 한국이 겪은 비극의 배후에는 늘 미국과 영국의 묵인 혹은 지원이 있었다.

조슈번의 후예, 아베 신조의 야심

아베 신조安倍晋三는 1954년 9월 21일 마이니치신문 기자인 아베 신타로와 기시 노부스케의 외동딸 요코 사이에서 차남으로 태어났다. 아베는 초등학교부터 대학교까지 17년간 쭉 세이케이학원成蹊學院이 운영하는 학교에 다녔다. 따라서 한 번도 입시 공부를 한 적이 없다. 아베의 친할아버지, 외할아버지, 아버지는 모두 도쿄대학 법학부 출신이다. 유명 대학이 아닌 세이케이대학 출신이란 것에 아베는 어느 정도 콤플렉스가 있는 듯하다.

혹자는 아베가 학력 콤플렉스가 있어서 도쿄대학 출신 관료나 학벌이 좋은 정치인을 기용하지 않는다고 쑥덕거린다. 관례적으로 자민당에서는 5선 국회의원이 되면 각료로 발탁된다. 초등학교 시절 아베의 가정교사였던 히라사와 가쓰에이平沢勝栄는 도쿄대학 법학부 출신에다 자민당 7선 의원인데도 아베 정권에서 찬밥 신세를 면하지 못하고 있다.

아베는 대학 졸업 직후, 미국 남캘리포니아대학교University of Southern California(USC)로 유학을 떠났다. 그의 공식 약력에도 '1977년 3월 세이케이대학 법학부 정치과 졸업, 남캘리포니아대학 정치학과에서 2년간 유학'으로 명기해 왔다. 그런데 2004년 2월 〈슈칸포스트週刊ポスト〉가 아베의 학력 사칭 의혹을 보도해 큰 파장을 일으켰다. 1978년 1월부터 다음 해 3월까지 남캘리포니아대학교에 다닌 것은 맞으나 1년간의 어학연수였을 뿐이고 정치학 수업은 제대로 이수하지 않았던 것이다. 이후 아베 총리는 약력 사항에서 '남캘리포니아대학 정치학과 유학' 항목을 아예 삭제해 버렸다. 현재 총리 관저의 공식 홈페이지에도 유학에 관한 내용은 한 줄도 없어서, 유학 자체가 없었던 일처럼 되어 버렸다.

미국에서 귀국한 아베는 사회 경험을 쌓는다는 명목으로 1979년 4월 고베제강소에 입사했고, 3년 반 남짓한 재직 기간 중 1년 동안은 뉴욕 사무소 주재원으로 지냈다. '부모의 후광은 오래 간다'는 일본 속담은 아베에게 딱 맞는 것이었다. 사회 경험 삼아 입사했으니 미련을 가질 이유도 없었다. 1982년

11월 퇴사한 아베는 부친 아베 신타로 외무대신의 정무 비서 관이 되었다. 세상 물정 모르고 자란 도련님이 본격적으로 정치 세계에 발을 들여놓게 된 것이다.

아베 신타로에게는 아들이 셋 있었으나, 장남은 정치에 관심이 없고 막내는 기시 집안으로 입양되었다. 차남인 아베 신조가 자연스럽게 '정치'라는 가업을 물려받았다.

아베 신조의 생물학적 아버지이자 정치적 아버지인 아베 신타로는 1949년 도쿄대학 법학부를 졸업한 후 마이니치 신문사에 입사했다. 정치부 기자로서 기시 노부스케의 사무실을 출입하던 그는 기시의 눈에 들었고 1951년 그의 사위가 되었다. 그 후 마이니치 신문사를 퇴사하고 1957년 기시 수상의 비서관이 되면서 정치가로서의 길을 걸었다.

아베 신타로는 1958년 국회의원에 첫 당선된 이래 무려 11선을 기록하며 농림상, 통산상, 외상 등을 역임한 거물 정치인으로 자리를 굳혔다. 나가소네 야스히로 내각에서 3년 8개월간 외상을 지냈는데, 외빈과 면담할 때면 반드시 아들을 배석시켰고 외국 방문 시에도 수행하게 해서 아베 신조가 정치와 외교를 몸에 익히도록 했다. 그는 유력한 차기 수상 후보였으나 1991년 5월 췌장암으로 급서했다. 할아버지와 아버지의 지역구를 물려받은 아베 신조는 1993년 7월 중의원 선거에서 당선됨으로써 3대 세습 정치인의 1보를 내딛게 된다.

아베 신조는 친할아버지 대부터 닦아놓은 지역구를 물려받았지만, 그가 친할아버지를 언급하는 일은 극히 드물다. 친할아버지 아베 간安倍寬은 1937년 총선거에서 군부에 무력한 기성 정당을 비판하며 무소속으로 당선되었다. 이어서 1942년에도 도조 히데키東條英機 내각의 군벌주의에 반대하며 무소속으로 재선되었다. 당선 후에도 도조 내각의 군벌주의를 비판하고, 전쟁 종결 운동을 전개했다. 1946년 전후 제1회 총선거에 진보당으로 출마 준비를 하던 중, 51세의 나이에 심장마비로 급서했다. 평화주의자였던 아베 간은 많은 사람들로부터 존경받았다. 특히 야마구치현에서는 '쇼와의 요시다 쇼인'이라 칭송받고 있다.

아베 간, 아베 신타로, 아베 신조로 이어지는 가계를 보면 고개가 갸웃해지는 지점이 있다. 아베 신조는 생전의 친할아버지를 본 적이 없지만, 그가 자신의 출세 가도에 도움이 되지 않는다고 판단했던 듯하다. 자신을 '투쟁하는 정치가'라 자처하면서도 친할아버지의 정치 철학이나 투쟁에 대해서는 외면했기 때문이다. 반면 자신은 외조부인 '기시 노부스케의 DNA를 물려받았다'라고 강조한다. '전쟁'과 '평화'라는 양쪽의 혈통을 물려받았지만 그의 행보는 한쪽에 치우쳐 있다. 아베는 자신의 저서 《아름다운 일본》에서 할아버지 아베 간에 대해서는 딱 3줄만 언급하고 있다.

일본 극우의 탄생 메이지 유신 이야기

오쓰의 성인이라 불렸던 아베 신조의 친조부, 아베 간 부부. 아베 신조는 할아버지의 지역구는 물려받았지만 그의 정치 철학은 외면했다.

아베가家의 지역구는 현재의 야마구치현, 과거의 조슈번이다. 1868년 메이지 유신 이후, 조슈번은 폐번치현 조치로 1871년 야마구치현으로 개칭되었다. 조슈번과 사쓰마번은 메이지 유신의 주역으로, 조선의 국권 침탈에 앞장선 인물들을 많이 배출했다. 아베 신조 3형제는 외할아버지 기시 노부스케로부터 요시다 쇼인, 다카스기 신사쿠, 이토 히로부미 등 조슈의 위인들 이야기를 들으며 잠이 들었다고 한다.

조선의 대신을 윽박질러 을사조약을 체결한 이토 히로부미, '조선은 일본의 이익선이므로 이것이 침범되면 생명선인 일본도 위험하다'고 주장한 야마가타 아리토모, 미국의 필리핀 지배와 일본의 한국 지배를 상호 승인한 미일 비밀각서를 교환한 가쓰라 다로, 초대 조선 총독이 되어 무단 통치를 한 데라우치 마사타케, 돈으로 박정희를 만족시키면 한일회담이 타결될 것이라고 한 기시 노부스케, 정한론의 시작인 요시다 쇼인 사상의 본류임을 자처한 사토 에이사쿠, 명성황후 시해 사건을 일으킨 미우라 고로가 모두 야마구치 출신이다.

야마구치현은 일본의 어느 현보다 많은 총리를 배출했다. 즉 이토 히로부미, 야마가타 아리토모, 가쓰라 다로, 데라우치 마사타케, 다나카 기이치, 기시 노부스케, 사토 에이사쿠, 간 나오토, 아베 신조로 총 9명이다. 그런데 야마구치의 정치적 풍토를 단적으로 보여준 일례가 있어 소개하려고 한다. 간 나오토菅直人 총리가 이른바 한일병합조약 100주년을 맞아 담화문을 발표했다. '식민지 지배가 초래한 다대한 손해와 아픔에 대해 통절한 반성과 마음에서 우러나오는 사죄의 심정을 표명한다'라는 내용이었다. 야마구치현은 담화문의 내용을 문제 삼아 그를 야마구치 출신의 총리 명단에서 삭제했다고 한다.

아베 신조의 극우사상 저변에는 메이지 유신의 주역이었다는 향토적 자긍심과 정한론의 원조라 할 수 있는 요시다 쇼인에 대한 종교적 정념과 유사한 존경심이 깔려 있다. 또한 정치 · 외교에 있어서는 요시다 쇼인과 이토 히로부미를 떠받드는 외조부 기시 노부스케의 신념과 정책을 답습하고 있다.

기시 노부스케岸信介는 청일전쟁 종전 이듬해인 1896년 야무구치현청에 근무하는 사토 슈스케佐藤秀助의 차남으로 태어났다. 증조부 사토 노부칸佐藤信寬은 요시다 쇼인, 이토 히로부미 등과 교제했고, 메이지 유신 이후에는 시마네현의 현령(지사)을 지낸 조슈의 명망가였다. 기시는 큰형 사토 이치로佐藤一郎(후에 해군 중장을 지냄), 동생 사토 에이사쿠佐藤栄作(후에 총리를 지냄)와 함께 '수재 3형제'로 유명했다. 중학교 3학년 때 아버지 쪽 집안인 기시岸 가문의 양자로 들어갔다.

기시는 도쿄대학 법학부 졸업 후 농림상무성에 들어갔고, 후에 농림상무성이 농림성과 상공성으로 분리되자 상공성으로 옮겼다. 1936년부터 3년간 일본의 괴뢰정권인 만주국의 산업부 차장 등으로 근무하면서 '만주 산업개발 5개년 계획'을 작성하는 등 만주국의 산업 행정을 실질적으로 관할했다. 만주형 발전 모델은 5.16 군사정권의 산업 정책에도 힌트를 주었다.

기시는 귀국 후 1941년 태평양 개전 당시의 도조 내각에서 상공대신, 국무상 겸 군수 차관(군수대신은 수상이 겸직)으로 전시 중의 물자 동원을 총괄했다. 패전 후에는 A급 전범 용의자로 체포되어 스가모 구치소에 3년 3개월간 수감되었다.

기시가 태평양전쟁에 대해 어떤 시각을 갖고 있는지 살펴보는 것은 매우 중요하다. 그는 회고록에서 '국무대신으로서 전쟁의 경과 및 결과에 중대한 책임을 느낀다'고 하면서도 '궁지에 몰렸기 때문에 싸울 수밖에 없었다'라며 침략 전쟁을 부인하고 있다. 또한 도쿄재판은 '승자에 의한 일방적 단죄'라고 주장했다. 기시는 연합국의 초기 점령 정책에 대해서도 '군사력은 물론 일본인과 일본 문화의 정수를 제거하려는 것'으로 보았으며, 그런 의도를 집대성한 것이 바로 일본 헌법이라고 단정했다.

기시는 1948년 12월 24일 크리스마스이브에 불기소 석방되었다. 미소 대립으로 점령정책이 바뀐 것이 유리하게 작용했던 것이다. 미국의 초기 점령 정책은 '군사력 해체, 재벌 해체, 민주화 촉진'에 집중되었으나 냉전체제가 시작되자 일본을 공산권에 대한 방파제로 삼는 쪽으로 전환되었다.

샌프란시스코 강화조약이 발효된 1952년 4월, 공직 금지 조항이 해제되자 기시는 반공反共과 헌법 개정의 기치를 내걸고 '일본재건동맹'을 결성했다. 5.16 이후에 설치된 '국가재건 최고회의'도 여기에서 아이디어를 얻었는지 모르겠다. 기시는 1953년 자유당 소속으로 중의원에 당선되었다.

1955년 11월 15일 보수 성향을 가진 두 개의 당, 즉 자유당과 민주당이 합당함으로써 자유민주당(자민당)이 탄생했다. 미

일본 극우의 탄생 메이지 유신 이야기

국의 저널리스트 팀 와이너Tim Weiner가 쓴 《CIA 비록秘錄》에 따르면, 자민당 결성 3개월 전에 미국 덜레스 국무장관이 기시 노부스케 민주당 간사장에게 "일본의 보수당이 하나로 뭉쳐 미국이 주도하는 반反 공산주의 전선에 참여한다면 경제적 지원을 하겠다"라고 시사했다는 것이다. 2006년 미 국무성이 공개한 자료에서도, 미국 CIA가 자민당의 결성 자금으로 기시에게 거액의 정치 자금을 공여한 사실이 확인되었다.

또한 《CIA 비록》은 CIA가 7년간의 주도면밀한 공작으로 전범 용의자 기시를 수상으로 변신시켰다고 기술하고 있다. 기시는 살아남기 위해 미국에 이용당하는 길을 선택했지만, 미국의 파워를 일본의 국익 증진에 이용하고자 했다. 1957년 2월, 마침내 기시 내각이 탄생했다. 석방된 지 10년도 안 된 A급 전범이 총리대신으로 화려하게 부활한 것이다. 하나의 몸으로 두 번의 인생을 사는 것 같다고 하여 '쇼와의 요괴', '불사조'와 같은 별명이 붙었다.

수상에 취임한 기시는 '자주헌법', '자주군비', '자주외교'를 제창했다. 1957년 6월의 미국 방문에 앞서, 5월에 미얀마, 인도, 파키스탄, 태국 등 동남아 6개국을 순방함으로써 일본의 아시아 중시 외교를 대내외에 과시했다.

6월에 미국을 방문하였을 때는 아이젠하워 대통령의 제안으로 둘이서 골프를 쳤다고 한다. 당시 대일관계를 좌지우지하던 덜레스 국무장관은 골프 회동에 빠졌으므로, 아이젠하워와의 독대가 3시간 이상 이어진 셈이다. 골프 후에는 샤워를 하면서 이른바 나체 회담을 했는데, 기시는 '이것이야말로 진정한 사내들의 만남'이라고 회고했다. 아베 신조 수상이 트럼프 대통령과 다섯 차례 이상의 골프 후 '나체 회담'을 이어가고 있으니 청출어람이라 해야 할까?

기시는 불평등한 안보조약 개정을 실현하는 것이 자신에게 주어진 사명이자 정치가로서의 책무라고 여겼다. 그는 내각에 '헌법조사위원회'를 설치하고 1958년 10월 제9조를 포함한 헌법 개정을 검토할 것을 표명했다.

1960년 1월 기시 수상은 미국을 방문해 신新안보조약, 신新행정협정(지위협정), 사전협의에 관한 교환 공문에 서명했다. 그해 6월 15일, 자민당이 국회에 경찰을 배치하고 신안보조약 승인을 강행하려 하자 사회당을 비롯한 야당과 전학련, 일본 노동조합 총평의회 등이 대미 종속을 영구화하는 것이라며 맹비난하고 나섰다. 신안보조약 저지와 기시정권의 퇴진을 요구하는 시위에는 전국에서 580만 명이 참여했다.

이 안보 투쟁으로 도쿄대학 여학생 1명이 사망하고 712명이 중경상을 입었으며 167명이 체포되었다. 6월 18일에는 일본 정치 역사상 최대 규모의 시위대가 국회와 수상 관저를 둘러쌌다. 6월 19일 신안보조약이 참의원 의결 없이 자동 성립된 후,

기시 노부스케 수상은 사의를 표명했다. 기시는 총리에서 물러난 뒤에도 사토 에이사쿠, 후쿠다 다케오 내각을 비롯한 정계에 막강한 영향력을 발휘하여 '요괴'의 진면목을 보여주었다.

한편 기시 노부스케와 한국과의 관계도 예사롭지 않다. 기시는 총리 취임 당일인 1957년 2월 25일 저녁에, 유엔총회 참석 후 귀국길에 있던 김동조 외무부 정무국장(차관 내정)을 수상 관저에서 면담했다. 기시는 면담에서 다음과 같이 말했다고 한다.

"나의 출신지인 야마구치는 옛날부터 조선 반도와 왕래가 빈번한 곳이다. 특히 야마구치 하기항港은 막부 시대 무역선이 조선과 빈번히 왕래했던 기항지로 한국인과 혼혈이 적지 않다. 나 자신의 혈통에도 한국인의 피가 흐르고 있다 생각할 정도다. 말하자면 한일 간은 형제국이라 할 수 있다. 나는 일본의 과거 식민지 통치의 과오를 깊이 반성하며 조속히 양국 관계가 정상화되도록 노력할 각오이니 이 점을 대통령에게 보고해주기 바란다."

이승만 대통령은 보고를 받고 "기시는 일본인으로서는 드물게 한국을 제대로 보는 인물인 것 같다"는 반응을 보였다고 한다(김동조《한일교섭 14년의 기록: 한일의 화해》).

기시는 1961년 박정희 '국가재건 최고회의' 의장의 대구 사범 동창생(일본인) 편에 조만간 회동을 원한다는 서한을 보냈다. 5.16 쿠데타 직후의 일이다. 박정희는 회신에서 '금후 재개

하려는 한일 국교 정상화 교섭에 있어서 귀하의 각별한 협력이
야말로 대한민국과 귀국 간의 강인한 유대가 양국의 역사적 필
연성이라는 귀하의 견해를 구현케 할 것입니다'라고 답했다.

1961년 11월 11일 박정희는 미국 방문길에 일본에 들러, 이
케다 하야토池田勇人 수상과 만찬을 하는 자리에서 기시와 첫
대면을 했다. 다음 날 기시는 박정희를 오찬에 초청했다. 그
자리에서 박정희는 메이지 유신을 성공시킨 지사들의 사명감
으로 부강한 조국 건설에 매진하려 한다는 결의를 밝히고 협
력을 요청했다.

1964년 11월 9일, 기시의 친동생인 사토 에이사쿠佐藤栄作 내
각이 성립되어 14년간에 걸친 국교 정상화 회담이 타결되었
다. 1965년 6월 22일 조인된 '대한민국과 일본국 간의 기본 관
계에 관한 조약'에 의해 한일 간에 외교 및 영사 관계가 정식
으로 개설되었다. 그러나 이 조약 전문이나 본문 어디에서도
식민지 지배에 대한 언급이나 반성과 사죄를 규정한 문구는
찾아볼 수 없다.

국교 정상화에 따라 일본 측은 5억 달러(무상 3억 달러, 유상 2
억 달러)를 한국 측에 공여했다. 박정희 정권이 이 돈을 경제개
발 5개년 계획에 효과적으로 투입하여 비약적인 경제 성장의
토대를 마련했음은 평가할 만하다. 하지만 이는 일본이 3년간
지배한 필리핀에 지불한 배상금 5억 5천만 달러에도 미치지

못하는 금액이다. 일본은 박정희 군사정권의 특성을 간파하여 협상 교섭을 유리하게 이끈 측면이 있다. 이렇듯 협상에서 늘 자국의 유불리만 따져온 일본은 역사 청산의 호기를 살리지 못했다. 이로 인해 표면적으로 국교 정상화가 된 지 50여 년이 지난 오늘날까지 진정한 정상화는 이루어지지 않고 있다.

일본 제국주의의 망령, 아베 정부의 무역 규제

2019년 여름, 한일 관계는 1965년 수교 이래 최악의 상황으로 치달았다. 3·1운동과 임시정부 수립 100주년이 되는 해라 한일 관계는 더더욱 민감한 사안이 되었다. 오늘날 한일 갈등의 밑바닥에는 식민지 지배의 불법성 인정 여부란 문제가 자리하고 있다.

2018년 10월, 일제강점기 강제동원 피해자들이 신일철주금新日鉄住金(옛 신일본제철)을 상대로 낸 손해배상 청구 소송에서 한국 대법원이 피해자들의 손을 들어주는 확정 판결을 내렸다. 일본 정부는 "강제징용 피해자의 청구권은 1965년 한일 청구권 협정에 의해 완전히 그리고 최종적으로 해결되었다"라며

일본 극우의 탄생 메이지 유신 이야기

강하게 반발했다. 아베 총리 역시 "국제법에 비춰봤을 때 절대 있을 수 없는 판결이며, 일본 정부는 이에 대한 대책을 마련할 것이다"라고 발언했다.

'자유무역'을 슬로건으로 내걸었던 2019년 오사카 G20 정상회의가 끝나자마자, 의장국이었던 일본은 반도체, 디스플레이 핵심 소재로 쓰이는 3개 품목에 대해 한국에 대한 수출 규제 조치를 공표했다. 7월 4일의 일이다. 이어서 8월 2일에는 무역 우대 대상국인 '화이트리스트 국가'에서 한국을 제외함으로써 1,100여 종의 품목에 대한 수출 규제를 단행했다. 일본은 부인하고 있지만, 이는 한국의 대법원 판결에 대한 사실상의 보복조치라 할 수 있다.

이러한 보복조치는 자유무역주의에 기반한 세계무역기구(WTO) 규정에 정면으로 위배되는 것이다. 일본은 자유무역 질서의 혜택을 가장 많이 본 나라이고, 자국에 필요할 때는 자유무역주의를 적극 주장해 왔던 터라, 이번 조치는 매우 이율배반적이라 하겠다. 더욱이 1965년 한일 국교 정상화 이후 유지되어 온 정경 분리의 노선이 사실상 무너졌다.

일본의 수출 규제로 시발된 최근의 갈등을 거슬러 올라가면 1965년 6월 22일 체결된 한일 기본 조약 및 협정을 만나게 된다. 그때 모두 26건의 문서가 서명되었는데 그중 하나가 '재산 및 청구권에 관한 문제의 해결과 경제 협력에 관한 협정(일명 청구권 협정)'이다. 청구권 협정 제1조에는 '일본이 한국에 무상 3억 달러, 유상 2억 달러의 경제협력을 제공한다'는 내용이, 제2조에는 '청구권이 완전히 그리고 최종적으로 해결된 것을 확인한다'는 내용이 담겨 있다. 당시 일본이 공여한 5억 달러는 결코 식민지 지배에 대한 배상금이 아니었다. 독립 축하금, 혹은 경제 협력금이란 명목이었다.

청구권 협정에서 식민지 지배의 불법성을 명시하지 않은 채 모호하게 넘어갔던 것이 문제였다. 기본 조약 제2조는 '1910년 8월 22일 및 그 이전에 대한제국과 일본제국 간에 체결된 모든 조약 및 협정이 이미 무효임을 확인한다'라고 되어 있다. 그런데 이 조항에 대한 해석에서도 한일 양국은 큰 차이를 보이고 있다. 한국 정부는 1910년의 강제 병합 등 과거의 조약이 체결 당시부터 불법이고 무효라고 주장하는 데 반해, 일본은 과거 조약은 합법적이고 유효했으나 1948년 한국 정부 수립으로 무효가 되었다고 주장한다.

그렇다면 일제 36년의 성격을 애매모호하게 봉합할 수밖에 없었던 이유는 뭘까? 우선 패전국인 일본과 승전국 자격으로 강화조약을 맺는 샌프란시스코 강화조약에 한국이 참여하지 못했기 때문이다. 한국은 식민지이지 승전국은 아니란 주장에 좌절할 수밖에 없었다. 또한 당시 국제 질서에서는 식민 지배에 대한 배상이 존재하지 않았다.

또한 한일 국교 정상화가 되던 1965년, 세계은행이 집계한 일본의 국내총생산(GDP)은 909억 5,028만 달러, 한국의 국내총생산은 30억 1,761만 달러였다. 양국 간 경제력의 차이는 30배에 달했다. 남북을 비교했을 때도 북한의 종합적인 국력이 한국을 앞섰던 시대이다. 당시 1인당 국민소득은 남한이 108달러, 북한이 248달러였다. 정통성이 취약했던 군사정권의 조바심 또한 한몫을 했을 것이다. 이 상황에서 양국은 '합의할 수 있는 부분을 합의하고', 합의할 수 없는 부분은 '귀에 걸면 귀걸이, 코에 걸면 코걸이' 식으로 어물쩍 넘어갔다.

국가 간의 합의인 한일청구권 협정은 존중되어야 하지만, 개인 청구권 문제는 완전히 해결되지 않았다는 사실을 아베 총리는 애써 모른 척하고 있다. 개인의 손해배상 청구권을 국가 간 협정으로 소멸시킬 수 없다는 것은 현재 국제 인권법의 상식이라 할 수 있다. 심지어 일본 정부와 일본 최고재판소도 '한일 청구권협정에 의해 개인의 실체적 손해배상권은 소멸되지 않았다'라고 해석해 왔다.

1991년 8월 27일 일본 참의원 예산위원회에서 야나이 슌지柳井俊二 외무성 조약국장은 한일 청구권협정의 제2조에서 '양국 간의 청구권 문제가 완전히 그리고 최종적으로 해결되었다'는 의미에 대해 다음과 같이 분명히 밝혔다. "이는 일한 양국이 국가로서 가지는 외교적 보호권을 상호 간에 포기하겠다는 것이다. 그에 따라 개인의 청구권 그 자체를 국내법적 의미에서 소멸시켰다고는 할 수 없다."

일본 최고재판소도 2007년 4월 27일 중국인 강제징용 피해자가 일본 기업 니시마쓰 건설을 상대로 배상을 청구한 사건의 판결에서 '배상 관계 등에 대한 외교 보호권은 포기되었지만 피해자 개인의 배상 청구권을 실체적으로 소멸시키는 것은 아니다'라고 판단하면서 일본 정부와 기업이 피해 회복을 위해 자발적 대응을 하도록 촉구했다. 이 판결을 계기로 피해자와 니시마쓰 건설 간의 화해가 성립되어 니시마쓰 건설 측이 사죄하고 화해금을 지불했다.

2018년 11월 고노 다로 일본 외상은 중의원 외무위원회에 출석해 "일본 정부도 개인 청구권의 존재를 인정해 오지 않았는가?"라는 고쿠타 게이지穀田惠二 공산당 의원의 질문에 "개인 청국권이 소멸되었다고 말한 것은 아니다"라고 답했다.

국회에서 아베 총리가 한 답변, 즉 "한일 청구권협정으로 완전히 그리고 최종적으로 해결됐다"라는 말이 강제징용 피해자 개인의 손해배상 청구권이 완전히 소멸됐다는 의미라면, 지금까지 일본 정부의 견해와 최고재판소 판결에 대한 이해가 부족하거나 그것들을 깡그리 무시하는 태도라 할 수밖에 없다.

아베는 1993년 7월 중의원에 당선된 이래 역사 수정주의자의 행보를 지속하고 있다. 일본의 침략전쟁 부인, 사죄와 반성

거부, 위안부 동원의 강제성 부정, 교과서에서 위안부 기술 삭제, 독도 영유권 교육 강화, 야스쿠니 신사 공식 참배, 교육기본법 개정 강행, 방위청을 방위성으로 승격, 집단적 자위권 행사를 위한 헌법 해석 변경, 러일전쟁은 식민지 지배하에 있던 많은 아시아인과 아프리카인들에게 용기를 준 일이라는 발언 등등, 아베는 집요하게 자신의 정치 이념을 구현해 오고 있다. 한국에 대한 수출 규제 조치도 이러한 맥락에서 이해해야 한다.

아베의 목표는 구조와 체제의 재편이다. 우선 동북아에서도 일본의 존재감이 줄어드는 경제 구조를 바꾸려고 한다. 한때 세계 총생산의 15%를 넘보던 일본 경제는 6%까지 떨어졌다. 중국의 총생산은 일본의 2.5배가 넘고, 한국의 1인당 소득은 일본의 80% 선에 육박했다. 한반도 비핵화와 평화 체제 국축 등 안보 사안에서 일본의 존재감은 약해지고 있다. 이런 흐름을 뒤집기 위한 아베의 첫 공격 대상이 한국이다. 한국을 길들여 자신의 하위 파트너로 끌어들이려는 시도다. 냉전 시대의 작품인 한일협정 체제는 어떤 방향으로든 재조정이 불가피한 상황으로 가고 있다.

아베는 2019년 8월 이미 작은 외조부인 사토 에이사쿠 총리의 재임 기간인 2,798일을 넘겨 역대 최장기 집권 총리란 역사를 다시 쓰고있다. 하지만 긴 집권 기간에 어울리는 업적은 그

다지 눈에 띄지 않는다. 그렇다면 여기서 아베 정부가 원했던 업적은 무엇인지 추측해보자.

무엇보다 장기 불황과 디플레이션에서 탈출했다는 업적을 남기고 싶었을 것이다. 소위 3개의 화살로 구성된 아베노믹스가 2013년부터 실행되었다. 중앙은행의 대담한 양적·질적 완화 정책, 경기 부양을 위한 기동적인 재정 정책, 그리고 투자 촉진을 위한 성장 전략이 그 수단이었다. 아베노믹스 이후 6년, 실질 임금은 오르지 않고 살림살이가 나아지지 않자 국민들의 불만이 커지고 있다. 경기 회복을 실감하지 못한다는 답이 80%를 넘고 아베노믹스의 지속보다 재검토가 필요하다는 목소리가 높다.

또한 아베는 고이즈미 준이치로小泉純一郎 전 총리가 두 번의 방북을 통해서도 이루지 못한 일, 즉 북한과의 관계 정상화를 통해 근대 역사 문제의 최종적 해결이라는 공적을 남기고 싶어 했을 것이다. 이를 위해 수면 아래에서 집적거려보았으나 신통한 반응이 없었다. 결국 남은 것은 한국의 무릎을 꿇려 보수진영의 확고한 지지를 확보하고, 아베가 그토록 존경하는 외조부 기시 노부스케가 자신의 숙원이자 사명이라고 공언한 개헌을 이루려는 것이 아닌가라는 생각이 든다. 2019년 7월 참의원 선거에서 자민당은 공명당과의 연합으로 과반을 얻는 데는 성공했으나 개헌선 달성에는 실패했다.

개헌의 핵심으로 떠오른 평화 헌법 제9조의 내용은 다음과 같다.

1. 일본 국민은 정의와 질서를 기조로 하는 국제 평화를 성실히 희구하고, 국권의 발동에 의거한 전쟁 및 무력에 의한 위협 또는 무력의 행사는 국제 분쟁을 해결하는 수단으로서 영구히 이를 포기한다.

2. 전항의 목적을 성취하기 위하여 육해공군 및 그 이외의 어떠한 전력도 보유하지 않는다. 국가의 교전권 역시 인정하지 않는다.

아베를 비롯한 보수 정치 세력은 반성은 자학이라고 비판하고 역사를 왜곡하면서, 메이지 유신으로 태동한 제국주의 시대를 찬미하고 있다. 침략 전쟁의 역사를 반성하기는커녕 과거의 영광을 그리워하고 있는 것이다. 일본이 패전한 지 70년째가 되는 2015년 전몰자 추도식이 열리기 하루 전날, 아베 총리는 '후손들에게 사죄의 숙명을 짊어지게 해서는 안 된다'라는 내용이 담긴 '아베 담화'를 발표했다.

2019년 5월에 즉위한 나루히토 천황은 처음 맞은 8·15에서 "과거를 돌이켜보며 깊은 반성 위에 서서 전쟁의 참화가 반복

되지 않기를 간절하게 바란다"라고 언급했다. 같은 날 아베 총리는 지금까지와 마찬가지로 반성, 참회 등은 언급하지 않은 채 전쟁 피해 및 사망자 위로에만 초점을 맞췄다.

아베를 비롯한 일본의 우익들에게 메이지 시대는 좋았던 옛 시절이다. 청일전쟁과 러일전쟁, 조선 병합은 그 시절의 아름다운 기억이다. 그러니 한반도에서 저지른 식민 지배에 대한 사죄와 반성은 애초에 그들의 마음속에 자리 잡을 수가 없었다. 기시 노부스케와 아베에게 찬란한 시절은 천황의 강력한 리더십 아래 청일전쟁과 러일전쟁에서 승승장구하며 일본의 국력이 세계로 뻗어나갔던 메이지 시대다.

2013년 아베 총리는 정한론의 원조인 요시다 쇼인의 묘소를 참배함으로써, 일본 제국주의의 영광을 되찾겠다는 속내를 감추지 않았다. 2018년 1월 관저에서 열린 기자회견에서 "150년 전 메이지 유신의 일본인들처럼 국난 극복을 위해 개혁에 나서자"라고 강조하기도 했다. 이 말이 섬뜩하게 느껴지는 것은 필자만의 생각일까?

메이지 유신에는 분명 명암과 공과가 혼재되어 있다. 메이지 유신에서 배태된 일본 제국주의는 원자폭탄이란 참담한 비극으로 막을 내렸다. 메이지의 후예들이라면 메이지 시대의 빛에만 눈이 멀어서는 안 될 것이다. 빛과 어둠의 양면을 명확히 인식하고 그 사이에서 교훈을 얻어야 하는 것이 정치가가 가져야 할 역사적 소명이다.

　마지막으로 1998년 10월 8일 김대중 대통령과 오부치 게이조小淵惠三 일본 총리가 서명한 '21세기를 향한 한일 파트너십 공동선언'을 소개하며 이 책을 끝마치려고 한다. 이 선언에서 오부치 총리는 일본이 과거 한때 식민지 지배로 인해 한국 국민에게 다대한 손해와 고통을 끼친 역사적 사실을 겸허히 받아들이며, 이에 대해 '통절한 반성과 마음으로부터의 사죄'를 표명했다. 이에 대해 김대중 대통령은 오부치 총리의 역사 인식을 진지하게 받아들이고, 양국이 화해와 선린 우호 협력에 입각한 미래지향적인 관계를 발전시키기 위해 서로 노력하는 것이 시대적 요청이라고 화답했다.

◇ 당신은 언제나 옳습니다. 그대의 삶을 응원합니다. - 라의눈 출판그룹

요시다 쇼인부터 아베 신조까지
일본 극우의 탄생 메이지 유신 이야기

초판 1쇄 2019년 10월 1일

지은이 서현섭
펴낸이 설응도 편집주간 안은주
영업책임 민경업 디자인책임 조은교

펴낸곳 라의눈

출판등록 2014년 1 월 13 일(제 2014-000011호)
주소 서울시 강남구 테헤란로 78길 14-12(대치동) 동영빌딩 4 층
전화 02-466-1283 팩스 02-466-1301

문의 (e-mail)
편집 editor@eyeofra.co.kr
마케팅 marketing@eyeofra.co.kr
경영지원 management@eyeofra.co.kr

ISBN : 979-11-88726-39-4 03910